グノーシス研究拾遺

ナグ・ハマディ文書からヨナスまで

大貫 隆［著］

YOBEL, Inc.

はじめに

はじめから私事にわたって恐縮だが、私の妻の親戚に清水正徳(まさのり)神戸大学名誉教授（一九二一―二〇〇四年）がいる。マルクスの人間疎外論や労働哲学で先駆的な業績を残した研究者である。異色の戦争画「國の楯」という代表作で知られる日本画家小早川秋聲[(1)]（一八八五―一九七四年）の甥にあたる。私の妻の母は同じ小早川秋聲(しゅうせい)の別筋の姪である。秋聲の没後間もなく、京都の小早川家で法事に合わせて従兄弟・姉妹会が開かれ、私も妻とその両親とともにその端に連なった。その時一度だけ清水さんにお会いして言葉を交わしたことがある。私がドイツ留学に旅立つ直前、一九七四年初夏のことであった。

一九七九年夏に留学から帰国した私は、月刊誌『福音と世界』（新教出版社）の一九八〇年一―八月号に「**エイレナイオスにおける「再統合」と救済史**」と題する論考を連載する機会を与えられた。それは後二世紀のリヨンの司教エイレナイオスが自分の司牧地にまで押し寄せてきたグノーシス主義という「異端説」を論駁するために、知り得た限りの彼らの教説を逐一網羅的に抜書きしながら主著『異端反駁』を著したこと、それと同時に自分自身の神学も対案として積極的に提示していったことを論じたものであった。私は帰国の挨拶代わりに、清水さんにもその連載文を順次お送りした。しかし、清水さんから読後感を聞かせていただくことは一度もなかった。同じ人文系とは言え、あまりにも異なる分野での駆け出しの若輩が書いた生硬な文章であったから、それも当然だった。

それから十年以上の歳月が過ぎた。私は自分自身の研究のために、ナグ・ハマディ文書（一九四五年に上エジプトのナイル河流域で発見されたグノーシス主義の直接資料）の中の主要文書について、私訳づくりを進め、順次勤務先（東京女子大学文理学部、その後東京大学大学院人文科学研究科）の紀要などで公表を重ねていた。それは岩波書店からナグ・ハマディ文書全体の邦訳計画が持ち上がる直前（一九九〇年代前半）まで続いた。私はその私訳の抜刷りが出来上がってくるたびに、久しぶりに清水さんにもお送りした。グノーシス神話が描く人間の自己疎外が清水さんの論じてきたマルクスの人間疎外論にどこかで通じるところがあるのではないか。そういう思いがあったのかも知れない。

すると、ある年の正月のこと、清水さんから年賀状が届いた。そこには、新年の賀詞に加えて、「貴兄とまったく同姓同名の人で、新約聖書の研究者がいるようですが、ご存知ですか？」と記されていたのである！　これには、私も妻も正直顔を見合わせて驚いた。もちろん、私はどちらも同じ私のことですと返信した。その後、私は清水さんの質問の理由について、改めて思いを潜めてみた。

おそらく、清水さんの頭の中では、私が留学から帰国後すぐにお送りしたエイレナイオスとグノーシス主義についての連載文と、それから十年以上後にお送りしたナグ・ハマディ文書の私訳から、私はすっかりグノーシス研究者として理解されていたに違いない。ところが、その間の私はグノーシス研究とは直接関係のない論文と著書も別のルートで発表していたのである。そのいくつかが何らかの仕方で清水さんの目に留まったのであろう。しかし、清水さんにとっては、新約聖書研究とグノーシス研究が同一の研究者の中で同居可能だとは思いもよらなかったのである。一方で新約聖書とキリスト教、他方でグノーシス主義の研究は、わが国の一般常識では、それほどまでに結びつかないものなのである。その常識では、グノーシス主義はキリスト教の「異端」であり、新約聖書学はキリスト教会の宣教に奉仕すべきもののはずであるから、清水さんが考えたように、同姓同名の大貫隆という研究者が二人いることになっても無理はないわけである。

私がこの一般常識を感じ取ったのは、清水さんとのやりとりが初めてであった。自分の呑気さにはわれながら呆れるほかはない。その後、私の研究が新約聖書とグノーシス主義の両方に跨ることは、私の周辺の同僚たちの間でも、「大貫複数説」(笑) なるものを生み出すことになった。今から振り返れば、清水さんの年賀状はその走りに他ならなかった。それと並行して、洋の東西を問わず、キリスト教に関する学術的研究、すなわちキリスト教神学(日本ではキリスト教学)の分野においてさえ、「グノーシス主義」がしばしば無価値の極みに貼りつけられるレッテルであることを、さすがの私も徐々に認識せざるを得なくなった。しかもそれは、一度貼り付けてしまえば、その後はもはやあれこれ細かなことを考える必要がないことを意味するレッテルなのである。

その良い例がE・ケーゼマンのヨハネ解釈である。それは私が邦訳に関わった小著『イエスの最後の意志――ヨハネ福音書とグノーシス主義』に凝縮されている。[2] その結論では、ヨハネ福音書は「確かにまだ素朴な形ではあるが、やがてグノーシス主義として姿を表す仮現論を準備するもの」に他ならず、それがキリスト教の正典に収められたのは古代教会が犯した過誤判断だったとされる。[3]

ケーゼマンの師R・ブルトマンにとっては、ヨハネ福音書はグノーシス主義の救済者神話を非神話論化し、イエス・キリストにおいて救いが歴史的出来事となっていることを語る宣教のことば、すなわち説教であった。たしかに、そこではグノーシス主義は脱ぎ捨てられたものとみられている。しかし、そのことを鮮明にするために、ブルトマンは当時知られていたグノーシス主義の一次資料とひたむきに格闘した。そのひたむきさには読む者を感動させるものがある。[4]

ケーゼマンの前掲の命題はブルトマンのこのヨハネ解釈を根底からひっくり返そうという試みなのである。ところがそこに、グノーシス主義の一次資料とのひたむきな格闘はほとんどない。ケーゼマンが前提しているのは、従来からいろいろな教科書で繰り返されてきたグノーシス主義の一般的な定義を超えるものではない。その上で、ケーゼマンは「素朴ながら」すでにグノーシス主義を準備しているヨハネ福音書は、ブルトマンの場合のように、キリスト教の「正典」の中心たる場所を与えられるべきでないと言うのである。その中心、すなわち「正典の中の正典」はあくまでパウロの十字架の神学が占めるべきだからである。たしかに、ケーゼマン自身がそう明言しているわけではない。しかし、私が半世紀近くにわたって彼のヨハネ解釈と付き合う中で初めて見えてきたところでは、そこにこそ彼の隠された本音があることは確実である。

もちろん、私は新約聖書の「中心」への問いが重要であることを微塵も否定しない。しかし忘れてはならないのは、そこには大きな落とし穴も潜んでいることである。もし「周縁的なもの」を切り捨て「中心的なもの」だけを一義的な真理とみなすならば、「中心」そのものがもはや「中心」たり得なくなる。「中心」は「周縁」なしには存在しないからである。そのような一義化は、すでに新約聖書「正典」の制定において始まっていたのであるが、「正典の中の正典」への問いは同じ一義化をさらに先へ進めるものに他ならない。ケーゼマンのグノーシス観はそれと表裏一体の関係にある。

グノーシス主義に対する隠された否定的先入見について、私には忘れられない身近な体験が他にもいくつかある。二、三の例を挙げてみよう。私の親しい友人で今は故人の西欧中世の神秘主義の研究者がいた。長い付き合いで、とうに気心が知れているとばかり私は思っていた。ある時、私はその友人が同じ専攻の仲間たちと討論する場面にたまたま居合わせることになった。意外なことに、その友人は自分が主たる研究対象としている西欧中世の神秘主義者が「グノーシス的」だと評されたことに、色をなして反論を始めたのである。私の友人は、自分の研究対象はグノーシス主義のような下手物とは断然別物だと言いたいのであった。その時の激しい口吻(こうふん)が今も鮮明に思い出される。その他、プラトン主義哲学を専攻する友人たちの口からも究極的には同じ価値判断を聞かされたことが一再ではない。古典古代から古代末期までのプラトン主義哲学や西欧中世の神秘主義などの研究は、グノーシス主義研究から見れば典型的な隣接分野である。普段この隣接分野に専門的に携わっている研究者たちの間でさえ、グノーシス主義を自分たちの本来の研究対象からの頽落形態、端的に言えば、「異端」と見做す価値判断が根源的に潜んでいるのである。それはどこまで率直に表明されるかは別として、否定しがたい事実だと私は思っている。

ところが私のグノーシス研究は、そのような価値判断とはまったく無縁で自由であった。すでに別のところで述べたとおり、新約聖書に関する私の研究はヨハネ福音書から始まった[5]。そこでは一方の新約聖書と他方のグノーシス主義、その片方の研究がなければ他方の研究もなく、すべてが不可分につながっていたのである。それはあまりに自明の理であった。

隣接分野の専門家においてそういう事情であるから、ましてや平素学術的研究とは無縁で善良かつ敬虔なキリスト教徒が、古代キリスト教会の内外に登場してきたグノーシス主義のことを耳にして何を連想するか、これは推して知るべしである。私の見るところ、そこではグノーシス主義とは、怪しげなカタカナ名の神々を次々と登場させて荒唐無稽な話を繰り広げる神話のことであり、現代で言えば、アニメ動画などのマスメディアも巻き込みながら霊的世界への想像を逞しくするサブカルチャーの元祖といったところであろう。私の半世紀を超えるグノーシス研究はそのような時好(じこう)に投じたことは一度もない。逆にその種のサブカルチャーから賛否を問われたりしたこともない。おそらくその敬遠の背後には、私の研究の姿勢と方法への違和感が潜んでいたにちがいない。

そのように私のグノーシス研究は、一方ではキリスト教会内の「保守的」と「リベラル」といった立場の違いに対する何の忖度もなしに、他方ではキリスト教の枠外のサブカルチャーの時好ともまったく無関係に始まり、その後もただ粛々と続けられてきた。

では、それは一体どういう道筋をたどってきたのか。その道筋をできるだけ客観的に振り返ることが、最初の自伝的エッセイ「**I　私のグノーシス研究**」の意図である。その後に収録した論考II—VIの出典と経緯については、そのエッセイの最後に改めて触れることにしたい。

注

（1）小早川秋聲の生涯と画業について私が知るのは、二〇二一年一〇月九日—一一月二八日に東京ステーションギャラリーで開催された展覧会で頒布された公式カタログ『小早川秋聲——旅する画家の鎮魂歌』（求龍堂）を通してのみである。その作品番号92に寄せられた植田彩芳子の解説（一二四頁）によると、現在代表作とされる「國の楯」は、従軍画家時代末期の一九四四年に当時の陸軍省の依頼を受けて描かれた。ところが、最終的に受け取りを拒否されたため、以後小早川家で秘匿されることとなった。陸軍将校の遺体が堂々たる体躯を正装の軍服に包み、脚には軍靴を履き、柄に片手をかけた軍刀を胸から下肢にかけて斜めにかかえ、顔は日章旗で覆われて横たわっている。その日章旗の白地には寄せ書きが溢れている。見るからに異様なのは、遺体以外の周囲のスペースが真っ黒に塗り潰されていることである。ただし、この図柄は一九六八年に秋聲本人の手で改作された結果で、もともとは遺体の上に桜の花が降り積もるように描かれていたそうである。聖書学の用語で言えば、「正典」への選から漏れて「外典」として秘匿されていた文書（ギリシア語「アポクリュフォン」）が、作者自身による改作をへて世に送り出されたようなものである。

（2）善野碩之助・大貫隆訳、ヨルダン社、一九七八年。

（3）E・ケーゼマン、前掲書、七五、一一五、一七九頁参照。さらに、大貫隆『ヨハネ福音書解釈の根本問題——ブルトマン学派とガダマーを読む』、ヨベル、二〇二二年、七一—七二頁も参照。

（4）この点については、R・ブルトマン『ヨハネの福音書』、杉原助訳、日本キリスト教団出版局、二〇〇五年の巻頭に私が寄せた解説の三一頁を参照。

（5）大貫隆『ヨハネ福音書解釈の根本問題』、ヨベル、二〇二二年。巻頭の「私のヨハネ研究——序にかえて」参照。

グノーシス研究拾遺
——ナグ・ハマディ文書からヨナスまで——

目次

II 『三部の教え』(NHC I,5) の三層原理　107

凡例

・ナグ・ハマディ文書からの引照箇所は、写本番号をローマ数字、頁番号を漢数字、行番号をアラビア数字で表記する。たとえば、I三1-2は写本I、3頁、1-2行を意味する。

・さらにその後に§番号を付す場合がある。その§番号は、邦訳『ナグ・ハマディ文書I-IV』(岩波書店、一九九七-九八年)とその続編『ナグ・ハマディ文書・チャコス文書　グノーシスの変容』(岩波書店、二〇一〇年)に収録されるに当たり、読者の便宜のために施されたものである。

・旧新約聖書からの引用は原則として新共同訳(日本聖書協会、一九八七年)に準ずるが、文脈に応じて適宜変更する。

・〔　〕は、別段の断りがないかぎり、本書の著者による補充である。

・初期キリスト教教父の著作からの引照箇所は、巻をローマ数字、章番号を漢数字、節番号をアラビア数字で表記する。たとえば、I三1-2は第I巻、3章、1-2節を意味する。ただし、この表記法に即していない著作の場合は、そのつど適宜変更する。

I 私のグノーシス研究——序にかえて

1　修学と留学（一九七〇―一九八〇年）

私は前著『ヨハネ福音書解釈の根本問題――ブルトマン学派とガダマーを読む』（ヨベル、二〇二二年）の「序にかえて」において、私のヨハネ研究の履歴を振り返った。その始まりは、私が一九七〇年春に、企業人から東京大学大学院人文科学研究科西洋古典学専攻（呼称は当時）へ転身して、荒井献の指導下で修士論文をまとめることになったことにさかのぼる。その修士論文は「ヨハネ福音書に於ける史的状況と共同体理解――伝承批判的・文献学的研究」と題して、一九七二年の春に完了した。

その後、その修士論文がどのようにして私のその後のイエス研究へとつながって行ったのか。この点については、すでに前著『イエスの「神の国」のイメージ――ユダヤ主義キリスト教への影響史』（教文館、二〇二一年）の巻頭に収めた「私のイエス研究　序に代えて」で述べたとおりである。他方で、同じ修士論文での私は、ルドルフ・ブルトマン『ヨハネの福音書』[1]およびエルンスト・ケーゼマン『イエスの最後の意志――ヨハネ福音書とグノーシス主義』[2]と繰り返し対論していた。その結果、博士課程に進学を許された後の私は、イエス研究への関心と並行させて、グノーシス主義の実態を史料に基づいてより正確に知ろうと研究を始めた。

当時、荒井献はそれまでの青山学院大学神学部（その後廃止）から、出身校である東大大学院の前記の部署へ移動したばかりであった。荒井は一九六二年に、留学先のドイツ・エルランゲン大学神学部のエーテルベルト・シュタウファー（Etherbert Stauffer 一九〇二―一九七九年）の下で、一九四五年に発見されたナグ・ハマディ文書の一つ『真理の福音』のキリスト論に関する論文で学位を取得した新進気鋭のグノーシス研究者であった。大学院の演習では、折から最初の学術論文集『グノーシス主義と原始キリスト教』(3)（岩波書店、一九七一年）のための原稿をベースにした講義が行われていた。それに参加したことが、私にとってナグ・ハマディ文書との、さらにはグノーシス研究との最初の出会いであった

荒井は講義でナグ・ハマディ文書に言及する都合もあって、希望する学生のために、たしか一九七二年度の夏学期、課外のコプト語入門講座を開いてくれた。私は修士論文の執筆と並行しながら、その課外講座にも積極的に参加した。私以外の参加者はきわめて少数であったが、後輩に小林稔（後に上智大学神学部教授、一九四六―二〇一四年）がいた。翌一九七三年度には、当時北海道大学文学部宗教学研究室の助手であった滝澤武人（一九四三―、後に桃山学院大学教授）が、国内留学制度を利用して荒井ゼミに参加し、前記の課外講座の後も学生だけで自主的に継続していたナグ・ハマディ文書講読勉強会にも加わった。滝澤の記憶によれば、そこでは『魂の解明』（ナグ・ハマディ写本Ⅱ、第六文書）を中心に読んでいたと言う。

その後一九七四年夏に、私はドイツ学術交流会（DAAD）の研究奨学金の支給を得て、ヴュルツブルク大学のルドルフ・シュナッケンブルク（Rudolf Schnackenburg 一九一四―二〇〇二年）の下でヨハネ福音書に関する博士論文のための研究を始めることになった。それと同時に、日本で始めたコプト語初級を一から学び直すために、同大学のエジプト学研究室を訪ねた。その研究室は、地元で「レジデンツ」（Residenz）と呼ばれる有名な旧司教殿の建物の一角を間借りしたもので、主任教授はエーリッヒ・リュデッケンス（Erich Lüddeckens 一九一三―二〇〇四年）という人物だった。極東からの留学生からコプト語の受講希望を聞くと怪訝な顔をした。そのわけは、学期が始まってみるとすぐに判明した。私がたった一人の受講生だったのである。そのとき、私はコプト語はもちろん、エジプト学がドイツにおいて、そしておそらくはヨーロッパ全体においても、いかに弱小な研究分野であるかを身に沁みて実感することになった。リュデッケンス教授は家族ぐるみで、極東からの珍客とその妻を受け入れてくれた。当時幼稚園児だった一人娘のドロテア（Dorothea 一九六六年―）は、その後成長して近東から日本までの諸宗教の研究に進み、現在チューリッヒ大学神学部の宗教学研究室で正教授を務めている。

一九七六年の夏まで、私はヴュルツブルク大学で博士論文のための前提条件を整えることに追われて、論文そのものの執筆に本格的に取り組むにいたらなかった。その先に必要となる時間を心配した指導教授の配慮で、ミュンヘン大学のプロテスタント神学部のフェルディナント・ハー

ン（Ferdinand Hahn 一九二六―二〇一五年）のもとへ学籍を移動することになった。(4)

ヴュルツブルク時代の私がグノーシス研究にかかわる仕事として行ったのは、ただ一つ、外典使徒行伝の「ヨハネ行伝」の邦訳だけである。(5) しかし、その仕事を通して私は、外典使徒行伝に見られる性的禁欲主義（いわゆるエンクラティズム）がグノーシス主義の研究にとって持つ重要性に初めて気づくことになった。

ミュンヘン大学へ転籍後もコプト語の学習を継続した。ミュンヘン中央駅からほど遠くない市街にバイエルン州立エジプト博物館があり、エジプト学研究室はその中の一角を間借りしていた。コプト語の授業もそこで行われ、主任教授はユリウス・アスファルク（Julius Aßfalg 一九二二―二〇〇一年）という人物だった。古代東方キリスト教諸言語の専門家であった。そのため、コプト語以外にも、シリア語とアルメニア語も講じていた。ただし、こちらの授業はミュンヘン大学セム学研究室で行われ、市街の別の場所に間借りしていた。

私はヴュルツブルクからの引っ越し作業が一段落した後、一九七六年冬学期が始まるや、すぐにエジプト学研究室へ出向き、コプト語の中級講読クラスに出席した。予想通り、ここでも受講生は少なく、私以外にはもう一人だけ、それも子連れの男性がいるのみだった。その男性の名前はミカエル・ラトケ（Michael Lattke 一九四二―二〇二三年）と言った。そのラトケとはその後最期（二〇二三年二月一九日）まで研究上と個人的の両面で親密な交流が続いた。

その中で少しずつ分かったことであるが、彼は当時、博士論文を仕上げた後、アウグスブルク大学神学部で教授資格論文を執筆中だった。そのテーマは、私と同じでヨハネ福音書とグノーシス主義の関係であった。そのために、ナグ・ハマディ文書を読もうと、コプト語の学習をすでに数学期前から始めていた。アウグスブルク大学にはコプト語の授業がないためにミュンヘン大学のアスファルク教授の授業に通っていたのである。

われわれはすぐに気心を通わせるようになった。その中で、ラトケは同じアスファルク教授のシリア語の授業にも出ていることを語り、私にも強く参加を勧めてくれた。その理由は実はR・ブルトマンの『ヨハネの福音書』にあった。

ブルトマンのこの主著は冒頭部で大きな紙幅を割いて、ヨハネ福音書の序文（一1―18）の注解を行っている。ここでは、その一部をその後の二〇〇五年に刊行された邦訳[6]に準じて引用してみよう。それは福音書の著者が序文で用いていると思われる「資料」（ブルトマンの呼称では「ロゴス讃歌」）はいったいグノーシスのどの類型に属するのか、という問題に答える部分である。そこではこう説明されている。

〔資料のロゴス讃歌は〕初期の東方〔イラン〕型グノーシスの領域に属する。**神に敵対する領域の成立**をも神性者の自己展開の過程に関係づけるシリア・エジプト型の特徴的な傾向〔原注

81〕[7]はそれとは無縁だからである。闇が原堕罪に由来するという考察はなされていない。神に敵対する積極的な反対力の役割を闇に帰する「イラン」型の痕跡がこの福音書の他の箇所には見えるとしても〔八44、一二31、一四30、一六11〕——**ソロ頌においてと同様に**——**神話論は大幅に駆逐されている**から、実際にここにあるのは変形された形での初期の東方型である。またソロ頌でと同様に、そのような変形は旧約的な神信仰の影響に基づいて生じていよう。（邦訳六七頁、ただし、〔 〕と**ゴチック体**は大貫による。）

ブルトマンが『ヨハネの福音書』の全体にわたって想定する資料仮説によれば、著者が序文で資料として用いている「ロゴス讃歌」は、それに続く福音書の本体部分で特徴的な「私は〜である」という言い回しで繰り返されるイエスの自己啓示の講話が用いている文献資料と一体のものであったとされる。ブルトマンはその一連の文献資料を「啓示講話資料」と呼んだ。その思想は、当時マルク・リツバルスキー（Mark Lidzbarski 一八六八—一九二八年）のドイツ語訳によって読めるようになった一群のマンダ教文書に強度に類似するが、表現上の様式が神話ではなく讃歌にいわば「非神話化」されていること、また旧約聖書からの影響を明瞭に受けたキリスト教文書であることを理由に、むしろ『ソロモンの頌歌』こそが歴史的には最も類縁性の高い文書であると見なしたのである。前掲の引用はこの判断を明言している箇所なのである。そこに「ソロ頌」と略称されているのが『ソロモンの頌歌』のことである。

それではその『ソロモンの頌歌』とはいったいどのような文書なのか。とりあえず目下の文脈では、研究上の一般的な定説を紹介するにとどめるが、原語はおそらくシリア語（アラム語）で、後二世紀前半の成立と推定される。その後のキリスト教内外の著作家や匿名の文書の中でも繰り返し引用、あるいは言及された。その結果、コプト語とギリシア語の断片も伝存している。そこからも、シリアを超えて広範に伝播し、使用されたことは明らかであるが、それは同時に思想的には「正統」と「異端」のどちらとも一義的に断定できないということでもある[8]。

こうなると、ヨハネ福音書とグノーシス主義の関係をめぐってブルトマンと正面から討論しようとしていた私にも、『ソロモンの頌歌』を参照せずに通り過ぎることができなくなった。そこで、少なくとも、シリア語の字母を読解できるようになろうと、ラトケの前述の誘いに応じて、アスファルク教授のシリア語の授業にも参加することにした。

なお、ラトケには、ミュンヘンでの私との出会い以前に曲節の経歴があった。彼は現在はポーランド領のシュテッティンの出身で、もともと数学で博士の学位を取得している。その後、ローマ・カトリック教会司祭への転身を志して、ボン大学とテューービンゲン大学カトリック神学部で学んだ。テューービンゲン大学ではヨーゼフ・ラッツィンガー（Joseph Ratzinger、一九二七―二〇二二年、その間の二〇〇五―二〇一三年にローマ教皇ベネディクト一六世）に師事したが、二人の関係はうまくゆかず、前述のフライブルク大学カトリック神学部に転籍した。そしてアントン・フェークトレ（A. Vögtle）のもとで一九七四年にヨハネ福音書に関する博士論文で学位を取得している。[9] その博士論文では、テュービンゲンで薫陶を受けた思われるエルンスト・ケーゼマンの影響が顕著で、ヨハネ福音書はすでにグノーシス主義化しつつある文書とみなされている。しかし、ラトケがどこまでケーゼマンの所論の真意[10]を理解していたのかは、私にはいささか疑問に感じられる。

ラトケがアウグスブルク大学で執筆中だった教授資格論文は一九七九年に完成した。ちょうど私の博士論文の終了と同じ時期であった。その後一九八一年にオーストラリア・ブリスベーン大学人文学部宗教学科の教授に招聘された。そしてその職を定年退職まで勤め上げ、その後は名誉教授であった。その間に、『ソロモンの頌歌』についての多大な研究業績を挙げており、現在いずれも国際的にきわめて高い認知度を誇っている。[11]

ミュンヘン時代には、私のグノーシス研究にとってもう一つ重要な出会いがあった。それはハンス・ヨナス（Hans Jonas 一九〇三—一九九三年）のグノーシス研究『グノーシスと古代末期の精神』のことである。先ほど言及したブルトマン『ヨハネの福音書』からの引用文の中に、「初期の東方型グノーシス」および「シリア・エジプト型」という文言が現れていた。これはブルトマン自身が引用文中の原注[12]81で挙げているとおり、ヨナスのこのライフ・ワークの第I巻[13]がグノーシス研究史上初めて行った類型区分を指しているのである。こうして私はブルトマン『ヨハネの福音書』

を通して、グノーシスの類型区分のことを初めて認識すると同時に、ヨナスのこの書が実存論的解釈という点でブルトマン自身のヨハネ解釈と深い共通性を持つものであることを知ったのである。それを機に、私はその後現在まで、必要に迫られるたびごとに、ヨナスのこの書を参照してきた。しかし、当初は「拾い読み」で終わっていた。まずはブルトマンの『ヨハネの福音書』の精読と、それに対するE・ケーゼマン『イエスの最後の意志――ヨハネ福音書とグノーシス主義』[14]の批判を正確に読解することに、主たる精力を注がざるを得なかったからである。加えて、ヨナスの書は、知る人ぞ知る通り、あまりに難読の書であった。

私は一九七九年夏にドイツ留学から帰国した。留学中の一九七五年以降、教文館から『新約聖書外典偽典』シリーズの刊行が始まっていた。帰国に前後する時期に、その『別巻・補遺II』に『ソロモンの頌歌』を収録することが決まり、その翻訳依頼が編集者の荒井献から私宛にやってきた。おそらく私は博士論文のための必要に迫られてシリア語の手習いを始めたことを、荒井に報告していたのだと思う。実際に翻訳に当たって参照すべき歴代の校訂本文とそれに基づく二次的研究文献の蓄積は膨大であったが、帰国前に収集していたものが非常に役立った[15]。私は信頼に足る本邦初訳を送り出すために懸命に努力したが、まことに覚束ない語学力での仕事であったから、不足点も少なからず残っているに違いない。今後、この文書に関心を抱く研究者が現れて改良の手を加えてくれることを期待している。

2　ナグ・ハマディ文書の翻訳

2―1　私訳の蓄積

帰国後に最初に与えられた職場は東京女子大学文理学部であった。そこにキリスト教学担当で一九九一年春まで十一年間勤務する間に、私がグノーシス研究の領域で最初に力を注いだのは、『ヨハネのアポクリュフォン』であった。この文書は数多いグノーシス文書の中でも、グノーシス救済神話を最も組織立って論述するもので、ナグ・ハマディ文書の発見以前から知られていた通称「ベルリン写本」を含めると、合計四つの写本が伝わっている。私はまずその「ベルリン写本」の翻訳と訳注から始め、職場の研究紀要に順次発表した。(16)

その過程で私は伝存する四つの写本が文献学的にどのような相互関係にあるかを判定する上で、それぞれの写本でストア哲学が及ぼしている影響の度合いを標識とすることが可能であり、有効でもあることに気がついた。とりわけ、この文書で重要な役割を果たす女性的救済者かつ啓示者であるバルベーロー・プロノイアに、ストア哲学の摂理論の影響が認められたのである。

一九八六年から翌年にかけて、私はアレキサンダー・フォン・フンボルト財団の支援を受けて、ハイデルベルク大学神学部のゲルト・タイセン（Gerd Theißen 一九四三―）のもとに研究滞在した。タイセンのもとでは、本来はイエス研究と共観福音書の研究を進める予定であった。しかし、実際にはその直前から関心を抱き始めていた『ヨハネのアポクリュフォン』とストア哲学の関係の問題に集中する結果になってしまった。タイセンは寛容にもこの重点変更を許してくれたが、それには理由がないわけではなかった。というのは、私は『ヨハネのアポクリュフォン』にストア哲学が及ぼしている影響は、プロノイア論のみならず、いわゆる「情念論」においても大きいものがあることを論証しようとしていたからである。これがすでに原始キリスト教の心理学的研究を切り開こうとしていたタイセンの関心[17]と合致したのである。私がこの問題意識からハイデルベルクで進めた研究は、その後間もなく『グノーシスとストア――ヨハネのアポクリュフォンの研究』と題してドイツ語で公刊された[18]。帰国後の私はその一部を日本聖書学研究所の欧文紀要（AJBI）にも、「女性的救済者バルベーロー・プロノイアの再来――ヨハネのアポクリュフォンの文献学的研究」という表題で寄稿している[19]。

その後一九九一年春に、私は荒井献の後任として東大駒場の大学院西洋古典学研究室へ移動することになった。その後二〇〇九年春の定年退職までの十八年間の在職期間の前半は、東京女子大学で始めていたナグ・ハマディ文書の私訳を順次継続した。最初は『ヨハネのアポクリュフォン』の未訳の写本IIとIII、それに続けて写本IIに含まれる『フィリポによる福音書』と『アルコーンの本質』を取り上げた[20]。今から振り返ってみれば、ナグ・ハマディ文書の中でもいわゆる神話論的な文書を真っ先に私訳していたということになる。これらの私訳は私とってはあくまで研究上の試訳であり、順次それらを蓄積している間中、将来単行本化する日が来ようとはまったく思いもよらなかった。

東大駒場の大学院西洋古典学研究室へ移動した直後から、私も恩師荒井献のかっての範に習って、院生有志を対象にコプト語初級の自主講座を開いた。当時博士課程に在学中だった筒井賢治（一九六五年―）はその参加者の一人であり、やがて次項で述べる『ナグ・ハマディ文書Ⅰ―Ⅳ』の共同訳者として共に働くことになる。

その間、私の研究はグノーシス文書に及ぼしている影響という点では、ストア哲学よりも、むしろ中期プラトン主義の方が構造的により深いのではないかという認識へ広がって行った。この観点から書き下ろした論考が「三つのプロノイア――グノーシス主義、ストア、中期プラトン主義の関係をめぐって[21]」（一九九一年）と「ないないづくしの神――古代における三つの否定神学[22]」（一九九七年）である。

この論考の表題が言う「古代における三つの否定神学」とは、中期プラトン主義（特にアルキノス）、神話論的グノーシス主義（特に『ヨハネのアポクリュフォン』）、そして創造主と被造物の絶対的隔たりを強調するキリスト教正統主義（特に二世紀のアリスティデス）の神論を指している。この論考を書き進める中で一つの大きな発見があった。それはアルキノスと『ヨハネのアポクリュフォン』に共通する「至高神の永遠の自己思惟」という観念である。至高神には、当然ながら思考力が具わっている。しかし、独一かつ至高の存在であるから、最初は自分の外にはまだ何も存在しない。それゆえ、彼の思考は自分自身についての自己思惟として開始するのである。グノーシス主義にとっては、その至高神は実は「第一（最初）の人間」に他ならない。すなわち、「人間即至高神也」なのであって、グノーシス主義の救済神話はその人間が意識の主体と客体に分化し、非本来的な現実世界を生み出すとともに、その中へ堕ちるが、真の自己を再認識してふたたび本来の場所へ回帰するという大きな円環運動を描くのである。

この気づきは、もちろん私ひとりの独創によるものではなく、それまでに難儀を重ねて読破していたハンス・ヨナスの難読の大著『グノーシスと古代末期の精神 I—II』（後出第6節参照）に大きく啓発されている。しかし、この点についてさらに詳しいことは、本論考の第8節「八木—荒井論争を超えて——結びにかえて」で述べることにしたい。

2—2 『ナグ・ハマディ文書 I—IV』（岩波書店、一九九七—一九九八年）の刊行

一九九七—一九九八年に岩波書店から刊行された四分冊のシリーズ『ナグ・ハマディ文書 I—

Ⅳ』の最初の企画がもたらされたのはちょうどその頃のことであった。それはその後「岩波版 新約聖書」と呼ばれることになった『新約聖書』全五分冊（一九九五―一九九六年、合本版二〇〇四年）と並行する企画だった。二つの企画の指揮を取った荒井献の方針で、私は『ナグ・ハマディ文書Ⅰ―Ⅳ』の企画の方に精力を注ぐことになった。翻訳担当には、荒井と大貫の他に、かつての荒井ゼミで行われたコプト語自主講座の参加者であった小林稔（上智大学神学部教授）と、私が東大駒場に移動した直後に行った前述のコプト語自主講座の参加者であった筒井賢治（当時、新潟大学准教授）を加えて四人であった。岩波書店編集部の側でこの企画を強力に推進されたのが中川和夫さん（現ぷねうま舎社主）であった。中川さんは、これまでほとんどその名前のみが、それも曖昧な定義の下に口にされてきたにすぎなかったグノーシス主義の思考法と自己表現に限りない現代性と適合性を認められ、これを日本の読書界に知らしめたいという情熱と使命感に燃えておられた。

私にとってこの企画は、それまでただ自分の研究のためにだけ蓄積してきていたナグ・ハマディ文書の私訳を公にして、多くの読者に読んでもらうことができるこの上ないチャンスであった。当然ながら、私は最大限の情熱と勢力を注いで企画の推進に当たった。他の訳者たちとの協力も順調に進み、足掛けわずか二年（一九九七―一九九八年）の間に四分冊の刊行を実現した。ただし、そこに収録されたナグ・ハマディ文書は、合計五二文書のすべてではなく、三一文書にとどまった。

全五二文書を訳出するには、正直なところ、訳者四人の準備が不足していたからである。しかし、主要なナグ・ハマディ文書はほぼすべて網羅しており、さらに加えて、エイレナイオスとヒッポリュトスという後二世紀の反異端論者が書き留めた抜粋報告も合わせて訳出されている。しかも、すべての収録文書には、詳細な訳注と解説が付された。

私は荒井献と二人で全体の編集責任を負った。ナグ・ハマディ文書が文学的様式の上で示している多様性に対応して、全四分冊を第Ⅰ巻「救済神話」、第Ⅱ巻「福音書」、第Ⅲ巻「説教・書簡」、第Ⅳ巻「黙示録」の四つに区分することまでは比較的容易に決まった。しかし、最も頭を悩ましたのはその先、すなわち、それぞれの分冊にどの文書を収録するかという問題であった。例えば、『三部の教え』は、最終的に第Ⅱ巻に収録したものの、はたしてその文学的様式を「福音書」と呼べるかどうか。これは当初からの荒井献の疑義であった。全四分冊の文学様式による区分は、このような揺れを含んだものであることを、今さらではあるが、ここで正直にお断りしておかねばならない。

私自身が担当したのは、第Ⅰ巻『救済神話』では、巻頭の序「グノーシス主義神話の類型区分」の他に、『ヨハネのアポクリュフォン』、『アルコーンの本質』、『この世の起原について』、第Ⅱ巻『福音書』では、巻頭の序「グノーシス主義の「福音書」について」の他に、『フィリポによる福音書』と『三部の教え』、第Ⅲ巻では、巻頭の序「グノーシス主義と説教」および「グノーシス主義と書簡」の他に、『真理の証言』と『復活に関する教え』、第Ⅳ巻では、巻頭の序「グノーシス主義の「黙示録」について」の他に、『アダムの黙示録』と『シェームの釈義』である。

前述の私訳蓄積の時期も含めて、実際にコプト語本文の読解と翻訳の作業に当たってみて実感したのは、コプト語という古代エジプト語[23]が持つ特有な曖昧さである。その最も大きな原因の一つは方言の多さと複雑さである。ナグ・ハマディ文書もその例外ではない。一口にそう呼ばれるものの、実は写本ごとに使用されているコプト語方言が微妙に違っているのである。その違いは主に単語レベルの綴りに現れる。そのため、どの文書の場合にも、本文の校訂者が異なると、写本の保存状態が悪い箇所をどう読解するか、大小さまざまな揺れが生じることとなる。もちろん、われわれの邦訳は国際的に認知された公式本文を原則としてベースにしてはいるのだが、それでも公式本文の読み方や復元では困難だと思われるような場合には、その他の校訂本と欧米語訳も不断に参照せざるを得ないわけである。その結果、公式本文とは違う読解との間で、どれを採るかむずかしい判断を迫られることになる。そもそも欧米の校訂者や翻訳者たちの判断が揺れているのだから、それ以上のコプト語力を身につけているわけでは決してないわれわれ四人の日本語訳者が直面する困難は容易にお分かりいただけるであろう。

岩波版『ナグ・ハマディ文書Ⅰ―Ⅳ』はこのようにして生み出された翻訳であり、決して完全さを主張するものではない。そもそも、日本語に限らず、完全な訳というものが存在しがたい研究分野なのである。それでも四人の訳者は本邦初訳のために懸命に努力したことをここに報告しておきたい。[24] それによって、二十世紀における古代学上最大の発見と呼ばれるナグ・ハマディ文書の主要部分が日本語で読めるようになったこと、これはわが国のグノーシス研究史上、画期的な出来事であったと言っても決して過言ではないであろう。事実、『ナグ・ハマディ文書I―IV』の四分冊は、その後日本の読書界に幅広く受け入れられた。二〇〇七年の重版の後、オンデマンド出版に移行した後も、根強い復刊希望が続いてきた。そのためもあって、二〇二二年一月には、岩波文庫版『新約聖書外典　ナグ・ハマディ文書抄』が編集部の永沼浩一さんの尽力によって刊行され、瞬く間に重版となっている。

3 『グノーシスの神話』と論文集の刊行

3―1 『グノーシスの神話』(岩波書店、一九九九年)

『ナグ・ハマディ文書I―IV』の刊行の翌年、私は一般読者向けの入門書『グノーシスの神話』(岩波書店)を上梓した。その初版の「あとがき」で私は次のように述べている。

グノーシス主義が有する……思想史的・文化史的な重要性にもかかわらず、わが国ではこれまで、グノーシス主義が生み出した本文そのもののまとまった形での紹介が立ち遅れていた。わが国でのグノーシス主義研究の先駆けとなった荒井献氏の研究もこの点では例外ではなく、本文の翻訳はごく限られた文書についてしか行っていなかった。まして、……さまざまな領域での隣接研究が必要に迫られてグノーシス主義に言及するような場合には、欧米語の翻訳あるいは研究文献に基づく二次的な報告、それもダイジェストに留まるのがほとんどであったから、一般読者にとっては隔靴掻痒が深まるばかりであった。

しかし、……〔今や『ナグ・ハマディ文書Ⅰ―Ⅳ』によって、ナグ・ハマディ文書中の主要なものが〕詳細な訳注および解説とともに日本語で読むことができる〔ようになった〕。ただし、その内容は全四巻のタイトルが示唆するように、グノーシス主義者たちの文学的多産性に対応して、さまざまなジャンルとスタイルにまたがりつつ、実に多種多様であるために、そこからグノーシス主義のクリアカットな輪郭を読み取るのは簡単なことではない。その多種多様なナグ・ハマディ文書を、多くのグノーシス主義教派がそれぞれ依拠した基礎神話を準拠枠として可能な限り整理した上、マンダ教とマニ教の神話を加え、必要最小限の解説を添えて読みやすい読本の形で提供することが本書の役割である。（三〇五―三〇六頁 ……では適宜中略[25]）

ここではグノーシス文書の読みにくさの最大の理由が「グノーシス主義者たちの文学的多産性に対応して、さまざまなジャンルとスタイルにまたがりつつ、実に多種多様である」ことに求められている。事実、「神話」というジャンルに限っても、何よりもまず成立母胎の教派が違えば、神話も違ってくるということがある。ところが、同一教派の神話も不断に変形を繰り返すのである。エイレナイオスはヴァレンティノス派に関して、そのことを次のように報告している。

彼らは仲間が二人あるいは三人一緒にいるだけでも、同じ論点に関して決して同じことを言わないのである。むしろ、内容についても名辞についても、互いにまったく相反することを言い合うのである。[26]（『異端反駁』I一一1）

彼らの唱える教説と伝承はあまりにも互いに食い違っている。また、つい最近加入を認められたばかりの者たちさえも、**これまでまだだれも考えたことがないような新規なことを何とか見つけ出して付け加えようと、来る日も来る日も懸命である。**そのため、彼らの見解のすべてを報告することは至難のわざである。[27]」（『異端反駁』I二一5）

こうして同一教派の基礎神話そのものが日毎に変容を繰り返すわけである。その際、変容のたびごとに神話全体が初めから終わりまで語り直されるとはもちろん限らない。もともとあった基礎神話を構成する特定の場面に焦点が絞られ、縮小されることもあるが、多くの場合は拡大されるのである。そもそもグノーシス神話は、ユダヤ教黙示文書の場合と似て、「その場所ではこの話」という定型性を特徴としている。たとえば、神話の冒頭では、可視的な世界が始まる前の神々の世界の話、続いて、そこからどのようにして可視的世界と人間が生成してきたかの話、世界と人間の「今ここ」の話、そして最後はその行方の話、という具合である。個々のグノーシス文書はこれらの定型場面（トポス）のすべてをフルスパンで物語るよりも、いずれかの場面を舞台としていることが多い。したがって、その読解のために最も肝要なことは、舞台がどのトポスなのかを見究めることである。その見究めなしには、グノーシス文書はまさに地下迷宮そのものとなり、とても読み切れるものではない。私は『ナグ・ハマディ文書Ⅰ―Ⅳ』全四分冊で読めるようになったグノーシス文書を縦横無尽に跋渉（ばっしょう）して、この意味での「トポス論」に振り分けて、神話に登場する有象無象（うぞうむぞう）の神々や霊的存在の名前に惑わされずに読解できる手引書および読本を作ろうと思い立ったのである。(28) この計画に至る上では、ドイツ留学時代から継続して読み続けていたハンス・ヨナスの前掲書『グノーシスと古代末期の精神』の類型論的・構造的研究から受けた示唆が大きかった。

『グノーシスの神話』の第Ⅲ部はマンダ教、第Ⅳ部はマニ教を取り上げた。後者はヨナスの類型論で言う「東方（イラン）型」、前者はそれと「西方（シリア・エジプト）型」の間に位置する「混合型」に該当する。この部分での論述は、マンダ教とマニ教の神話を筋道立てて紹介する本邦初の試みであった。そのためには、この二つの宗教に関して西欧で蓄積されてきた研究文献、その中でも直接資料（翻訳を含む一次資料）を入手することが必須だった。マンダ教文書では、とりわけマルク・リッツバルスキー（前出）による『ギンザー（マンダ教徒の大いなる書）』、『マンダ教祈祷集』、『洗礼者ヨハネの書』）のドイツ語訳、マニ教の神話では、シリアのキリスト教ネストリウス派のテオドーロス・バル・コーナイ『評注蒐集』（八世紀末）とイブン・アン・ナディーム『学術書目録』（フィフリスト、一〇世紀末）の報告が不可欠であった。特に後者はアラビア語であり、一八六二年に刊行のグスタフ・フリューゲル（Gustaf Flügel 一八〇二―一八七〇年）の校訂本とドイツ語訳を入手するのにはなはだ労苦した。その他、二十世紀初頭のドイツ・トゥルファン調査隊によって発掘されたマニ教文書、一九三〇年代にカール・シュミット（Carl Schmidt 一八六八―一九三八年）によってエジプトで発掘されたコプト語マニ教文書も基礎的資料であったが、これらについてはすでに述べたミュンヘン留学時代と、一九八六―一九八七年にアレキサンダー・フォン・フンボルト財団の支援を受けてハイデルベルク大学に研究滞在した際に、時を惜しんで複写して入手していた。(29)

なお、第Ⅲ部でのマンダ教の論述には、当時の私が指導した相関真樹子（あいぜき）が東京大学大学院人文科学研究科宗教学・宗教史学研究室で仕上げた修士論文（一九九五年）「マンダ教の洗礼とその意味」から大いに啓発を受けた。相関は修士課程を修了後は朝日新聞社に就職した。折から起きたオウム真理教事件の影響もあって、宗教のことが分かる記者を採用しようという意向が新聞社側にも働いたと聞いている。

最後に、『グノーシスの神話』には、その後興味深いエピソードがある。二〇一〇年九月二七日、私は共同通信社社会部の大森圭一郎記者から突然電話をいただいた。私は『グノーシスの神話』の第Ⅳ部でマニ教の神話をテオドーロス・バル・コーナイ『評注蒐集』とイブン・アン・ナディーム『学術書目録』に基づいて論述した後に、その全体の構図を図解していたのであるが、大森氏の話では、その図解とほぼ完璧に一致する構図のマニ教絵画（宇宙図）が合計七つ日本国内に存在していることが京都大学の吉田豊（ソグド文献言語学）氏によって確認されたとのことであった。このニュースはその直後に東京新聞、日本経済新聞の他、北日本新聞、西日本新聞などの多くの地方誌に掲載され、そのいくつかには私も短いコメントを寄せた(30)。

3―2 『グノーシス考』（岩波書店、二〇〇〇年）

『グノーシスの神話』の翌年に公にしたこの論文集は、『ナグ・ハマディ文書Ⅰ―Ⅳ』に収録した邦訳の私訳を蓄積していた期間（一九八〇―一九九七年）に、それぞれの文書の翻訳のために予め解決しておかなければならなかった問題、あるいは翻訳の途中で見えてきた問題を解決するために書いた論考を集めたものである。そのため、どの論考も文献学的研究となっており、内容的にはかなり専門的な議論を繰り広げている。

その中でも、「第I部 古代キリスト教における禁欲主義の系譜 ― グノーシス主義、外典使徒行伝、初期修道制」の第1章「子宮としての世界 —— グノーシス主義の性的自然観と禁欲主義」という論考については、恩師の荒井献にさえも「(きわどいテーマで) よく書くなあ」と呆れられた(笑)。しかし、私にとっては、グノーシス主義の禁欲主義の問題を考える上では重要なテーマであった。それは私の中では、前述した『新約聖書外典偽典7・新約外典II』(荒井献編、教文館、一九七六年)のために「ヨハネ行伝」の翻訳を担当したときの気づきに接続するものであり、この論考の前後に他でも繰り返し取り上げている。[31] 前節で取り上げた『グノーシスの神話』の第II部で『シェームの釈義』を特別に補論として論じたのもその一つである。この文書は、私のトポス論で言うと、今ここにある世界と人間は何処から来たのかを物語るトポス1—7には言及せず、むしろ暗黙の前提として出発し、それ以後のトポス8—16に論述を集中している。すなわち、「世界と人間は何処へ行くのか」(終末論)と「今をどう生きるか」(倫理)の問題に焦点を絞っているわけである。今ここで人間は「子宮」としての世界の「闇」の中にある。そこから「光」の世界へ脱出することこそ「真の誕生」だという物語になる。

その後も、グノーシスの性的禁欲主義と性的自然観の研究は継続した。一九九九―二〇〇一（平成一一―一三）年度には、古代ローマ史が専攻の同僚本村凌二（りょうじ）とともに科学研究費補助金（基盤研究C）を受けて共同研究を行った。その研究成果報告書『古代地中海世界における欲望と禁欲』に、私は「初期キリスト教の禁欲主義――エンクラティズム、牧会書簡、初期修道制」という論考を載せた（一一―四一頁）。『グノーシス考』の巻頭に収めた論考はそれを改稿したものである。また、二〇〇〇年三月四日から四月九日まで、フランス・ソルボンヌ第四大学のÉcole Pratique des Hautes Étudesの宗教学研究室に招かれて行った連続講義でも同じテーマを取り上げて論じた。(32)

ただし、グノーシス文書と初期キリスト教（エンクラティズム、牧会書簡、初期修道制）における「性」の問題への私の関心は、終始「禁欲主義」の観点からのものであったので、その後のいわゆる「クィア神学」によって提起され、現在わが国の新約聖書学の土俵でも活性化されつつあるLGBTをめぐる議論はまったく視野の外に取り残したままになっている。(33)

3―3『ロゴスとソフィア――ヨハネ福音書からグノーシスと初期教父への道』（教文館、二〇〇一年）

これは『グノーシス考』の翌年に刊行した論文集である。収録論考の中で、「エイレナイオスににおける『再統合』と救済史」および「ヨハネ福音書とグノーシス主義――ブルトマン学派のヨハネ解釈によせて」はミュンヘン留学時代に書いたものの改稿版である。[34] グノーシス研究に関する論考としては、「ロゴスの受肉とソフィアの過失――ヨハネ福音書とグノーシス主義における『光』と『闇』」を収録している。もともとは、岩波書店から二〇〇〇年に坂口ふみ・小林康夫・中沢新一・西谷修編で公にされた「シリーズ　宗教への問い」第二巻『光の解読』（一六五―一九五頁）のために書き下ろしたものである。ヨハネ福音書では、「光と闇」あるいは「昼と夜」という対句が「現存在の被照性」を表すのに対して、グノーシスでは「光の拡散」と「光の回収」が人間の永遠の実体（本質）にかかわる出来事となっている違いを論じて、両者における「光言語の身分」の違いを明らかにしている。

3―4　『グノーシス　陰の精神史』と『グノーシス　異端と近代』（岩波書店、二〇〇一年）

この二冊は、日本の読書界に「グノーシスの流れ」を創出しようという中川和夫氏の仕掛けによって実現したものである。私以外に島薗進（宗教学）、高橋義人（ドイツ文学）、村上陽一郎（科学史・科学哲学）の三氏が加わってくださったほか、旧知の友人たちからは、久米博（フランス現代哲学）、小林康夫（フランス文学・現代思想）、山本巍（古代ギリシア哲学）、鶴岡賀雄（宗教学、西洋神秘思想）、月本昭男（旧約聖書学、オリエント学）、佐藤研（新約聖書学）、手嶋勲矢（ユダヤ学）、山脇直司（社会思想史）、深沢英隆（宗教学）、荻野弘之（古代ギリシア哲学）、出村みや子（教父学）という面々の参加を得た。その他にも、イスラーム思想史、仏教思想史、西欧中世哲学、西欧近世哲学、ルネッサンス思想史、科学史、西洋法制史、心理学、イギリス文学、フランス文学、ドイツ文学、比較文学、映画学の分野から、殷殷たる専門研究者が参加してくださり、総勢三九名の執筆陣となった。いずれもすでに当時、あるいはその後、それぞれの分野で顕著な業績を挙げた重鎮の研究者である。これだけの陣容を集めることができたのは、ひとえに中川和夫氏の働きによるものであるが、私にとっては、当初の予想をはるかに超える広がりであった。グノーシスが古代から現代まで思想史的・社会的に重要な意義を持ち続けていることを改めて認識させられた。もちろん、私も分担執筆に加わったが[35]、核心を為すのは何よりも他の執筆陣が繰り広げるグノーシス主義の多彩な影響史の論述である。

なお、最後に付言すれば、私はほぼ同じ時期に、やはり同じ中川和夫氏の勧めと仕掛けで、クルト・ルドルフ『グノーシス　古代末期の一宗教の本質と歴史』（岩波書店、二〇〇一年）の邦訳を、入江良平および筒井賢治との共訳で送り出している。クルト・ルドルフ（Kurt Rudolph 一九二九年―）は早くからマンダ教文書の研究者として知られていたが、この本は彼がその後のナグ・ハマディ文書の国際的な研究状況も踏まえて書き下ろしたもので、刊行後現在までグノーシス主義研究の最も総括的なスタンダード・ワークとされているものである。前掲の拙著『グノーシスの神話』がマンダ教とマニ教文書まで取り上げたのは、実はその範に習ったものである。[36]

4　歴史的心理学からグノーシスの政治学へ（二〇〇七―二〇一〇年）

4―1　歴史的心理学

『グノーシス　陰の精神史』と『グノーシス　異端と近代』の後、二〇〇三年から二〇〇六年にかけて、私は史的イエス研究に専心した。『イエスという経験』（岩波書店、二〇〇三年）および『イエスと時』（同、二〇〇六年）の二部作がその結果である。[37]ちょうどそれが一段落を迎えた二〇〇六年十月に、G・タイセンからシンポジウムでの講演に招かれた。それはハイデルベルク学士院の古代学共同研究プロジェクトが主催したもので、「原始キリスト教の心理学」という主題を掲げるシンポジウムであった。[38]

タイセンがそれ以前から原始キリスト教の心理学的研究を切り開こうとしていたことは、すでに言及したとおりであるが、この時期から彼は「歴史的心理学」という方法を盛んに用いるようになっていた。これがどのような方法であるかは、その翌年の二〇〇七年に刊行された大部な著作『初期キリスト教徒の体験と行動――原始キリスト教の心理学』[39]の書き出しから端的に読み取ることができる。そこには「内的人間の発明」という中見出しに続いて、こう言われている。「現代世界からは魂の概念はなくなってしまった。しかしそれは、はるか昔（のいわゆる「枢軸の時代」）において初めて『発明された』ものであった。太古の人間たちが体験していた外部霊魂が内面化され、内側のもろもろの力が求心的に束ねられて初めて、内的な統一性としての『霊魂』が成立した」（拙訳四三頁）。

タイセンがそのシンポジウムに私も招いてくれたことには、一九八六年から翌年にかけて彼のもとに研究滞在した折の私が、すでに述べたように、グノーシス研究の角度からストア哲学の情念論に関心を寄せたことの記憶があったのかも知れない。いずれにせよ、私は喜んでその招待を受け、「グノーシスにおける妬み」と題して講演した[40]。その講演を準備する過程で、私には一つの新しい発見があった。それは一言で言えば、「妬み」（φθόνος）という情念が、特に西方型のグノーシス神話の重要な構造原理の一つに他ならないということである。

4―2　『グノーシス「妬み」の政治学』（岩波書店、二〇〇八年）

西方型のグノーシス神話で「妬み」を最も顕著な形で体現するのは「ヤルダバオート」である。彼は光の世界の最下位にいた「ソフィア」がパートナーを持たないまま抱懐した「欲求」から生み落とされた異形の子である。彼は自分の上に、超越的な神々の世界が存在するのも知らずに、「わたしこそは妬む神である。私の他に神はいない」（出エジプト記二〇2、イザヤ書四四5他）とうそぶく。そして、自分の配下に可視的世界とそれを支配するもろもろの権威たちを創造する。しかし、「ヤルダバオート」は自分の権力の源（「火」）を彼らに分与することを「出し惜しむ」。ここでは「妬み」は、自分よりも上位の者を無化し、下位の者には自分の持てるものを「出し惜しむ」という、人間が抱き得る最も暗い情念のことである。そして旧約聖書の唯一神ヤハウェこそ、その情念の権化「ヤルダバオート」に他ならない。これは前述の西方型グノーシス神話のトポス論に即して見ると、「世界と人間は何処からきたのか」について語る部分（トポス1―7）から「世界と人間は何処へ行くのか」について語る部分（トポス8―11）へと大きな転換を迎える直前（トポス6）に位置している。

ところが他方では、神話の冒頭（トポス1）で至高神を指して延々と否定形容詞が連ねられる。その中に、「妬み」すなわち「出し惜しみ」とは真逆の文言が、しかも例外的に肯定形で現れるのである。例えば、『ヨハネのポクリュフォン』では、こう語られる。

彼（至高神）は……永遠なる者、永遠性を分け与える者、光、光を分け与える者、生命、生命を分け与える者、至福なる者、至福を分け与える者、認識、認識を分け与える者、常に善なる者、善を分け与える者、善を行う者。彼がこのような者であるのは、彼がこれらを持っているからではなく、むしろ彼が（それらを）分け与えるからである。憐れみを与える憐れみ、恵みを分け与える恵み、測りがたき光。（§9）[41]

さらに注目に値するのは、同じ『ヨハネのポクリュフォン』のトポス1で、否定形容詞の羅列のトップには、至高神は「単独支配のことであるから、さらにその上に支配する者は存在しない」（§8）という文言が来ていることである。

これら二つの文言は決して互いに無関係なものではない。二つはプラトン以来の古代ギリシア哲学の伝統の中で培われ、古代末期の世界にも周知のものとなっていた「理想の王者」が具えるべき徳性の議論を背景として結びついているからである。「王」が「単独の支配者」である限り、「その上に支配する者は存在しない」（§8）のは当然である。その「王」が理想の支配者として具えるべき最も肝要な徳の一つが「分与」（§9）する気前のよさ、すなわち「出し惜しみ」しないことなのである。

重要なのは、このように「妬み」と無縁で理想の「王」の徳を具えたグノーシス神話の至高神とは、別名を「完全なる第一の人間」とも呼ばれるとおり、「人間」に他ならないことを見抜くことである。至高神、すなわち「完全なる第一の人間」とは、その神話を生み出して共有しているグノーシス主義者の自己呼称なのである。それはグノーシス主義が「人間即至高神也」の絶対的人間中心主義であることの神話論的表現に他ならない。

神話の冒頭（トポス1）とほぼ中央（トポス6）のこのような相関性を根拠として、私は前述の講演で「妬み」を「西方型の神話の構造原理」と呼んだのである。

その後、私はこの関連でさらに興味深い事実に気づいた。それは、同じ西方型のグノーシス神話の多くの箇所に、「王なき種族」、あるいはそれとよく似た表現がグノーシス主義者たちの自己呼称として、繰り返し現れることである。例えば、『聖なるエウグノストス』と呼ばれる文書では、こう言われる。

> 彼ら〔グノーシス主義者〕は栄光のもとにあり、彼らは数え切れず、彼らは地上にあるもろもろの王国の中にあって、通常「**その上に王国がない種族**」と呼ばれているのである。さて、**その上に王国のない場所の群**全体、通常彼らは「アゲンネートス（生まれざる者）なる父」の子らといわれている。（§17）(42)

「その上に王国がない種族」あるいは「王なき種族」に込められた政治的な含意は明白である。そこにはグノーシス主義の言わば「政治神学」が込められているに違いない。こうして私の関心はグノーシス主義と政治の関係に広がって行った。これは私のグノーシス研究にとってきわめて大きな転回点となった。

すなわち、今や私は、神話のほぼ中央で「妬み」の権化として登場する「ヤルダバオート」はただ単に旧約聖書の唯一神だけではなく、同時にローマ皇帝をも戯画化しているにちがいないと考えたのである。グノーシス主義者によれば、ローマ皇帝の世界支配が宇宙万物を統率する神的理法によって実現され、それに合致し、それを体現することを自認するのは真っ赤な偽りなのである。グノーシス主義者たちが自分たちを「王なき種族」と呼んだのは、そのようなローマ皇帝支配のイデオロギーと対峙するためである。彼らは元来ヘレニズム・ユダヤ教の中で指導的な立場にいたのだが、ローマ帝国の堅固な支配システムの中に組み込まれて、非軍事化はもちろんのこと、非政治化されてしまった知識人であった。彼らになお残されていたのは、神話論的言説をもって、自分たちこそが現下の悪の世界の只中、すなわち死ぬべきものの只中にあって、「妬みなき真の王」であることを主張することだけである。「真の王」の上に、この世の王がいるはずがない。それゆえ、彼らはこの世では「王なき種族」なのである。

西方型の神話の冒頭の否定神学の中に現れる「その上に支配する者がいない」至高神とは、他でもない神話の語り手自身が「王なき種族」という自分たちの自己理解を至高神に代入したものなのである。神話のその後の展開では、その至高神がやがて自己分化して不完全なこの世界の中に拡散する。そしてそこに捕縛されている断片が「王なき種族」としてのグノーシス主義者に他ならない。こうして、彼らが神話を読むことそのことが、至高神の自己回収の行為の一部となる。グノーシス神話では神話論（物語論）が解釈学と不可分一体なのである。[43]

他方、東方型のグノーシス、すなわちマニ教の場合は、当初はササン朝ペルシアの王権と親和的な関係を享受したものの、やがて敵対的な関係へと反転したことが示すとおり、政治との関係は初めから明白だった。この点については、私はすでに前掲の拙著『グノーシスの神話』（一九九九年）の第三部で論述ずみであった。[44]私はそれを西方型のグノーシスにおける言わば「妬み」の政治学と対照させれば、今やグノーシスと政治の相関性の問題を類型論的かつ体系的に解明することができるはずだと考えた。そしておそらくはそこからさらに発展して、グノーシスの宗教社会学的解明というマックス・ウェーバー以来の課題にも新しい道が開けるのではないかと考えた。そもそもウェーバーの宗教社会学および理解社会学というその方法が学生時代からの憧れであった[45]私にとっては、それは胸躍るヴィジョンであった。二〇〇八年刊行の単著『グノーシス「妬み」の政治学』（岩波書店）はこうして成立した。[46]

私としては胸躍るヴィジョンを込めたものではあったが、読書界からの反応は、正直なところ期待したほどのものではなかった。その原因の一つには、「グノーシス 妬みの政治学」というタイトルがあまりに暗鬱だったのかも知れない。それでも、いくつか感謝すべき論評があった。一つは佐藤研が専門誌に寄せたもので、[47]私の「妬み」の用語法では「上位者への妬み」(私の類型論では「プルタルコス型」)と「出し惜しみ」(同「フィロン型」)が区別されていないことを指摘してくれた。これは実にそのとおりであった。もう一つは、個人的には未だに存じ上げないままであるが、中山元氏(哲学者、翻訳家)がインターネット上に開設された「書評空間 BOOKLOG」に二〇一〇年四月一五日付で取り上げてくれたものである。その一部をここに引用させていただく。

……この西方のグノーシスでは「現実の政治権力に食い込もうとする行動を確認することができない(二一〇頁)のである。グノーシスは公共世界から「隠れて生きる」ことを学んだ。これにたいして東方のグノーシスのマニ教……の場合には、政治権力は布教すること、すなわち支配範囲を広げることで、グノーシスに荷担することができる。その「精緻な神話論的な体系それ自身が、積極的な政治関与を可能として、かつ動機づけるように働いた」(二四六頁)とみられるのである。「妬み」はこのように西方のグノーシスにおいては、重要な神話構築原理として働いていたのであり、この政治性もこの原理によって規定されていたことがわかる。古典古代における「妬み」の理論全般についての目配りもあり。まるで推理小説を読んでいるかのように。はらはらしながら読める楽しい一冊で、お勧めである。[48]

『グノーシス「妬み」の政治学』の後も、マニ教の積極的な政治関与の神話論的根拠についてさらに考え続けるうちに、私はそこに独特な「アニミズム」が見られることに注目した。そもそもマニ教の神話は、絶対的原理として対立し合う「光の王国」と「闇の王国」がある事件をきっかけにして互いに混じり合うことから始まる。その混合物を素材として、星辰界から下の可視的宇宙全体が創造される。そのため宇宙万物の中に「光」の断片が分散して宿っているとみなされる。地上の政治権力も例外ではない。「光」に属する政治権力が「闇」に属するそれと混じり合っているのであるから、後者を駆逐して「光」を「闇」から濾過・回収することが前者の使命となる。さらに「光の断片」は、人間よりもはるかに微小な動植物の中にも分散している。その「光の断片」を霊魂（アニマ・アニムス）とも呼ぶことができるから「マニ教のアニミズム」（霊魂万有内在論）について語り得るわけである。

そこで私の脳裏にひらめいたのがトマス福音書語録七七の次の文言であった。

> イエスが言った。「私は彼らすべての上にある光である。私はすべてである。すべては私から出た。そして、すべては私に達した。**木を割なさい。私はそこにいる。石を持ち上げなさ**

い。そうすればあなたがたは、私をそこに見いだすであろう。[49]」

とりわけゴチック体の文言は、私の直感ではマニ教のアニミズムそのものだと思われた。木材を割ったとき、また石を持ち上げたとき、「そこに見いだされる」ものはなにか。私に閃いたイメージは蟻であった。果たせるかな、ササン朝ペルシアの皇帝シャープールⅡ世の治世下（三三九―三七九年）で行われたキリスト教徒への迫害について語る『ペルシア殉教者列伝』の中には、同時にマニ教に対しても行われた迫害では、尋問の場で蟻を踏みつぶせるかどうかによって（「踏み絵」ならぬ「踏み蟻」！）、マニ教徒であるか否かが判定されたという報告が見つかるのである。[50]

そこから私は語録七七を含むナグ・ハマディ文書第Ⅱ写本のトマス福音書には、マニ教の影響が認められてしかるべきではないかと考えた。そのコプト語写本は後四世紀の制作と推定され、その伝承史は複数回にわたる編集と改訂を経て来たものに違いないから、その可能性は大きいと思われた。少なくとも、それまでの大方の研究のように、コプト語トマス福音書を西方型のグノーシスから一義的・統一的に読解できると考えること[51]は自明のことではないと思われた。

私はこの見方を、まず二〇〇六年十月二日、前述のハイデルベルク学士院の古代学共同研究プロジェクトによるシンポジウムの直前にアイゼナッハで開かれた国際シンポジウム「初期キリスト教と古代末期の文学史および宗教史の文脈におけるトマス福音書」において、「トマス福音書語録七七におけるイエスと蟻――グノーシス主義のアニミズムの問題によせて」と題して発表した。本書に収録した第Ⅲ論考「トマス福音書語録七七とグノーシス主義のアニミズム――ナグ・ハマディ文書の中のマニ教的なもの」はそれを改稿した上での日本語版である。(52)

5 『グノーシスの変容』(岩波書店 二〇一〇年)

前掲の『ナグハマディ文書 Ⅰ―Ⅳ』(一九九七―一九九八年)から『グノーシス 陰の精神史』と『グノーシス 異端と近代』(二〇〇一年)までの一連の編著書と刊行は、私が東大駒場で過ごした十八年間(一九九一年春―二〇〇九年春)で最もハードな学内行政上の責任を背負った時期と重なっている。

一九九五年年度冬学期から翌年春学期にわたって教養学部学生委員(長)の役割が回ってきた。それは、駒場寮を廃止して、三鷹国際学生宿舎に一本化することを教授会が決定し、それに対する寮生の反対運動が盛り上がってきた時期であった。学生委員会の任期が終了すると、そのまま横滑りで、永野三郎(航空工学)、小林寛道(スポーツ科学)、生井澤寛(物理学)、玉井哲雄(情報工学)、池田信雄(ドイツ文学)、刈間文俊(中国文化史・映画学)などから成る駒場寮問題特別委員会に加わることとなった。それ以後、足掛け七年にわたって、昼夜を問わず寮生たちとの「団交」

とそのための準備会議の繰り返し、その合間を縫ってカオスを極める駒場寮の暗がりの中を歩き回る日々が続いた。最終的に、居住し続ける学生たちに寮建物の明け渡しを求めて教授会が行った提訴が東京高裁によって仮執行許可付きで認められ、それが強制執行されたのは、二〇〇二年九月二二日早朝のことであった。雨の中、非常に多くの教職員も動員され、駒場寮の全建物の封鎖が完了したのは翌朝未明のことだった。

駒場寮問題特別委員会の任から解かれると、今度は駒場の大学院総合文化研究科の五専攻の一つで、五十人弱の教師から成る地域文化研究専攻の執行部の責任が待っていた。二〇〇三年度から二〇〇六年度までその任にあったが、その間にはイエス研究の領域で『イエスという経験』（岩波書店、二〇〇三年）、『イエスの時』（同、二〇〇六年）の二冊を上梓している[53]。その後、定年退職までの二年間（二〇〇七―二〇〇八年度）、私は学内行政の責任から解放された。前掲の『グノーシス「妬み」の政治学』（二〇〇八年）はその時期にまとめたものである。その刊行後の私は、残された好機を活かして、『ナグ・ハマディ文書Ⅰ―Ⅳ』が未訳のまま積み残してきた文書の翻訳に着手した。

たしかその直前の二〇〇六年四月のことであったと記憶しているが、私は突然『中外日報』からの電話取材を受けた。記者の個人名は忘れてしまったが、『ユダの福音書』なるものが発見されて、近々日経ナショナル・ジオグラフィック社から邦訳が出るとのことであった。これが私がこのニュースを知った第一報である。その邦訳が刊行されると私は直ちにそれに目を通した。そして電話での記事依頼に応えて、二〇〇六年五月十三日（土）付の『中外日報』（一、四面）に、『ユダの福音書』発見の意義」と題する記事を執筆した。

当時日本基督教団出版局に勤務していた柴崎聰氏もこのニュースを知って、私に新しい企画を提案してきた。それは「イスカリオテのユダ」についてキリスト教が古代から現代まで行ってきたさまざまな発言からの抜粋集（アンソロジー）を編みたいというものだった。こうして柴崎氏との共編で二〇〇六年三月に『イスカリオテのユダ』が上梓された。私はその冒頭（四―五頁）で、新発見の『ユダの福音書』についての内容紹介も行った。[54]

未訳のまま積み残してきたナグ・ハマディ文書の翻訳をすでに順次蓄積しつつあった私は、当然ながら、同時に『ユダの福音書』の邦訳のことも考えた。ただし、両者を刊本としてどう扱うかが問題だった。『ユダの福音書』を含む「チャコス写本」は、たしかにナグ・ハマディ文書と同じコプト語によるものではあるが、別の写本であり、一九七〇年代にエジプト中部で発見されたものと伝えられるからである。

そこで私は『ナグ・ハマディ文書Ⅰ―Ⅳ』で大変世話になった岩波書店の中川和夫氏に相談した。その最終巻Ⅳ（一九九八年）からちょうど十年になろうかという時期のことであった。「第Ⅴ巻」を謳うには、いささか間が空きすぎた感が否めなかった。また、未訳のまま積み残されてきたナグ・ハマディ文書は、分量的にも長短不揃いで、内容的にも哲学史的に重要なものもある反面、物語性に乏しいものが多いため、広範な読者の関心を惹くかどうかも今一つ疑問なしとしなかった。それでも私はその間こつこつと実に地味な翻訳作業を進めてきた。その感慨をここに表白することを私は憚(はばか)らない。

中川氏の立場からすれば、端的に言って「商機」があるかどうかの判断がむずかしかったはずである。それでも中川氏は刊行を受託してくださった。ただし、折からマスコミの話題をさらっていた『ユダの福音書』の邦訳も是非加えて合本としたい、ついてはその翻訳を荒井献先生に頼みたいという希望であった。そのわけは、「荒井先生には以前から独自なユダ論の構想がおありなので、関心を示されるにちがいない」ということであった[55]。そこで私は荒井に電話で事情を説明し、翻訳を引き受けるかどうかを尋ねた。荒井はその時点まで『ユダの福音書』についてまったく承知していなかった。その時が初耳とのことであったが、翻訳を快諾した。

そのような次第で、荒井訳の『ユダの福音書』を冒頭に収めて、言わば『ナグ・ハマディ文書Ⅴ』が正式には『ナグ・ハマディ文書／チャコス文書　グノーシスの変容』のタイトルのもとに、既刊の四冊とほぼ同じ装丁で、二〇一〇年十二月、刊行に漕ぎ着けたのである。

ちなみに、時系列を少し飛ぶが、『ナグ・ハマディ文書Ⅰ―Ⅳ』に『ナグ・ハマディ文書／チャコス文書　グノーシスの変容』を加えて全五冊からの抜粋を集めた『新約聖書外典　ナグ・ハマディ文書抄』(荒井献・大貫隆・小林稔・筒井賢治編訳)が、二〇二二年一月に岩波文庫から刊行され、その後好調な売れ行きを見せていることは前述のとおりである。

6　ハンス・ヨナス『グノーシスと古代末期の精神I―II』の翻訳(ぷねうま舎、二〇一五年)

『ナグ・ハマディ文書/チャコス文書　グノーシスの変容』の翻訳原稿全体が『ユダの福音書』の分も含めて出揃ったのは二〇〇九年の夏であった。その前の春に、私は東大駒場を定年退職し、私立自由学園の大学課程の責任者(最高学部長)という新たな働き場所を与えられた。前任者の鈴木春男千葉大学名誉教授の後を受けてのことであった。その後二〇一四年十月までの在任期間中の二〇一〇年十二月に『ナグ・ハマディ文書/チャコス文書　グノーシスの変容』が刊行された。その後の私は、それまで満を持して時を待ってきたハンス・ヨナス『グノーシスと古代末期の精神』の邦訳に、いよいよとりかかった。

ご存知の方も多いはずであるが、この著作については、著者がナチスを逃れてアメリカに移住した後、学界への自己紹介も兼ねて縮約版を英語で出版している(一九五八年)。それは日本でも『グノーシスの宗教　異邦の神の福音とキリスト教の端緒』[56]という表題で、すでに一九八六年に邦訳されている。しかし、それが今述べたような理由での縮約版であることは、グノーシス主義に少なからぬ関心を寄せる読書家と、さらには専門家の間でもほとんど知られないままであった。その結果、ドイツ語の原著は文字どおり「幻の名著」として隠されていた。

私がその原著と初めて出会ったのは、すでに述べたとおり、ミュンヘンでヨハネ福音書に関するR・ブルトマンの注解書と対話していたとき（一九七六―一九七九年）であった。[57] しかし、正直なところ、当時はそのつどの必要に迫られての拾い読みに終わることが少なくなかった。どこまで正確な読解ができていたのか、はなはだ疑わしい。正面から本格的な読解に取り組んだのは、博士論文を終えて帰国した一九七九年の夏以後であった。その心境を今から振り返れば、未踏の高峰の存在を知りながら、中途半端に通り過ぎるのが何か口惜しかったのではないかと思う。そして読了したのは一九八一年の二月半ばであった。当時は原著そのものの第Ⅱ巻はまだ後半が未刊であったから、第Ⅰ巻と第Ⅱ巻の前半[58]までの読了ということである。

それ以後も、私はこの「幻の名著」を継続的に読み続け、前掲の『グノーシスの神話』ほかの著作と論考のために多くの啓発を受けてきた。[59] その間、岩波書店の中川氏に繰り返しお世話になるたびに、いつかヨナスの「幻の名著」の全訳を世に送り出すという私の憧れも伝えて、その可否について何回か相談に乗っていただいた。しかし、さすがの氏もそのつど躊躇を隠さなかった。

しかし、私は夢から覚めないまま翻訳を始めた。新しい職場での公務の余白を縫ってのことであったから、毎日というわけにはゆかず、飛び飛びの日付での作業となった。毎回の作業の日付を原著の欄外余白に記入しておいた。今改めてそれを見直してみると、第Ⅰ巻「神話論的グノーシス」の第一次の翻訳は二〇一一年一二月の降誕節に始まって二〇一二年一〇月七日に完了、その後は第Ⅱ巻の前半「神話論的グノーシスから神秘主義的哲学へ」が二〇一三年三月二一日に完了している。さらに、その時点では、それまで未刊であった第Ⅱ巻の後半（第六章のプロティノス論）がK・ルドルフの編集と校閲で刊行（一九九三年）になっていたので、その訳出を継続し、二〇一三年五月二一日に完了した。

私の翻訳の刊行に商機が乏しいことはあまりにも明らかだった。しかし、私はまた中川氏に相談した。その時点で中川氏は岩波書店を定年退職され、自らぷねうま舎を立ち上げられた直後であった。二人で知恵を絞った上で、日本学術振興会科学研究費補助金による出版助成（学術図書）を申請しようということになった。中川氏は、もし支給が受けられたらという条件で刊行を引き受けてくださった。そこで、私は一年間かけて訳稿を精査することにして、二〇一五（平成二七）年度に申請を行い、幸いにして受理された。こうして、同年秋に、ハンス・ヨナス『グノーシスと古代末期の精神　第一部　神話論的グノーシス』、『グノーシスと古代末期の精神　第二部　神話論から神秘主義的哲学へ』の大部な二部作がぷねうま舎から刊行されることになった。私にとっては、ヨナスとの最初の出会いから約四十年の歳月を経て夢が実現したわけである。学術書をめぐる出版状況が困難の度合いを深める一方の環境の只中で、欣然として出版を引き受けてくだ

さった中川氏には感謝の言葉が見つからない。(60)

繰り返しになるが、博士論文（一九七九年）から始まって、『グノーシスの神話』（一九九九年）とそれに続く一連の編著書（前掲3節参照）を経て、『グノーシス「妬み」の政治学』（二〇〇六年）まで、私がヨナスの「幻の名著」からどれほどの啓発を受けてきたかは、すでに繰り返し述べたとおりである。最後に挙げた単著『グノーシス「妬み」の政治学』の後も、同じ啓発は続いた。本書に第Ⅲ論考として収録した論考「トマス福音書語録七七とグノーシス主義のアニミズム」がその一つである。(61) それ以外の論考も、ヨナスの「幻の名著」の完訳原稿を作る途上で受けた啓発に端を発して書き下ろしたものである。ただし、今回、本書に収録するに当たって、適宜改稿している。個々の論考のもともとの出典と内容については、それぞれの冒頭の注に記すことにする。ここではその全体を見渡して言えば、どれもが多かれ少なかれ、ヨナスが言う神話論的な形態のグノーシスから哲学的・神秘主義的な形態への変容、すなわち、ヨナスの原著が第Ⅰ巻から第Ⅱ巻に分けて解明する変容に、深く啓発されたものである。

7　エイレナイオスとヒッポリュトスの原典訳（二〇一七―二〇一九年）

ハンス・ヨナス『グノーシスと古代末期の精神Ⅰ―Ⅱ』（ぷねうま舎）が刊行されたのは二〇一五

年十月であった。その直前の八月に教文館の渡部満社長が自ら拙宅に来訪された。用件は同館の叢書『キリスト教教父著作集』に含まれるエイレナイオスの『異端反駁』の翻訳をどう継続してゆくべきかということだった。すなわち、全体で五巻から成るこの著作は小林稔（上智大学神学部教授、イエズス会神父）によって翻訳されることになっていて、事実第Ⅲ巻と第Ⅳ巻はすでに刊行ずみであった。[62]しかし、小林はその後闘病生活となり、二〇一四年一〇月一三日に逝去したので、同じ著作の第Ⅰ、Ⅱ、Ⅴ巻が未訳のまま残されていたのである。この三巻の翻訳を私が引き継いで完結させて欲しいというのが、渡部社長の要望だった。

私はためらうことなく快諾した。前述のように、小林は東大駒場の荒井ゼミでの後輩であったことに加えて、エイレナイオスの『異端反駁』そのものが、私がミュンヘン留学時代にW・パネンベルクに求められて書いたゼミ論文[63]から始まって、帰国後の一九八〇年に『福音と世界』誌上で行ったその邦訳の連載、さらには前述の拙著『ロゴスとソフィア――ヨハネ福音書からグノーシスと初期教父への道』（教文館、二〇〇一年、前出3―3参照）に収録した論考「エイレナイオスにおける『再統合』と救済史」まで、私の研究にとってはきわめて重要な著作であったからである。そのとき私は自由学園最高学部を退職して、一切の公務から自由な身となっていた。それを幸い、私は小林が未訳のまま遺していった三巻の翻訳に日々の全時間を費やして集中した。その結果、三巻の拙訳が同じ二〇一七年に相次いで公刊されて[64]、小林訳の部分と合わせて全五巻の邦訳が完結した。

刊行後に現れた批評と論評の中で応答に値するのは、筒井賢治が日本新約学会の紀要『新約学研究』四七号（二〇一九年、八〇―八四頁）によせた論評である。[65] その論評は小林が担当した第Ⅲ、Ⅳ巻も含めて、今や完結した『異端反駁』邦訳全五冊を対象としている。傾聴に値するのは、そのどこにも本格的な序論がないという筒井の指摘である。筒井はその理由を推測しながら、こう書いている。

古代作品の本格的な邦訳には、通例、著者や作品についてのかなり詳しい概説が付けられる。……しかしながら、エイレナイオスその人について、また『異端反駁』の著作目的や成立年代、時代背景、情報源、さらにはテキスト伝承という重要な問題について、小林／大貫訳にはまとまった解説がない。」……「しかし、こうなった事情を推察することはできる。小林氏は（まず第Ⅲ、Ⅳ巻を仕上げ）最後に第Ⅰ巻（もしくは同時に第Ⅱ巻）を仕上げてそこに解説を入れる予定であったが、冒頭に述べた経緯で仕事を引き継ぐことになった大貫氏は、まず第Ⅰ巻を扱い、その後に第Ⅱ巻と第Ⅴ巻を出版して完結させた。概説を書くならば、最初に書いてしまうか、あるいは（小林氏の計画が示唆しているように）全体を訳し終わった後で俯瞰的な立場から書きたいものであろう。しかし最後の第Ⅴ巻に総論が入るというのも体裁としては不自然であるし、結果として、この点に限っては小林氏のプランを実現するタイミングを逸してしまったということではないだろうか。」（八一―八二頁、中略は大貫）

これはまことに正鵠を射た指摘である。「最後の第Ⅴ巻に総論」を入れるということは、私にはまったく思いもよらないことであった。そうすることは、筒井も書いているとおり、「体裁としては不自然である」ばかりか、事柄としても不自然になっていたことであろう。なぜなら、小林は最初に訳した第Ⅲ巻の「解説」で、第Ⅲ巻の内容の要約を超えて、すでにエイレナイオスの人物と彼自身の思想、主要著作『異端反駁』全体の著作目的についても、必要最小限とは言いながら、論述を行っているからである。そこでは第Ⅰ巻冒頭で報告されるプトレマイオス派の神話が詳細に紹介されている（二二三―二二八頁）。それは小林がすでに前掲の『ナグ・ハマディ文書Ⅰ　救済神話』（岩波書店、一九九七年）で訳出している同じ神話の要約なのである。その結果、私はエイレナイオスの人物と著作目的については、本質的なことで付け足すべきことはほとんどないと感じたのである。

ただし、エイレナイオス自身の固有の神学の全体像については、小林が既刊の第Ⅲ巻と第Ⅳ巻に付している「訳者解説」では、十分明らかになってはいないと感じられた。そのため、私は第Ⅴ巻で邦訳全体が完結するのを機に、グノーシス主義への反駁を超えるエイレナイオス自身の積極的な神学的構想について詳論し、彼の著作全体の「論述を終始貫いている共時性と有機性」を強調したわけである。ただし、筒井の言う『異端反駁』の「テキスト伝承という重要な問題」について、ほとんど言及しなかった。これは事実である。この点は、是非今後筒井も含めて後進の研究者に補っていただきたい。

私が今なお理解に苦しむのは、小林がなぜ第I–II巻をスキップして、第III–IVの翻訳から始め、さらには第V巻を経由してから、最後に第I–II巻を訳出しようと思ったのかである。これは異例なやり方ではないか。ここで敢えて私の推測を率直に言わせていただけば、小林は第I巻で前述のプトレマイオス派の神話に続く部分、とりわけ、一一–二一章のマルコス派についての報告があまりに難読で、訳出も困難であることに気づいていたので、それを後回しにしたのではないか。私自身が、それまで繰り返し研究上この部分の参照を迫られるたびごとに、その難読さに難儀してきた。そのため、教文館の渡部満社長から翻訳継承の依頼を受けたとき、真っ先にその部分（とりわけ、文字と数字についての神秘学）のことを考えて、少なからず緊張したことを思い出す。事実、その部分の翻訳には私は神経をすり減らした。もちろん、この部分にもすでに欧米語訳が存在するから、読者はそれを参照することもできる。しかし、実際にそうしてみればすぐに分かるとおり、その内容は、一読するだけではほとんどだれにも理解できない代物なのである！　拙訳がその難峰を征服できているか否かは読者の判断にお任せするほかはない。そのためにも、拙訳によって、今や日本語で読み、吟味することができるようになったことの意義は大きいはずである。

エイレナイオス『異端反駁』第I、II、V巻の訳稿づくりを進めながら、私はグノーシス研究にとっての重要性においてこの著作に勝るとも劣らないもう一つ別の著作の翻訳が大幅に遅延していることを思い出した。その著作とはヒッポリュトスの『全異端反駁』である。これは教文館の同じシリーズ『キリスト教教父著作集』の一冊（第一九巻）として当初から計画され、シリーズの編集責任者の一人である荒井献の担当となっていた。ところが、何年経っても一向に刊行される気配がない。その間の私の観察では、荒井がその翻訳に手をつけた気配もなかった。そのうちに、事実荒井はそれを筒井賢治に丸投げして、手を引いてしまった。その引き継ぎはシリーズの広告でも繰り返し公にされた。ところが引き継いだ筒井の訳業も、その後なかなか進まなかった。

その遅延を見て、私は二〇一六年秋に、強引をも顧みず、自分にやらせていただけないものかと、教文館の渡部満社長に相談したのである。その申し出を受けた渡部社長の調整のおかげで、筒井も担当を快く譲ってくれた。こうして、私はエイレナイオス『異端反駁』に続けて、ヒッポリュトス『全異端反駁』の翻訳に取り組むことになった。ところが、この著作はギリシア語本文の伝承が複雑かつ粗悪で、翻訳の底本とすべき校訂本もなかなか手に入らなかった。参照可能な欧米語の翻訳も、前世紀初頭の古いドイツ語訳が一つあるのみだった。そのため、その翻訳はエイレナイオス『異端反駁』第I巻をはるかに超える難業だった。[66] 一切の公職から退いて、毎日が休日であったことが幸いしたが、日々根をつめればつめるほど私の神経はすり減ったのだと思う。二〇一八年四月、私は精密検査の結果、正式にパーキンソン病と告げられた。最終的な訳稿を仕上げて『ヒッポリュトス　全異端反駁』（『キリスト教教父著作集19』）の刊行に漕ぎ着けたのは、その年の暮れであった。

私がこの著作の翻訳にいささか強引にこだわったのには、グノーシス研究にとっての重要性以外に、もう一つ別のわけがある。それは私がグノーシス研究はもちろん、それも含めての新約聖書学の道に進む前にさかのぼる。一橋大学で卒業論文の準備のために、初めて古典ギリシア語に興味を抱いたとき、私はH・ディールス／W・クランツの『ソクラテス以前の哲学者断片集』[67] の存在を知った。やがて、神田の古書店の一角でその原著にも出会った。その時の「いつかこれを読めるようになりたい」という胸のときめきが今も忘れられない。しかし、その時の私はそのタイトルに「断片集」とある意味は、それぞれパピルスなどに筆写されたものが断片として残っているということだとばかり思っていた。ところがそれはとんでもない誤解だった。その先を、私は拙訳『ヒッポリュトス　全異端反駁』の「訳者あとがき」で次のように記している。

（書名にある「断片集」とは、）後代の著作家たちがそれぞれの著作の中で「断片的に」引用しているものを抜粋して集めたもののことなのである。その後代の著作家たちの中でも、多数を占めるのが古代キリスト教会の教父たちである。その中でも、とりわけヒッポリュトスの本書の第一巻が重要な位置を占めている。そのことは、H・ディールスが前記の『断片集』の編纂に先立って、ヒッポリュトスの本書の第一巻の信頼できる初めての校訂版（『ギリシア哲学学説史』一八七九年、巻末）を刊行していることから明らかである。その意味で、ヒッポリュトスの本書第一巻なしには、H・ディールスの『断片集』もなかったことであろう。

かたや後二世紀から三世紀にかけての教父、こなた前五世紀以前のギリシアの哲学者たち。なぜ前者が後者の語録集の主たる源泉なのか。この問いは、一方では古代キリスト教史の研究者にとっても、他方で古代ギリシア哲学の研究者にとっても、グノーシス研究という第三の媒介項を知ることなしには、大きな謎であるに違いない。

私にとっても、初めてこの謎が解けたのは、グノーシス研究との関係で繰り返し本書を参照するようになってからのことであった。その後も長い間、そのつど該当箇所を拾い読みするだけに終わり、正面から取り組んでの読解には至らなかった。そこには、本書の読解が実は大変な難物であることの直感が働いていたのだと思う。それにもかかわらず、本書はグノーシス研究にとっての古典的な基礎文献の一つであり、それを日本語で読めるようにすることに学術的にきわめて価値があるのは明らかだった。それ以来、いつかこの難物を征服し

て日本語に移すことが、私の密かな憧れとなっていた。（五三二頁）

こうして私はグノーシス研究の領域で、ヨナスの「幻の名著」に続いて、二つ目の憧れを実現させた。

8　八木−荒井論争を超えて――結びにかえて

これまでの自分のグノーシス研究全体を振り返ってみると、三つの翻訳が中心にあったことが分かる。一つはナグ・ハマディ文書という新発見の直接資料の翻訳であった。それは日本では荒井献によって切り開かれた領域であり、その下で共に学んだ少数の仲間との共同作業であった。二つ目はハンス・ヨナスの主著『グノーシスと古代末期の精神 I−II』の完訳であり、三つ目はエイレナイオスとヒッポリュトスの反駁書の原典訳である。これはもともと私自身ではなく他者が請け負った仕事であったが、途中で穴が空いてしまったか、あるいはあまりに長い間手つかずのまま放置されてきたものを完結させる仕事だった。二つ目と三つ目は、一つ目と異なり、古くから知られた古典的文献の翻訳である。新旧の違いはあっても、グノーシス研究にとって基礎的に重要な文献の翻訳であることが三つの仕事に共通している。もちろん、それ以外にも、私が単独で書き下ろした著書、あるいは共同で公にした編著書も少なくない。しかし、それらはすべて、この三つの仕事から派生したものである。その間、私は終始、可能な限り客観的であることを心がけた。今述べた三つの翻訳のうち、一つ目と三つ目においては文献学的な客観性が、二つ目では解釈学的客観性が重要だった。その他に、歴史研究の客観性が問われたことも少なくないのは言うまでもない。

しかし、なぜ私はこのようなことを今この場で改めて言い出そうとするのか。そのわけは、本書の「はじめに」でも述べたとおり、グノーシス研究に対する根強い、しかも**隠された偏見**にある。私がグノーシス研究に注ぐ情熱とエネルギーを見ながら、それがどこからくるのか、はなはだ訝しく思った人が少なくないに違いない。そう思う人々にとっては、「グノーシス」（グノーシス主義）とは、認識価値ゼロの下手物であり、それを貼り付ければ、その先の論議は一切不要となるレッテルなのである。それは絶対的な最後通牒であって、そこですべての思考が停止される。このような見方は、とりわけキリスト教会の内側で根強い。それをどこまで率直に口にするかは別として、正統信仰を尊重する信徒であればあるほど根強いのである。

私のグノーシス研究は、幸か不幸か、そのような見方を承知しないままで出発した。私は当初から、わが国のキリスト教の伝統、ましてやその枠内での「正統派」と「非正統派」（「異端」）の軋轢（あつれき）とは無関係のところからやって来ている。そのため、私が心がけた前述の「客観性」も、そのような軌轍を意識して心がけたものではなく、むしろ「素」によるものであった。「グノーシス研究者」という表現に込められる否定的なニュアンスには、また、そう見られることに伴う不利益にも、長い間私はまったく無頓着だった。文字どおり、能天気もよいところだった。

しかし、さすがの私も途中でそれに気づいてからは、否応なく意識せざるを得なくなった。そのとき私が同時に気づいたのは、「グノーシス」というレッテル貼りですべてその先の思考を停止する人々は、グノーシス文書そのものをただの一行も本気で読んではいないことである。このような態度を先入見と呼ばずして、何が先入見であろうか。自分自身の目で見たこともなく耳で聞いたこともないものに、認識価値ゼロのレッテルを貼って片付ける。これ以上に学術研究のフェアネスと責任に反することはないと私は思う。エイレナイオスの『異端反駁』が貴重なのは、ヴァレンティノス派その他の教説を、どれほどの下手物(げてもの)であろうと、「ただ単純かつ真実にそして朴訥に」(第I巻序)書きとめたればこそのことなのである。また、R・ブルトマンがライフワーク『ヨハネの福音書』を執筆するために、事前の準備として当時新発見のマンダ教・マニ教資料と取り組んだ「ひたむきさ」を想い起こすべきである。[68] 私はこの批判を二〇〇七年度日本基督教学会のシンポジウム「教会と神学と聖書学 —— 相互理解と協力の接点を模索して」の「発題3　新約聖書学の立場から」で、次のように率直に表明した。

個人名を挙げて恐縮ですが、かつて八木誠一氏の「統合体」理論にグノーシス主義的な特徴を見た荒井献氏（私自身は荒井氏の見解に賛同しません）に対する八木氏の応答の前提もそうでしたし、現に私の職場での思想・哲学関係の同僚たちにおいても、程度差はあれ同じです。牧会の現場ではもっとそうであろうと思われます。しかし、それでよいのでしょうか。それは一つの思考停止ではないかと私は危惧します。グノーシス的なるものは、現代日本および欧米先進社会の青年文化の中に実にさまざまな形に変容しながら生き続けています。それはH・ブルーメンベルクがつとに指摘してきたところです[69]。日本では、私の同僚の島薗進氏が、一九八〇年代以降の世界および日本の宗教・思想状況を「新霊性運動」と呼んだ時にも、含まれていた指摘なのです[70]。

福音の宣教は教会の内外を問わず、現代の青年たちの魂に責任を負っています。そうであれば、「グノーシス、それは異端思想だよ、知るには及ばない」というのでは、済まされないと言わなければなりません。昨今の世界情勢の中で、「自分はキリスト教研究者なので、イスラムのことはよく知らないのです」と言うのが憚られる。そのことは、皆さん多かれ少なかれ、実際に経験しておられることでしょう。「グノーシスのことはよく分からん」という発言も、今や同じように憚られてしかるべきではないかと私は思います[71]。

最後に、以上述べてきた私自身のグノーシス研究の振り返りの結びとして、右の引用文冒頭にゴチック体で示した八木－荒井論争に対する私の見解を述べておきたい。それは今から半世紀も前に、まだ若き八木誠一（一九三二－）と荒井献（一九三〇－）の間で交わされた論争である。事の発端は八木誠一が自著『聖書のキリストと実存』（新教出版社、一九六七年）に故滝沢克己（一九〇九－一九八四年）がよせた批判に応答した際、その末尾で、荒井があちこちの講演で「私（八木）の考えをグノーシスだ」と言っているとして、その真義を質したことにある。[72]

それに対して荒井は『福音と世界』一九六八年十二月号に「宗教的実存論とグノーシス主義――八木誠一氏の質問に答えて」と題する一文をよせて応答した。[73] そして、「（八木の）『宗教的実存論』の課題は、『自己成立の根柢』としての『究極的存在』の『認識』にあると見てよいだろう。つまり八木は、本来の自己と究極的存在が一つであることの認識に救済を見出そうとする。とすれば、われわれはここにグノーシス主義とのある種の類似点を確認しうるだろう」[74] と述べた。

八木は四年後の一九七二年に公にした第一論文集『新約思想の探求』（新教出版社）の最終論考（三五五－三七〇頁）として「キリスト教とグノーシス主義――荒井献氏に反論する」を書き下ろして正面から反論した。その冒頭で八木は、反論を認める主観的な意図を、「一般的にグノーシスと言えば古代教会が対決した何やら低級な得体の知れない異端（ないしは異教）という程度の通念しかない現状において、『八木の考えはグノーシスだ』ということになるなら、私の学説は少なからず傷つくであろう」（三五五頁）と表明している。つまり、八木はわれわれが言う「レッテル」を自説に貼られることを嫌ったのである。

八木の反論で最も重要なポイントは、「八木は、本来の自己と究極的存在が一つであることの認識に救済を見出そうとする」という荒井の前掲の言明について、「私はこんなことを言ったことは一度もない」（三五六頁）と峻拒（しゅんきょ）してこう述べることである。

つまり、私は荒井の理解とは反対に神と人との絶対的な違いを言っているのである。さて統合への規定（キリスト）は統合される存在者と相関的であるゆえ、究極的ではあるが最終の究極者ではなく、一切の存在の究極者そのもの、つまり創造者は、統合への規定（および「聖霊」）がそこから出る根源、「神」である（父なる創造神）[75]。

これに対して、荒井は「『宗教的実存論とグノーシス主義』再考——八木誠一氏の『反論』に答えて」と題する再批判を書き下ろして、初期の論文集の一つ『初期キリスト教史の諸問題——現代への視角』（前掲）に加えている。そこで荒井は、「八木は、本来の自己と究極的存在が一つであることの認識に救済を見出そうとする」という前掲の言明が「明らかに誤解を招く」ものだったことを認め撤回している[76]。しかし、八木の思想はグノーシス主義**である**わけではないまでも、グノーシス主義への**傾き**があるという判断は依然として捨てきれないと言う[77]。

この論争を私自身のこれまでのグノーシス研究全体に照らして見ると、荒井にはいかにも分がない。荒井の立ち位置はひたむきに研究的である。その点に私は大いに共感してきた。グノーシス主義に対する八木の評価を「取り越し苦労」だとする点[78]も、私の長い間の呑気さと共通している。しかし、実情は八木の見立ての通りだったのだと私は思う。それ以上に重要なのは、八木が創造した「統合への規定」という概念そのものからして、この理論が個々の人間（存在者）が「他者」――究極の絶対他者（神、創造主）と、任意の個々の人間の両方を含む意味での他者――との「統合」を問題にしているのであるから、八木が「本来の自己と究極的存在が一つである」などと言っているのではないのは、初めから自明の理だったことである。統合論は他者論なしにはそもそも成立しないものなのである。八木が「本来的自己」について語ることがあるにせよ、それは「統合への規定」（定め）をしかるべく実現した実存のあり方のことである。「本来的自己」とか「非本来的自己」という用語には、必然的に価値判断が含まれる。その価値判断はどのような立場から下されているのか。その立場の内容的な検討がきわめて重要になる。八木が前掲の『反論』への附記で、「……本来性・非本来性……が内容的にどう把握されているかを明らかにする必要がある」[79]と述べているのは至言である。

八木はその後、著書『宗教と言語・宗教の言語』（日本基督教団出版局、一九九五年）および論文

「コード分析(仮名)について――イエスとグノーシス主義の場合」(『新約学研究』第二四号、一九九六年、二三―三四頁)を相次いで公にして、その課題を取り上げている。そして、グノーシス主義においては自我と自己との分節と関係が存在せず、身体とも魂とも切り離される自己はその内容上、実は自我のことであると思われる、と結論づけている。さらにグノーシス主義の自己には自己性と並ぶ他者性、それぞれの「極」性、関係性が欠けるとも言い換えている。[80]

他方で私が本論考の第2―1節ですでに触れた拙論「ないないづくしの神――古代における三つの否定神学」(一九九七年)で試みたのも、グノーシス主義のいう「本来的」あるいは「非本来的自己」の「内容的検討」に他ならない。ただし、それは八木ではなく、H・ヨナスの主著『グノーシスと古代末期の精神』の第二部(特に第四章)に啓発されたものであった。[81] かつての論述の繰り返しになるが、目下の文脈にとって重要と思われる点を断章の形で読み直してみよう。

グノーシス主義の神話は、語り手が自分の実存について抱いている一定の理解を言語化・物語化したものであるから、……そのような観点から『ヨハネのアポクリュフォン』を見てまず注目に値するのはソフィアの過失であろう。ソフィアはたとえ最下位といえども、プレーローマに充満する神的存在の一つであったことに変わりはない。そのソフィアが過ちを犯して流産の子を産み、その子が悪の権化ヤルダバオートとなる。つまり、ここでは現実の

世界に存在する悪の起源が、ほかでもない広い意味での神性そのもののなかに求められていることになる。……（以上二五四頁）

しかも、ソフィアの過失は彼女だけの責任ではない。至高神がソフィアにとって知ろうにも知りえない神であること、あるいは、彼女をそのような位置に在らしめることになった至高神の一連の行動の責任が同時に問題になる。その一連の行動の発端にあったのは、至高神が「自分を取り囲んでいる光の中で自分自身を見つめ」、自分の思考を働かせて、自分自身の像を認識する行為である。至高神そのものが認識主体と認識対象に自己分化を始めるのである。それに続くもろもろの神的存在（アイオーン）の生成は、いわばこの自己分化の進展にほかならず、その極点がソフィアの生成なのである。とすれば、悪はソフィアの過失に留まらず、至高神のそもそもの自己認識の行為にまでさかのぼると言ってもよいであろう。……（以上二五五頁）

すると、どうなるのか。明らかに至高神の中に始まった自己分化とは、そのまま実は一人一人の人間の〝自分自身〟に生じた事態にほかならないことになる。悪は他でもない自分自身のなかに、自分が「知」の主体と客体に分かれたことに、淵源（えんげん）するのである。『ヨハネのアポクリュフォン』が代表する型の救済神話は、実存論的に見れば、そのように分化を始めた人間の自己が、その分化のゆえに生み出される悪と欠乏の世界に落下し、そこで本来の自己と非本来的な自己の間の分裂にまで昂進した後、やがてその本来の自己について、「我即神也」が成り立つことを「認識」して、その自己に回帰するという一つの円運動を示している。この回帰を可能にする「認識」がギリシア語で〝グノーシス〟(gnôsis)と呼ばれる。それは(……)理性的な認識ではなく、忘却と暗黒の淵の中へいわば一条の光が射し込んでくることによって与えられる覚知である。だからこそ、グノーシス**主義**の名も立てまつられたわけである。しかし、他方で『ヨハネのアポクリュフォン』のソフィア像には、すでに見たとおり、知への欲求がはらむ危険性の認識が込められている。こうして「知」に対するグノーシス主義の両義的な理解がもう一度明らかになる。「知」は悪を生むと同時に救うものなのだ。

さて、前述の「人間即神也」は、人間の実存を歴史と社会とのかかわりにおいてどう見るかという問題にも、かなり重大な帰結をもたらす。すなわち、グノーシス主義のこの考え方からすると、言葉の真の意味で「他者」と呼びうるもの——こちらが勝手に処理することを絶対的に拒みながら、こちらに向き合っているもの——が根本的には存在しなくなってしまうのである。

いま一度『ヨハネのアポクリュフォン』の神話の大きな展開を思い起こしていただきたい。母親ソフィアが過失のゆえに失った「力」、すなわち神的本質はヤルダバオートを経由して、心魂的人間アダムに移り、さらに彼が地上に追放された後は、男女の生殖行為を通して生み出される無数の人間世代の間に分散させられる。その結果、今にいたるまでどの人間の中にも、あの「力」の断片が宿っているというのである。(……)やがてそれらの断片が可能なかぎり回収されて、(……)ふたたび元来の全体性へ回帰して統一されること、これがグノーシス主義の描く終末論である。これは一つの宇宙論的全体主義である。グノーシス主義の救済神話は、一読するかぎりではきわめて個人主義的だと思われるだけに、この点にはとくに注意が必要である。それは、古代末期の広大無辺となった世界に寄る辺なき個人として放りだされ、互いに絆を結び合うことが絶望的に困難になってしまっている人間たちがあげる連帯への叫びなのかも知れない。

しかし、ここで希求される連帯は、前記の意味での「他者」との連帯ではない。それぞれの人がそれぞれの生涯と経験にもとづいて身につけてきた個性、その人がまさにそれゆえにその人以外ではないものは、ここではすべて捨象され、そのようなさまざまな個性への分化が始まる以前から存在する超個人的な神的本質との連帯だけが求められているからである。しかもその超個人的な神的本質とは、至高神が「第一の人間」と呼ばれることが示すとおり、結局のところ、宇宙大にまで拡大された人間の自己にほかならない。したがって、グノーシス主義者が希求する他者との連帯は、他者の中の自分自身との連帯にほかならないわけである。この意味で、宇宙論的な全体主義も広大な宇宙の中に孤独な自己だけが在るという独我論に終わるのである（二五六―二五八頁）。

私はこれに続いて、C・G・ユングの深層心理学によれば、個人の誕生後の生涯は誕生前の集合的無意識が「自我よりも大きな自己の全体性へ回復」される「個性化」の過程であり、死は再び集合的無意識への回帰であること、『ヨハネのアポクリュフォン』に代表されるグノーシス神話はまさに同じことを至高神が自己分化から始まってふたたびそこへ回帰する宇宙論的な円環運動として描いていると解釈されることを論じた（二五九―二七〇頁）。そして最後に、ユングの言う「より大きな自己」の全体性の中にも他者の問題がほとんど場所を占めていないのではないかという疑義を提出している。

グノーシス主義者の自己が宇宙大に膨張して他者を喪失した自己であるとすれば、これまでグノーシス主義研究の場で繰り返し用いられてきた「本来的自己」対「非本来的自己」という対句も一考を必要とする。なぜなら、当然のことながら、「本来的」あるいは「非本来」という表現は、明確な価値判断を含むからである。グノーシス主義者自身が光の世界への回帰を、たとえそれが独我論だといわれようと、まさに「本来的」な自己の回復と見なしていることは言うまでもない。しかし、そのようなグノーシス主義を対象とする研究者がその価値判断を共有するかどうかはそれとはまったく別の問題である。自己の無限膨張と他者喪失という、グノーシス主義の「本来的自己」そのものが抱える問題性、あまりにも現代的な問題性を見落とさないことが重要である（二七〇―二七一頁）。

私は以上とほぼ同じことを、『グノーシスの神話』（前掲）巻末（二九八―三〇三頁）の二つの段落「グノーシス主義のメッセージ」、「グノーシス主義を超えて」でもより分かりやすく要約している。こうして、グノーシス主義においては自我と自己の間の分節が不分明で、かつ他者の「極」が不在であるという見方で、私は八木と一致することになったのである。私はそのことを日本新約学会の機関誌『新約学研究』第二七号（一九九九年）のために、八木誠一『宗教と言語・宗教の言語』（前掲）への書評を依頼されたのを機会に、[82] 八木の見解を卓見だと表明し、かつての八木―荒井論争に触れて、次のように判定した。

今現に私に事態がどう見えているだけを言うならば、他者性の「極」を本質的に含んでいる限り、八木の「自我・自己」論、その自覚論は明らかにグノーシス主義ではない。反対に荒井の場合、グノーシス主義について「本来的自己」対「非本来的自己」という対概念を頻繁に用いる際に、その「本来的自己」そのものが自我の無限膨張と他者喪失というあまりにも現代的な問題性を免れているのかどうか、従ってどのような意味でそれを「本来的」と呼びうるのか、という点に視野が及んでいないように見受けられる。

これに対して、八木は同じ機関誌『新約学研究』第二八号（二〇〇〇年、四七―五一頁）で、前年に公にされた拙著『グノーシスの神話』（前掲）の論評の筆を取り、私の見方に基本的に賛同している。他方、荒井も二〇〇二年に刊行の『荒井献著作集10』に、「『宗教的実存論とグノーシス主義』再考――八木誠一氏の『反論』に答えて」（前掲）を再録するにあたって加えた「追記」（二一六頁）で、「私としてはグノーシス者がこの世的・肉体的『非本来的自己』と区別した精神的・霊的『本来的自己』も究極的には――大貫の表現でいえば――『自我の無限的膨張と他者喪失』に至る、と考えている」と表明するに至っている。

さらにまだ注目すべきことがある。それは最近の八木の統合論と他でもないG・タイセンの「共鳴の神学」（Resonanztheologie）との重なりである。

まず、八木であるが、彼の「統合論」は往時の初発の時以来、用語レベルでさまざまな言い換えと構造レベルでの増築を重ねてきた。ごく最近の著作『回心　イエスが見つけた泉へ』（ぷねうま舎、二〇一六年）でも、たしかにこれまで通り、人間の直接的宗教経験の領域に焦点をあてて、神が「統合作用」として働く構造を解明している。「回心」とは神のその働きの「場」の中で、人間の孤立した自我が消滅し、統合の一つの「極」となって他の「極」との統合関係におかれることである。「回心」した個人は自分の身体性と同時に他の個人（他者）とも統合された生を生きることができるようになると言う。しかし、この最近の著作では、今やいわゆるビックバンの後、素粒子↓原子↓星雲↓太陽系↓地球↓ＤＮＡの形成と続いたとする現代の生命科学と宇宙物理学における進化論的な見方に即して、神の「統合作用」がホモ・サピエンスの人間世界に限定されず、それ以前のミクロな物質世界から生命世界も含めて、いわば同心円的に重なり合って、フラクタル構造を成しながら成り立っているとされるのである。そして八木はそれを「重層的統合」と呼んでいる（一〇〇頁）。

他方でＧ・タイセンも、同じ現代の生命科学と宇宙物理学的な進化論の中に、人間の宗教的経験を位置づけようという試みを重ねている。たとえば、最近の『イエスから原始キリスト教の記号世界へ』（二〇一一年）では、こう言われる。

人間と宇宙との間には、〔進化論で言う〕「適応」によって成立したのではない一致があるはずである。例えば、事実、自然が複雑な数学的定式に従っているのだとして、それに「適合する」数学は、われわれの脳が客観的な世界に「適応」することによって生命体としての生き残るチャンスを高めるためのものだ、ということにはなり得ない！　ここでわれわれは、人間と宇宙の間にある根源的な親和性に直面しているのである。それゆえ、宗教はただ単に、客観的な現実への二次的な「適応」に過ぎないのではなく、もともとわれわれ自身の内部にある一定の超越的なはたらき（Aktivität）の表現でもあるのである。そのはたらきこそが、そもそも現実を経験可能なものとしてくれるのである。**そのはたらきのカテゴリーは、あり得べきすべての世界に妥当するの**である。われわれの**理性と現実の基礎構造の間には、動態的な親和性が存在する**に違いないのである。[83]

八木の統合論との重なりは、個々の用語のレベルでも明瞭である。ゴチック体の文言のうち、「**理性と現実の基礎構造**」あるいは「**動態的な親和性**」とは、**八木が早くから語ってきた「統合への規定」と同じものであり、それが**「**あり得べきすべての世界に妥当する**」というのは、まさに最近の八木が言う「重層的統合」と同じものである。さらに、タイセンは「なぜなら、自然は分子から高等生命に至るまで協働ということを知っているからである。私が確信するところは、人間は自然から解放された者ではあるが、自分自身の本性（自然）からして、自然が持っているこの傾向をさらに展開し、それを超えて行くように定められているのである」（前掲書二一二頁）と言う。タイセンはこの「理性と現実の基礎構造」とそれに基づく万物との「協働」のことを「共鳴経験」(Resonanzerfahrung) と呼ぶ。そしてそのような現実全体との共鳴経験の根拠を求める試行錯誤が宗教にほかならないと定義し、この数年はそれを「共鳴の神学」へ体系化することに精力を注いでいる。

ただし、その根本的な着想の発端は、かつて学位論文の執筆を終えたばかりのタイセンが職探しに向かおうとする時代、奇しくもグノーシス主義をめぐって八木―荒井論争が始まったのと同じ一九六八年にまでさかのぼるのである。その年にタイセンが自分自身のための覚書として書き下ろした「批判的な神学断想」(Kritische Theologoumena) の中で、すでにそれは始まっているのである。[84] 荒井が――そしてその跡を踏んで私も――積極的に受容してわが国に紹介し、独自に発展もさせてきた文学社会学的イエス研究は、G・タイセンの研究全体のスケールから見ると、ほんのごく一部にすぎなかったのである。もちろん、だからと言って、文学社会学的なイエス研究が無駄になってしまうわけではない。ただ、その研究を進めてきた自分の視野が狭すぎたことを私は今や率直に容認する他はない。タイセンが研究の最初から集大成を目指してきた「原始キリスト教の理論」には、八木の言う「統合への規定」と重なる「**共鳴経験**」への洞察がすでに含まれていたのである。

9　本書の収録論考について

本書は以上のような私のこれまでの半世紀にわたるグノーシス研究の中で、二〇〇〇―二〇〇一年に相次いで公にした専門論文集『グノーシス考』（3―2）、『ロゴスとソフィア――ヨハネ福音書からグノーシスと初期教父への道』（3―3）、『グノーシス　陰の精神史』と『グノーシス　異端と近代』（編著、3―4）に続いて、二〇〇六年から二〇一七年の間に専門研究誌に寄稿した論文と講演の合計五篇（II―VI）を原則として時系列で集成したものである。それぞれの初出についての書誌情報と経緯は各論考の最初の注に記したとおりである。それぞれの論考はそのつどの要請に応えて執筆されたものであり、必ずしも共通のテーマを一貫して追ったものではない。しかし大局的に見れば、五篇ともにグノーシス主義が神話による自己表現から古代末期のもろもろの哲学的・宗教的神秘主義と接触を深めながら、体験の表現へと変容して行ったプロセスと関係していると言えるだろう。その意味では、前掲のハンス・ヨナスのライフワーク『グノーシスと古代末期の精神』が第一部から第二部への移行として論述した問題と呼応している。いずれの論考においても、私自身にとっては新たな発見の喜びが少なくなかった。その発見が客観的にも洋の東西における研究に少しでも新たに貢献するものであることを願ってやまない。

注

（1）R. Bultmann, Das Evangelium des Johannes, Göttingen 1941（初版）。邦訳はR・ブルトマン『ヨハネの福音書』、杉原助訳、日本基督教団出版局、二〇〇五年。

（2）E. Käsemann, Jesu letzter Wille nach Johannes 17, 3. Aufl., Tübingen 1971. 邦訳は『イエスの最後の意志――ヨハネ福音書とグノーシス主義』、善野碩之助・大貫隆訳、ヨルダン社、一九七八年。

（3）S. Arai, Die Christologie des Evangeliums Veritatis. Eine religionsgeschichtliche Untersuchung, Leiden 1964.

（4）この点について、詳しくは拙著『ヨハネ福音書解釈の根本問題――ブルトマン学派とガダマーを読む』（ヨベル、二〇二二年）の冒頭に収録した「私のヨハネ研究」一五－一六頁を参照。

（5）『新約聖書外典偽典7　新約外典Ⅱ』、荒井献編、教文館、一九七六年所収。

（6）前出注1参照。

（7）ここにブルトマンによる原注81が付されている。この注の意味については、後述する。

（8）詳しくは後述の拙訳『ソロモンの頌歌』（荒井献編『新約聖書外典偽典　別巻・補遺Ⅱ』、教文館、一九八二年に収録）の冒頭に付した解説（二七九－三〇四頁）を参照。

（9）M. Lattke, Einheit im Wort: Die spezifische Bedeutung von ἀγάπη, ἀγαπᾶν und φιλεῖν im Johannes-evangelium, München, Kösel-Verlag, 1975.

（10）この「真意」について詳しくは、前掲拙著『ヨハネ福音書解釈の根本問題』、六四－六五、二〇四頁、および本書の「はじめに」九頁を参照。

（11）代表的なものは、Die Oden Salomos in ihrer Bedeutung für Neues Testament und Gnosis, Freiburg/ Schweiz-

Göttingen 1979–1798 (OBO 25/ 1-4); Oden Salomos: Deutsch, Freiburg/ Schweiz, 1995 (Fontes Christiani 19); Oden Salomos: Text, Übersetzung, Kommentar, Freiburg/ Schweiz-Göttingen, 1999-2005 (NTOA 41/ 1-3); Odes of Solomon: A Commentary, Translated by Marianne Ehrhardt, Edited by Harold W. Attridge (Hermeneia), Minneapolis: Fortress, 2009; Die Oden Salomos: Griechisch -koptisch-syrisch mit deutscher Übersetzung, Darmstadt (WBG), 2011.

（12）本書の前注7参照。

（13）H. Jonas, Gnosis und spätantiker Geist. Erster Teil: Die mythologische Gnosis, Göttingen 1934, 3. Aufl. 1964. 拙訳がある。後出六五頁以下参照。

（14）注2に前出。この書の翻訳はミュンヘン留学中の私と善野碩之助（一九一六－二〇一七年、元日本基督教団 まぶね教会牧師）の共訳による。

（15）注8に掲出した邦訳の解説二七七－三九〇頁参照。

（16）「『ヨハネのアポクリュフォン』（ベルリン写本）――本文の翻訳と訳注」、東京女子大学紀要『論集』三八巻2号（一九八八年）、一一一－一三八頁、同三九巻1号（一九八八年）、六三－六五頁。

（17）詳しくは後出の第4節を参照。

（18）T. Onuki, Gnosis und Stoa. Eine Untersuchung zum Apokryphon des Johannes (Novum Testamentum et Orbis Antiquus 9), Göttingen/Freiburg(Schweiz), 1989. なお、この拙著に対しては、Dieter Kraft が Stoa und Gnosis – Anpassung und Verweigerung. Typologische Aspekte zweier antiker Ideologien im Zeitalter der griechisch-römischen Globalisierung, in: Internationale Beiträge zur dialektischen Theorie 15 (hrsg.v. H.H.

Holy und D.Kosurdo, Edizioni La Città del Sole, Napoli, 2000), 11-32できわめて好意的に賛同している。特にS. 28-29での集中的引用を参照。

（19）T. Onuki, Wiederkehr des weiblichen Erlösers Barbelo-Pronoia, Zur Verhältnisbestimmung der Kurz- und Langversionen des Apokryphon des Johannes, AJBI XIII（Japanese Biblical Institute 1988）85-143. 後に増訂日本語版が、後出の拙著『グノーシス考』（岩波書店、二〇〇〇年）、一五九−二三八頁に収録。

（20）「ヨハネのアポクリュフォン（ナグ・ハマディ写本II）」、紀要『比較文化研究』第32輯、東京大学教養学部、一九九四年、九一−一四〇頁、「ヨハネのアポクリュフォン（ナグ・ハマディ写本III）」、『東京大学宗教学年報』XI号、東京大学文学部宗教学・宗教史学研究室、一九九四年、一七九−二〇三頁、「フィリポによる福音書（ナグ・ハマディ写本II−3）」、『外国語科紀要　古典語教室論文集』四三巻六号、東京大学教養学部外国語科編、一九九六年、一−六六頁、「アルコーンの本質（ナグ・ハマディ写本II−4）」、『東京大学宗教学年報』XIV号、東京大学文学部宗教学・宗教史学研究室、一九九七年、一四一−一五八頁。

（21）『聖書の思想とその展開』、（荒井献先生還暦退職記念論文集）佐藤研編、教文館、一九九一年、三四一−三八三頁（後に拙著『グノーシス考』、岩波書店、二〇〇〇年、二三九−二八九頁に収録）。ほぼ同時にドイツ語版も公にした。Die dreifache Pronoia, Zur Beziehung zwischen Gnosis, Stoa und Mittelplatonismus, AJBI XVII（1991、日本聖書学研究所）, 107-149. こちらは後にT. Onuki, Heil und Erlösung. Studien zum Neuen Testament und zur Gnosis, (WUNT 165), Tübingen 2004, 240-270に収録された。

（22）『聖書の言語を超えて』宮本久雄・山本巍と共著、東京大学出版会、一九九七年、二〇一―二九六頁。後に拙著『グノーシス考』、岩波書店、二〇〇〇年、二九一―三四〇頁に収録。
（23）ちなみにコプト語の「コプト」とは、古代末期の周辺民族が「エジプト」を鈍って発語したものである。
（24）この意味で、土井健司が『新約学研究』二七号（一九九九年）に寄せた論評の中で、われわれの全四冊を評して、「国際的吟味の対象とならない日本語訳ならではの気の緩みがない」翻訳と書いていることを素直に喜びたい。その他の論評としては、『ソフィア』（上智大学）一八九号（第四八巻1号）、一〇九―一一二頁にある荻野弘之による新刊紹介も参照。
（25）講談社学術文庫版、二〇一四年、三二三―三二四頁。
（26）『エイレナイオス1　異端反駁Ⅰ』、大貫隆訳、教文館、二〇一七年、五〇頁。
（27）『エイレナイオス1　異端反駁Ⅰ』、大貫隆訳、九四頁。**ゴチック体**は大貫による。
（28）幸いにして、この点を八木誠一は『新約学研究』二八号（二〇〇〇年）、四七―五一頁において、小林稔は『日本の神学』三九号（二〇〇〇年）、九〇―九六頁で積極的に評価している。
（29）ここに挙げたマンダ教およびマニ教文書の詳しい書誌情報については、『グノーシスの神話』の巻末の参考文献表を参照。
（30）詳しくは『グノーシスの神話』、講談社学術文庫版、「あとがき」（三二六―三二七頁）および https://www.nikkei.com/article/DGXNASDG2600R_W0A920C1CR8000/「国内にマニ教『宇宙図』世界初、京大教授ら確認」２０１０年9月26日、日本経済新聞 WEB 版を参照。

（31）「ナグ・ハマディ文書とは何か――子宮としての世界」、入江良平との対談、『現代思想』（青土社）一九九八年四月号、一二二―一四七頁、「子宮としての世界――グノーシス主義の性的自然観と禁欲主義」、『聖徳大学言語文化研究所・論叢』七巻（二〇〇〇年）、一六三―一七九頁。

（32）その後講義録に収録。T. Onuki, Le monde comme matrice. Aspect sexuel de la nature et ascétisme chez Gnostiques, Apocrypha 11 (Turnhout 2000), pp.123-145; L'incarnation du Logos et l'erreur de la Sagesse – "Lumière" et "Ténèbres" dans l'Évangile de Jean et dans la gnose, in: Annuaire, Résumé des conférences et travaux, Tome 108, École Pratique des Hautes Études, section des Sciences religieuses, Paris 2001, pp. 317-319. なお、その招待講義は当時同地に留学中であった中野千恵美さんの骨折りで実現したもので、その後中野さんとの共訳で、ミッシェル・タルデュー『マニ教』白水社（文庫クセジュ）、二〇〇二年を刊行する運びとなった。

（33）わが国の新約聖書学の土俵では、小林昭博『同性愛と新約聖書――古代地中海世界の性文化と性の権力構造』、風塵社、二〇二一年によって、画期的な形で問題が提起されている。なお小林昭博は二〇二三年に『クィアな新約聖書　クィア理論とホモソーシャリティ理論による新約聖書の読解』（風塵社）を公刊している。

（34）詳しくは前掲の『ヨハネ福音書解釈の根本問題』の巻頭に収録した「私のヨハネ研究」の関連箇所を参照。

（35）『グノーシス　陰の精神史』に、「はじめに　原グノーシスとグノーシス的なるもの」（一―九頁）、「宇宙の超越と神」（一三―二〇頁）「グノーシス主義の衝撃　古代末期の宗教運動」（六一―七〇頁）、

「ゾロアスター教とマニ教」（一一八—一三三頁）、「用語解説」（巻末）。

（36）私はその後の二〇〇四年に、ドイツ語論文集 Heil und Erlösung. Studien zum Neuen Testament und zur Gnosis, (WUNT 165), Tübingen 2004 を刊行している。これはグノーシス研究だけではなく、新約聖書学関係の論考も選抜して編集したものである。その後、多くの論評が出ている。Titus Nagel, Rezension zu T. Onuki, Heil und Erlösung, Tübingen 2004, in: ThLZ 130 (2005) 12, Sp. 1326-1328; Jesper Tang Nielsen, Rezension zu T. Onuki, Heil und Erlösung, Tübingen 2004, in: Dansk Teologisk Tidsskrift 68/3 (2005), 229-230; R. Sala, Rezension zu T. Onuki, Heil und Erlösung, Tübingen 2004, in: Libros 40/1, 181; Simon Gathercole, 抜粋紹介 T. Onuki, Heil und Erlösung, Tübingen 2004, in: The New Testament, Booklist 2005, p. 43-44; Herbert Frohnhofen, 抜粋紹介 T. Onuki, Heil und Erlösung, Tübingen 2004, www. theologie-systematisch. de

（37）私のイエス研究の経過については、前掲の『イエスの「神の国」のイメージ —— ユダヤ主義キリスト教への影響史』の巻頭「私のイエス研究　序に代えて」を参照。

（38）Symposium: Psychologie der urchristlichen Religion. Das Altertumswissenschaftliche Kolleg der Heidelberger Akademie. Heidelberg, 4-6. Okt. 2006.

（39）Gerd Theißen, Erleben und Verhalten der ersten Christen. Eine Psychologie des Urchristentums, Gütersloh 2007. 邦訳は拙訳でG・タイセン『原始キリスト教の心理学　初期キリスト教徒の体験と行動』、大貫隆訳、新教出版社、二〇〇八年。

（40）該当講演はその後、ドイツ語で公刊されている。T.Onuki, Der Neid in der Gnosis, in: G. Theißen/ Petra von Gemünden (Hg.), Erkennen und Erleben. Beiträge zur psychologischen Erforschung des frühen Christentums, Gütersloh 2007, 321-342.

(41) 前掲『ナグ・ハマディ文書Ⅰ　救済神話』の§区分に準じる。

(42)『ナグ・ハマディ文書Ⅲ　説教・書簡』所収の小林稔訳による。同じ定型表現は、「王なき種族」など多少の変異はあるものの、他にも随所に現れる。『この世の起源について』§135-138、149、『アルコーンの本質』§37-38、『イエスの知恵』§21、39、『アダムの黙示録』§43、『救い主の対話』§49-50、ヒッポリュトス『全異端反駁』第五巻八1―2、29―30に記されたナース派の神話など。

(43) この点については、岩波書店版『アリストテレス全集』第六巻（二〇一五年三月）に差し込みの月報9（五―八頁）に寄せた小論「『宇宙について』とグノーシス研究」も参照。また、物語論と解釈学の不可分一体性については、本書収録の第Ⅵ論考「ハンス・ヨナス『グノーシスと古代末期の精神』によせて――付・山本巍氏のコメントへの応答」の第Ⅰ節（本書二九四頁）でも再度論じる。

(44) それ以外に、「マニ教　その東進と政治」、『オリエントとは何か――東西の区分を超える』、別冊『環』8（藤原書店、二〇〇四年）、一七〇―一七五頁も参照。なお、同じ二〇〇四年には、慶応義塾大学法学部教授の鷲見誠一氏に招かれて、Quo Vadis 政治思想史研究会でも「グノーシスと政治――マニ教を中心に」と題する講演を行っている。これはその後、鷲見誠一・千葉眞編著『ヨーロッパにおける政治思想史と精神史の交叉――過去を省み、未来へ進む』、慶應義塾大学出版会、二〇〇八年、二五―五〇頁に収録された。

(45) この点について詳しくは、前掲拙著『ヨハネ福音書解釈の根本問題』六頁参照。

(46)ドイツ語版がある。T. Onuki, Neid und Politik. Eine neue Lektüre des gnostischen Mythos, Göttingen 2011 (NTOA 79).
(47)『宗教研究』三六四号第八四巻1輯(二〇一〇年)、一六三―一六七頁。
(48)中略は大貫による。なお、時系列は前後するが、前掲の『グノーシス――異端と近代』(二〇〇一年)へ小野紀明氏(京大法学部)が寄せられた書評(『人環フォーラム』第十二号、京大大学院人間環境学研究科編、二〇〇二年、六五頁)の結びには、「グノーシスの二元論には、国家の暴力を道徳の名において正当化する傾きがある……」と記されている。これはマニ教(東方型グノーシス)についてのみ言えることで、西方型には当てはまらない。
(49)『ナグ・ハマディ文書II』四一頁(荒井献訳)による。ただし、**ゴチック体**は大貫による。
(50)『ペルシア殉教者列伝』の原語はシリア語であるが、編者は不詳である。その第十三巻「司教アケブシェーマー、司祭ヨセフ、執事アイテイラーハーの殉教」、BKV 第二二巻にドイツ語訳がある。ここでは特に一三二―一三四頁参照。
(51)日本では荒井献がすでにそれまでに多くの論考や単行本を公にしていたが、終始この考え方であった。
(52)ドイツ語での発表は、Das Logion 77 des koptischen Thomasevangeliums und der gnostische Animismus と改題の上で、J. Frey, E. E. Popkes und J. Schröter (Hgg.), Das Thomasevangelium. Entstehung – Rezeption – Theologie, Berlin 2008 (BZNW 157), 294-317 に収録されている。日本語版は「トマス福音書語録77とグノーシス主義のアニミズム」、『聖書学論集』四〇号(二〇〇八年)、日本聖書学研究所編、六一―九〇

頁。

(53) その他に、『新約聖書ギリシア語入門』、岩波書店、二〇〇四年もある。その刊行時、私はちょうど教養学部前期課程外国語委員会委員長でもあった。前期課程の古典語・イタリア語研究室の同僚で私の日々の動きを最も近くから見ていた村松真理子は、大学院地域文化研究専攻の研究紀要『Odysseus』第十三号(二〇〇八年)七二―七三頁によせた送別エッセイで「大貫先生の2つの時間」について語っている。一つは「コマバのいくら走ってもおいつかないように思える時間の流れ」であり、もう一つは聖書文献学を通して触れる「永遠に向かって、区切られることなく流れ続ける時」だったと言う。後者はいささか面映いが、公務における私がそれゆえに上の空でいたわけではないことを願うばかりである。

(54) この時期の私は同じ内容報告をその他の講演でも繰り返し行っている。「ユダと『ユダの福音書』をめぐって」、第二回キリスト教文化講演会(教文館、二〇〇七年五月一九日)、「『ユダの福音書』とグノーシス」、東京女子大学学会哲学部会講演会(二〇〇七年十一月二八日)、「高校生のための金曜特別講座講義・ユダの福音書」(東京大学教養学部主催、二〇〇八年六月六日)、「グノーシスとユダの福音書」(東京YMCA第六一〇回午餐会卓話、東京大学学生キリスト教青年会、二〇〇九年七月二三日)、「ユダとイエス――「ユダの福音書に寄せて」」(東北学院大学キリスト教文化研究所、第五〇回学術講演会、日本新約学会後援、二〇〇八年九月一三日)。この最後の講演はその後、『東北学院大学キリスト教文化研究所紀要』第二七号(二〇〇九年)、一―二八頁に印刷公刊された。

(55) 詳しくは、荒井献『ユダとは誰か――原始キリスト教と「ユダの福音書」の中のユダ』、講談社学術文庫、二〇一五年、七七、八〇―八一、二七三（あとがき）頁を参照。
（56）秋山さと子・入江良平訳、人文書院。底本は H. Jonas, The Gnostic Religion. The Message of the Alien God and the Beginning of Christianity, Boston 1958 , 2. ed. 1963.
（57）本書三二頁参照。
（58）H. Jonas, Gnosis und spätantiker Geist Teil I: Mythologische Gnosis, Göttingen 1934, 19643, Teil II,1 : Von der Mythologie zur mystischen Philosophie, Gättingen 1954, 2.Aufl., 1966.
（59）本書四一―四四参照。
（60）刊行後、私は友人の森一郎（ハイデガー哲学、当時東京女子大学教授、現在は東北大学教授）の勧めで、日本翻訳家協会の第五三回（二〇一六年度）日本翻訳文化賞に応募し、その授与に与った。受賞は私の性に合わないが、インターネットなどで受賞が知られることで販売を促進して、版元の中川さんの厚意に応えたかったのである。
（61）そのことにもすでに触れた。前出六〇頁参照。
（62）『エイレナイオス3　異端反駁Ⅲ』（『キリスト教教父著作集3/I』）、一九九九年、『エイレナイオス4　異端反駁Ⅳ』（『キリスト教教父著作集3/II』）、二〇〇〇年。
（63）その事情について詳しくは、『エイレナイオス5　異端反駁Ⅴ』への「訳者あとがき」一五七頁、および拙著『ヨハネ福音書解釈の根本問題』（前出）、二二頁、注24を参照。
（64）『エイレナイオス1、2、5　異端反駁Ⅰ、Ⅱ、Ⅴ』（『キリスト教教父著作集2/I、2/II、3/III』）。
（65）その他には、小高毅が『本のひろば』二〇一七年一月号二〇―二一頁、土井健司が同誌二〇一七年十月号六―七頁によせたものがある。

（66）この点は、翻訳の刊行後に土井健司が『新約学研究』四九（二〇二一年）、八六―九〇頁によせた論評で、いみじくも指摘している。「ヒッポリュトスの『全異端反駁』（十巻）は難読の書である。表題からこれをエイレナイオスの『異端反駁』の二番煎じくらいに思うならとんでもない」（八六頁）、「なによりもそれは、ここでヒッポリュトスが様々な学説、教説を紹介し、引用しているからに他ならない。この点で類書として思い出されるのは、アレクサンドリアのクレメンスの備忘の書『ストロマテイス』であろう。……しかしこの『全異端反駁』の難しさはこれと同等か、あるいはこれ以上ではないだろうか」（八七頁）。

（67）H.Diels-W.Kranz, Die Fragmente der Vorsokratiker I-II, 1.Aufl., Berlin 1903. なお、一橋時代の聖書学および荒井献との出会いについては、前出の拙著『ヨハネ福音書解釈の根本問題』（前出）、七頁を参照。

（68）本書「はじめに」、八頁参照。

（69）この文章はいささか厳密さを欠いている。H・ブルーメンベルク『近代の正統性Ⅰ　世俗化と自己主張』（法政大学出版局、一九七四年）は西欧近代に「グノーシス主義の再発」を見たE・フェーゲリンに対抗して、グノーシス主義の世界逃避を超克して人間が自己を主張するところに近代の正統性を認める立場である。詳しくは、大貫隆『グノーシス――「妬み」の政治学』、二六〇―二六四頁を参照。

（70）島薗進『スピリチュアリティの興隆』、岩波書店、二〇〇七年、二〇五―二七四頁。

（71）『日本の神学』四六号（二〇〇七年）、二五四―二五八頁、特に二五八頁の「Ⅲ　教会と神学とグノーシス研究」。なお途中の注69―70は今回新たに補足したものである。**ゴチック体**も大貫による。

（72）八木誠一「滝沢批判に答えて――濡衣（ぬれぎぬ）に対して弁明する」、『福音と世界』、一九六八年二月号、八七―九五頁。

（73）荒井献『初期キリスト教史の諸問題――現代への視角』、新教出版社、一九七三年と『荒井献著作集10　聖書を生きる』、岩波書店、二〇〇二年、一八九―一九八頁に再録。

（74）『荒井献著作集10』、一九一頁。

（75）八木誠一『新約思想の探求』、三五七頁。

（76）『荒井献著作集10』、一九九―二一六頁。

（77）『荒井献著作集10』、一九九、二〇二頁。ただし、**ゴチック体**は大貫による。

（78）『荒井献著作集10』、二一四頁。

（79）八木誠一『新約思想の探求』、三七〇頁。

（80）八木誠一『宗教と言語・宗教の言語』（前掲）、一一七以下、「コード分析（仮名）について――イエスとグノーシス主義の場合」、『新約学研究』第二四号、三三頁。私の推察が間違っていなければ、八木はこの論考のために初めて、グノーシスと言えば「何やら低級な得体の知れない異端という一般的通念」を超えて、本気で一定量のグノーシス主義の本文を読み込んだのだと思われる。

（81）本書三六―三七頁参照。具体的には、H・ヨナス『グノーシスと古代末期の精神　第二部　神話論から神秘主義哲学へ』（前掲）、一九五頁下段―一九六頁下段の論述がきわめて重要である。本書収録の第VI論考二九八―二九九頁に該当する断章が引用されている。私の印象が間違っていなければ、残念ながら八木も荒井もヨナスの主著の白眉とも言うべきこの部分をまともに読解していない。

（82）『新約学研究』第二七号（一九九九年）、六七―七二頁。

（83）G. Theißen, Von Jesus zur urchristlichen Zeichenwelt, Göttingen 2011 (NTOA 78), 53. ただし、**ゴチック体**は大貫による。

（84）この点についてさらに詳しくは、G・タイセン『新約聖書のポリュフォニー ―― 新しい非神話論化のために』、大貫隆訳、教文館、二〇二二年、訳者解説二四七頁を参照。

II

『三部の教え』（NHC I, 5）の三層原理[1]

Ⅰ　はじめに

欧米のほとんどのグノーシス研究者にはおそらく未聞、間違いなく未見のことと思われるが、ナグ・ハマディ文書の日本語訳が存在する。本論考の筆者に荒井献（東京大学名誉教授）、小林稔（当時上智大学神学部教授、二〇一四年召天）、筒井賢治（当時新潟大学助教授、現在東京大学教授）が加わった計四人の編訳によるもので、一九九七年から一九九八年にかけて岩波書店から刊行された『ナグ・ハマディ文書』全四巻がそれである（第Ⅰ巻＝救済神話、第Ⅱ巻＝福音書、第Ⅲ巻＝説教・書簡、第Ⅳ巻＝黙示録）。

この邦訳は残念ながらナグ・ハマディ文書のすべてを網羅するものではない。『使徒パウロの祈り』（NHC I, 1）、『ペトロと十二使徒の行伝』（VI, 1）、『雷・全きヌース』（VI, 2）、『我らの大いなる力の概念』（VI, 4）、『プラトン国家 558B-589B』（VI, 5）、『第八のものと第九のものに関する講話』（VI, 6）、『感謝の祈り』（VI, 7）、『アスクレピオス』（VI, 8）、『シルワァノスの教え』（VII, 4）、『ゾーストリアノス』（VIII, 1）、『メルキゼデク』（IX, 1）、『マルサネース』（X）、『知識の解明』（XI,

1)、『ヴァレンティノス派の解説』(XI, 2)、『ヒュプシフロネー』(XI, 4)、『セクストゥスの金言』(XII, 1)、『真理の福音断片』(XII, 2) など、大小の文書が未収録のまま、今後の課題として残されている。

ただし、ここに名前が上がっていないその他の重要な文書はすべて、前記の四巻の翻訳に収録されている。いずれの翻訳も、欧米語訳も参照してはいるが、コプト語の校訂本文から直接訳出されたものである。訳文には終始詳細な訳注が並行して付されており、巻末にはそれぞれの文書に関するやはり詳細な解説が付されて、写本伝承、構成と内容、思想の系譜、著作目的、背景、成立の場所と年代などをめぐる研究上の諸説も紹介されている。本論考の筆者は『復活に関する教え』(I, 4)、『三部の教え』(I, 5)、『ヨハネのアポクリュフォン』(II, 1, III, 1, IV, 1, BG, 3)、『フィリポによる福音書』(II, 3)、『アルコーンの本質』(II, 4)、『この世の起源について』(II, 5)、『アダムの黙示録』(V, 5)、『シェームの釈義』(VII, 1)、『真理の証言』(IX, 3) の翻訳を担当した。

本論考は『三部の教え』の翻訳のために、この文書全体の読解を進めて行く中で明らかになったこの文書の全体的な構造を、できるだけ明瞭に論述してみようとするものである。しかし、与えられたスペースは限られており、その中でこの大部な文書の構造を委細にわたって解析し、その結果を最後に一定の構造に収めるという帰納法的な行論は不可能である。従って、ここでは私の読解が到達した結論を最初に提示し、それを順次、該当する本文に照らしながら説明するとい

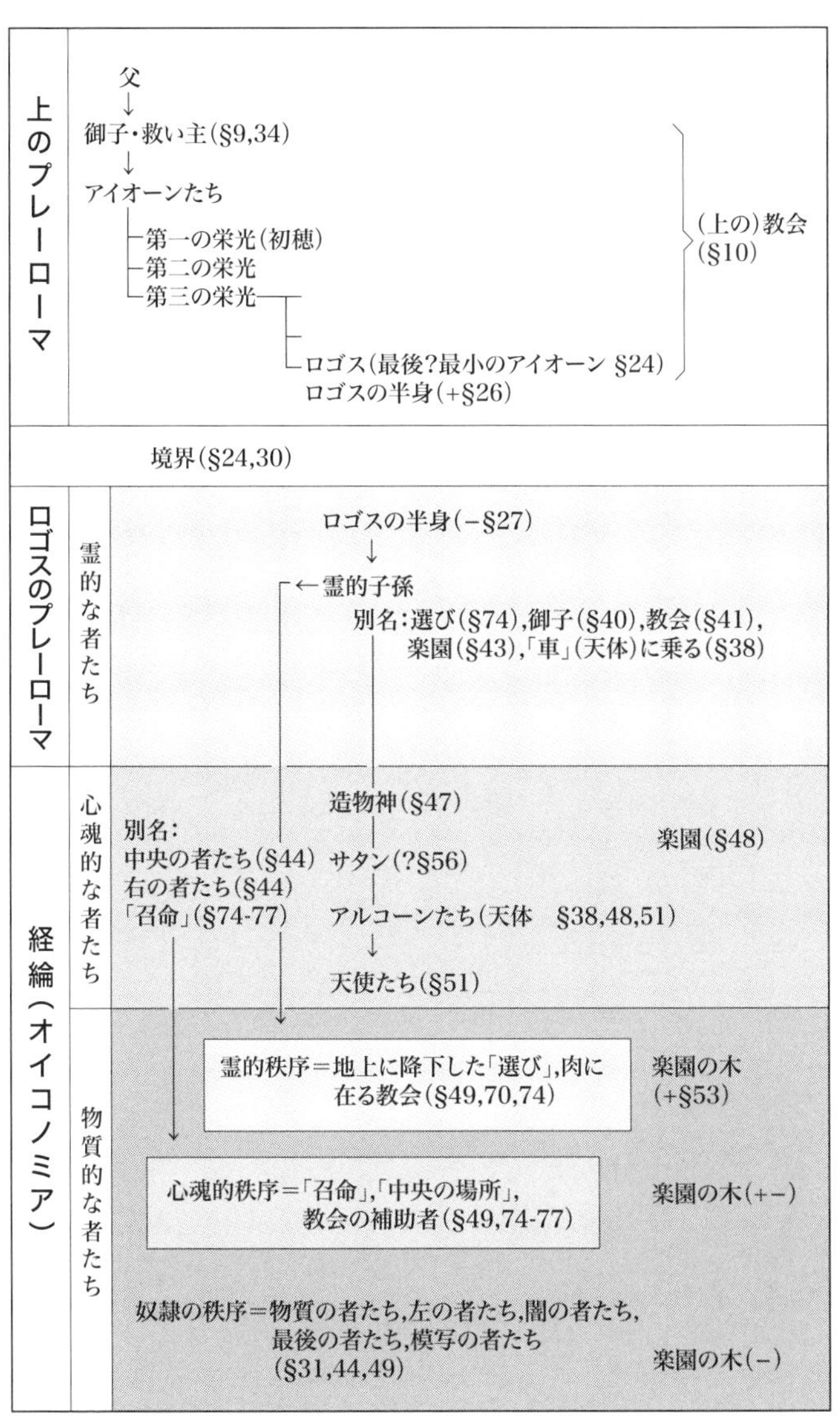
上のプレーローマ
父
御子・救い主(§9,34)
アイオーンたち
第一の栄光(初穂)
第二の栄光
第三の栄光
ロゴス(最後?最小のアイオーン §24)
ロゴスの半身(+§26)
(上の)教会
(§10)
境界(§24,30)
ロゴスのプレーローマ
霊的な者たち
ロゴスの半身(−§27)
霊的子孫
別名:選び(§74),御子(§40),教会(§41),
楽園(§43),「車」(天体)に乗る(§38)
経綸(オイコノミア)
心魂的な者たち
別名:
中央の者たち(§44)
右の者たち(§44)
「召命」(§74-77)
造物神(§47)
サタン(?§56)
アルコーンたち(天体 §38,48,51)
天使たち(§51)
楽園(§48)
物質的な者たち
霊的秩序=地上に降下した「選び」,肉に
在る教会(§49,70,74)
楽園の木
(+§53)
心魂的秩序=「召命」,「中央の場所」,
教会の補助者(§49,74-77)
楽園の木(+−)
奴隷の秩序=物質の者たち,左の者たち,闇の者たち,
最後の者たち,模写の者たち
(§31,44,49)
楽園の木(−)

うやり方を採らせていただく。

『三部の教え』の全体を貫く構造は、前頁のように図式化することができる。

II 「プレーローマ」の中の三層構造

1 「父性のプレーローマ」

『三部の教え』は二つの「プレーローマ」について語る。一つはその頂点に「父」、すなわち至高神が立っているプレーローマであり、五九36―37（§11）[2]では「父性のプレーローマ」と表現される。もう一つは「ロゴスのプレーローマ」である。ここで言う「ロゴス」とは、われわれの文書の論述がさらに先に進んで、至高神の自己伸長あるいは自己分化としてさまざまな神的存在（アイオーン）が生成してくる段落で、それらのアイオーンの内で最下位かつ最小とされる存在のことである。そのロゴスはある誤った欲求に捕らえられて、二つに自己分裂する。その過失から立ち帰ったときに生じてくる「霊的な者たち」が「境界」によって「父性のプレーローマ」から隔てられて、その下位に形成されるのが「ロゴスのプレーローマ」である。

しかし、「ロゴスのプレーローマ」については、九〇15―16（§37）に明瞭にこの表現での言及が一回あるのみである。それ以外の箇所で「プレーローマ」とあれば、ほとんど常に最上位の神々（アイオーン）の光の世界、すなわち「**父性のプレーローマ**」を指す。本論では以下、「**ロゴスのプレーローマ**」と区別するために、必要に応じて「**上のプレーローマ**」の表現も用いることにする。文書全体の四分の一にも当たる五一3―七四18（§1―22）がこのプレーローマについての論述である。

2 「父」・「御子」・「アイオーンたちの教会」の三層構造

文書の冒頭五一3―五六22（§1―7）では、「万物の根源である父」（至高神）についての否定神学が繰り広げられる。「初めも終りもない」、「欠乏なき者」、「妬みなき者」、「語り得ざる者」、「掴み難き者」などの否定詞を延々と連ねる否定神学はその他のグノーシス文書でもお馴染みのものであるが、その長さたるや数多いグノーシス文書の中でも一際群を抜いている。

続いて「御子」についての論述となる。「御子」は「父」の中に潜在していた（五六23―31＝§8）。その「父」から「最初に生まれた者」、「独り子」である（五七18―19＝§9）。論述がさらに先に進むと、「唯一の最初の者」、「父の人間」、「かたちなき者のかたち」など、一連の名称が追加的に列挙される（六六10―14＝§17）。八七7―10（§34）では、「救い主、贖い主、心地よき者、愛しき者、請願を受ける者、キリスト、定められた者たちの光」とも呼ばれる。

「父」は「御子」の外にも、多くの「子孫たち」、すなわち「アイオーンのアイオーンたち」を生み出す。彼らについては、こう言われる、「彼（父）の子孫たちは、数え切れず、限りもないので、分けることができない。これらの存在は御子と父から、言わば接吻によって生じてきた」（五八18―24＝§10）。ここで「接吻」とあるのは、古代教会の礼拝の中で行われた参列者同士の「聖なる接吻」を連想させる。事実、この「接吻」によって生み出された「アイオーンのアイオーンたち」は、続けて「教会」（五八29―30＝§10）と呼ばれ、六八30―31（§18）では明瞭に「プレーローマの集会[3]」と呼ばれる。まだ話が地上世界の生成に及ぶはるか以前であるから、ここで問題になっているのは、明らかに「先在の教会」のことである。やがて生成してくる「ロゴスのプレーローマ」を構成する者たち（「霊的な者たち」）も「教会」を形成するが、それは「父に栄光を帰しているあの（**上の**）アイオーンたちの間に在る教会」（九七7―8＝§43）、あるいは同じことであるが、「自らを啓示した者たちの集会」（九四21―22＝§41）をモデルにしたその模写に外ならないのである。

以上の「万物の父」、「御子」、アイオーンたちから成る「プレーローマの教会」の組成については、「父が御子の上に安息しているのと同じ」ように、「その（先在の教会の）上に御子が安息している」（五八36＝§10）と明言される。すなわち、「上のプレーローマ」は明瞭に上下の位階構造を成しているのである。

「プレーローマの教会」は、その全体が「父」の「自己伸長」に外ならないことが繰り返し強調される（六五4―5＝§16、六六6―7＝§17、七三24―26＝§22）。その意味は、「プレーローマの教会」が多でありながら、同時に唯一性を保っているということである。その消息をわれわれの文書はこう述べる。「万物（＝アイオーンたち）の流出は、あたかも彼らを生む者（＝父）から放棄されるかのように互いに分離する仕方で生じたのではない。むしろ、彼らの誕生は（外へ向かっての）伸長に似ている。なぜなら、父が愛する者たちに向かって自分自身を伸長するからである。その結果、彼から生じてきた者たちは、彼ら自身も彼（父）となるのである。」（七三18―28＝§22）

3 「プレーローマ（アイオーンたち）の教会」内部の三層構造

次に『三部の教え』は、「プレーローマの教会」を構成するアイオーンたち自身の間も、上下方向の三層構造によって秩序づけられているという見方である。このことを最も明瞭に言明するのは七〇12―19（§19）である。「彼らは（中略）位階の中の位階として、相互に層を成している。このように（父に）栄光を帰する者たちのそれぞれは、自分の場所、自分の高み、自分の住まい、自分の安息、とはつまり、それぞれが（父に）ささげる栄光を持っているのである。」

こうして、アイオーンたちの位階は「初穂」、すなわち「第一の栄光」、「第二の栄光」および「第三の栄光」の三つに分けられる。その区分の規準は、それぞれの位階が「父」に向かってささげる賛美の「栄光」がどこまで「一致（調和）したもの」であるかによる（六八29―32＝§18）。「第三の栄光」が最下位である理由も、彼らの賛美（栄光）が個別的で、一致したものではないからだとされる（六九28―31＝§19）。

最下位の「第三の栄光」の中でさらに最下位のアイオーンがロゴスである。「このアイオーンは互いに助け合いながら生み出されてきた者たちの中の最後の者で、その大きさも小さかった」（七六12―16＝§24）。それにもかかわらず、彼もまた神的存在であることに違いはなかった。彼は「賢い実（知恵の実）」であり、「自由意志」と「思い上がり」から、そして「父」の「知解不可能性」を敢えて把握したいという「過剰な愛（アガペー）」を抱いた。彼はその実行に「猛進」した。

われわれの文書はこのすべてを「父の意志に反して起きたことではない」（七六23―24）から、「ロゴスを論難するのは適当ではない」（七七6―7＝§24）と言う。しかし、ロゴスはこの「猛進」の結果、欲求が満たされない「欠乏」を抱えた半身と神性を失っていない「完全」な半身への自己分裂を免れない（七七20―24＝§25）。後者は直ちに「上のプレーローマ」へ帰昇してゆく。論述が進んだところでは、「霊的ロゴス」（一〇五31―32＝§52）とも呼ばれる。反対に、「欠乏」の半身は、「境界」の下方へと放棄される（七八3－7＝§26）。

4　まとめ

以上、われわれが見てきたのは、「**上のプレーローマ**」の中にある二重の三層構造である。一つは「万物の父」・「御子」・「アイオーンたち」の三層構造であり、もう一つは「アイオーンたち」そのものの中にある「初穂（第一の栄光）」・「第二の栄光」・「第三の栄光」の三層構造である。『三部の教え』はある箇所で前者を「プレーローマの中にある階梯」（一二四14－15＝§69）と呼んでいる。それは後者を指す「位階の中の位階」（七〇13－14＝§19）よりは上位の階梯として区別されていることに注意が必要である。

『三部の教え』は「上のプレーローマ」について以上のように語る途中で、それと大別されて対立する「下の場所」についても言及する。すなわち、「上のプレーローマ」を満たすアイオーンたちは「語り難く、名付け難く、知解し難き者たち」であり、彼らだけ「下の場所に根を張った者」たちとは対照的に、「父」と同様の自己思惟の能力を与えられていると言う（五九24－25＝§11）。

その「下の場所」とそこに「根を張った者」たちについて語られるのは、論述の時系列の上では、もちろんなお後述に属する。それは「上のプレーローマ」から「境界」によって区切られて、それより下方に生成する領域を指し、「下にある深淵」（七七20＝§25）とも呼ばれる。その「深淵」の中に、やがて「ロゴスのプレーローマ」と「経綸」が生成する。

III　最大規模の三層構造――「上のプレーローマ」・「ロゴスのプレーローマ」・「経綸」の成立

すでに存在している「上のプレーローマ」に、「下にある深淵」の中に生成する「ロゴスのプレーローマ」と「経綸」の二つを加えた三つが、上下にこの順で三層構造を構成する。これが『三部の教え』の中に認められる最大規模の三層構造である。ただし、「ロゴスのプレーローマ」と「経綸」の生成の順番は、価値的な上下の位階順とは逆で、まず「経綸」、続いて「ロゴスのプレーローマ」の順である。

最下位の「経綸」そのものの内部にも、「心魂的な者たち」と「物質的な者たち」の二つの種族が生成する。両者は価値的にはこの順番で上下に層を成すが、その生成の順番はやはり価値的順番とは逆で、先に「物質的な者たち」、その後で「心魂的な者たち」が生成する。

したがって、「上のプレーローマ」を除外すると、「境界」から「下の場所」での生成は「物質的な者たち」→「心魂的な者たち」→「ロゴスのプレーローマ」（別名「霊的な者たち」）への順となる。「上のプレーローマ」はすでにそれ以前に生成しているので、「ロゴスのプレーローマ」（霊的な者たち）の生成によって、「上のプレーローマ」・「ロゴスのプレーローマ」・「経綸」の三層構造と「霊的な者たち」・「心魂的な者たち」・「物質的な者たち」の三層構造の二つが、同時に成立することになる。

この点に関する『三部の教え』の論述は、必ずしも明瞭ではない。しかし、この文書全体の読解に成功するか否かは、私の見るところでは、かかってこの一点にある。同時に成立する二つの三層構造の内の前者は、すでに述べたように、最大規模の三層構造である。それに対して、もう一つは言わば中間規模の三層構造と言うことができる（第Ⅳ節）。なぜなら、後述するように（第Ⅴ節）、さらにその下位にもう一つの、言わば最小かつ最下位の三層構造がやがて形成されてくるからである。

1　「物質的な者たち」

前述のロゴスの自己分裂は、七七18―21（§25）ではこう語られる。「彼は光の輝き（＝父の知解不可能性）に耐えることができず、下にある深淵（バトス）の方を眺めてしまい、心を二つに分けて（＝疑って）しまった。分裂はここに由来する。彼は深い錯乱に陥った。」

ロゴスのこの錯乱からは、「プレーローマと似ているが、その（プレーローマの）模写、影像、影、幻想に他ならず、理性（ことば）も光も欠いていて、空虚な考えに属する者たち」（七八28―36＝§27）が生じてくる。「彼らの最後は再び彼らの初めのようになるであろう。つまり、存在してはいなかった者から出てきたように、やがて存在しなくなるものへと、再び戻ってゆくであろう。」（七八37―七九2＝§27）それにもかかわらず、「彼らは自分たち自身について、自分たち自身によって存在しており、始源を持たない者たちなのだと考えた」（七九12―14＝§27）。(4)

『三部の教え』は彼らのことを以後の論述の中で、「模写の者（力）たち」（八二16―18＝§30、八四33―34＝§31、八九20―21＝§36、九八18＝§44）、「左の者たち」（九八19＝§44、一〇四11＝§50、一〇五8＝§51、一〇八14＝§55、一二四4―5＝§69）、「物質の者たち／物質的な者たち」（九八20＝§44、一一〇24―25＝§57、一三七9＝§78）、「物質的な種族」（一一九8＝§64）、「闇の者たち」（八五18＝

§32、九八20＝§44)、「最後の者たち」(九八20＝§44) など、実にさまざまな表現で呼んでいる。
彼らの属性の特徴は「覇権好み」(七九20―21、八〇9＝§27、八四10＝§31)、「虚栄」(七九22＝§27)、「暴力」(八五8＝§31)、「怒り」(八五8＝§31)、「妬み」(八五7＝§31、一〇三26＝§49)、「嫉妬」(一〇三27＝§49)、「病気や虚弱」(九三18―19＝§40)[5]、「種々な病気」(一〇六16＝§52) であり、「忘却と重い眠り、錯乱した夢」(八二26―29＝§30) と「生殖」行為を繰り返している(一〇三23＝§49)。「戦士、闘士、荒らす者、反抗する者」などが彼らの子孫だと言われる(八〇5―7＝§27)。

彼らが棲む領域については、一〇三23―24(§49)で、「心魂的な者たち」がいる「中間の場所」よりもさらに「下にある組織(構成体)」、すなわち物質界であることが明言される。

2 「心魂的な者たち」

八〇11―八二9(§28―29)では、ロゴスの回心が語られる。「ロゴスは[別の]意見と別の考えに立ち帰った。[彼は]悪しきものから離れ、善きものへと立ち帰った。」ロゴスはプレーローマにいる「父」とアイオーンたちを想起し、嘆願の祈りをささげる。反対に、アイオーンたちもロゴスのことを想起する。この想起がロゴスの立ち帰りの助けとなる。ロゴスの立ち帰りから「数多くの力」が生成してくる。その場所は「物質的な者たち」の領域より上ではあるが、「境界の枠内」（八二12―13＝§30）、すなわち「境界」よりは下側である。

われわれの文書は、こうして生成してきた存在を「心魂的な者たち（種族）」（九八16＝§44、一一八37＝§64、一一九20―21＝§65）、「炎の者たち」（九八17＝§44）、「中央の者たち」（九八17＝§44）、「右（側）の者たち」（九八16＝§44、一〇四10＝§50、一〇五7＝§51、一〇八14＝§55、一一〇27＝§57、一二四7＝§69）、「思考に属する者たち」（九八15＝§44）などとも呼ぶ。特に一二二19（§68）、一二九34―一三六24（＝§74―77）では、集中的に「召命」という呼称が用いられる。彼らの属性については、プレーローマのアイオーンよりは「小さく弱い者たち」（八一1＝§28）だとされる。しかし他方では、「模写からの力たちに比べれば、はるかに善く、かつ大きい」（八二15―17＝§30）と言われる。なぜなら、彼らは物質的な者たちとは違い、ロゴスから「思考の力」を受けているからである（八三22―23＝§30、八四24―25＝§31）。

3　「ロゴスのプレーローマ」と「霊的な者たち」

物語られる生成の順番としては、ロゴスの回心に続いて、「救い主」の流出と「ロゴスのプレーローマ」の成立が語られる（八五15―九七16＝§32―43）。すなわち、まず「上のプレーローマ」に帰昇したロゴスが、「境界」の外に残された「欠乏」のロゴスの救済を全プレーローマに代願する（八五15－八六23＝§32－33）。「父」はそれを聞き届け、「御子」を「救い主」として啓示する。「御子」はその他にも「贖い主、心地よき者、愛しき者、請願を受ける者、キリスト、定められた者たちの光」とも呼ばれる。

その「救い主」が「欠乏」のロゴスに出現する（八八26－27＝§35）。「欠乏の中に在ったロゴスが照明を受けた時」（九〇14－15＝§37）、彼はかつての高慢な思いを捨て去り、「活ける顔（＝上のプレーローマ）の明瞭な模造を生み出した」（九〇31－32＝§37）。これが「ロゴスのプレーローマ」の開始である。その中に身を置いたアイオーンは「プレーローマの中にあるものの模像であった」（九三25－26＝§40）。彼らは「プレーローマのかたちに従って、かたちづくられた者たち」（九四10－12＝§41）である。彼らは思い上がりによる「病気」（七七28＝§25）から立ち帰ったロゴスから生まれてきた者として、彼ら自身も「病気」、すなわち別名「女性性」を乗り越えた「男性性」である（九四16－19＝§41）。と同時に、「情念」を持たないわけではなく、それを通過する必要のある者たちである（九五2－11＝§41）。

『三部の教え』はこの者たちのことを、彼らの生成について語る初出箇所（九〇14－九五38＝§37－42）では特定の概念的な呼称では呼んではいない。しかし、論述がさらに先に進んだ一〇三13－一〇四2（§49）には、「中間の場所」の秩序、すなわち「心魂的な者たち」と「奴隷の秩序」、すなわち「物質的な者たち」とは区別された「霊的秩序」（一〇三18＝§49）という呼称が出る。一一八14―一一九16（§64）でも、人類の三区分として、「霊的」、「心魂的」、「物質的」の三種族について語られる。したがって、われわれは今問題となっている「ロゴスのプレーローマ」の構成員たちのことを、以下では「霊的な者たち」と表示することにする。

「霊的な者たち」は「車（天体）に乗る者たち」（九一19＝§38）、「アイオーン」（九二26＝§39）、「場所」（九二26＝§39）、「救いの会堂」（九二29―30＝§39）、「貯蔵庫」（九二34―35＝§39）、「花嫁［の部屋］」（九三1―2＝§39）、「主の喜び」（九三8―9＝§39）、「王国」（九三5＝§39、九六35＝§43）、「楽園」（九六29＝§43）、「歓喜」（九六30＝§43）などとも呼ばれる。さらに「教会（エクレーシアア）」（九四21＝§41、九七5―6＝§43）とも呼ばれる。特に一二二12―13（§68）と一二九34（§74）では、「心魂的な者たち」を指す「召命」と区別して、「選び」という呼称が用いられる。

彼らの「教会」は「上のプレーローマ」のアイオーンたちが構成する「先在の教会」をモデルにしたものである。「それは『教会』という名前を持っている。なぜなら、彼らはその一致において、自らを啓示した者たち（＝上のプレーローマ）の集会に似ているからである」（九四20―23＝§41）、「それから彼（＝ロゴス）は教会の場所（を整えた）。それ（教会）はこの場所で集まり、父に栄光を帰しているあの（上の）アイオーンたちの間にある教会のかたちをしていた」（九七5―9＝§43）。この「ロゴスのアイオーンたち」の「教会」は、「心魂的な者たち」と「物質的な者たち」という

「互いに争い合う二つの秩序を超えたところにある」(九三14—16＝§40)。

Ⅳ　中間規模の三層構造——「霊的な者たち」・「心魂的な者たち」・「物質的な者たち」について

1　「心魂的な者たち」と「物質的な者たち」の位階制

「ロゴスのプレーローマ」の成立によって、最大規模の三層構造「上のプレーローマ」・「ロゴスのプレーローマ」・「経綸」と同時に、中間規模の三層構造「霊的な者たち」・「心魂的な者たち」・「物質的な者たち」も成立している。ロゴスは次にこの中間規模の三層構造の下位の二層を位階制に整える。

さて、ロゴスは二つの秩序が覇権をめぐる欲求において同じであることを知っている。彼は彼らに対して、また、他の全ての者たちに対しても、その欲求を承認した。彼は(彼らの)

それぞれにそれぞれの位階を与えたのである。そして彼は（彼らに）命じて、それぞれをある場所、ある活動の統括者とならせ、自分よりも高い位の者には、場所を譲って、その者が別の場所と別の活動をするようにさせた。なぜなら、彼（それぞれの者）は、（それぞれの）存在の様態に応じて、彼に割り振られた活動において指導力を揮うべきだからである。（中略）それぞれのアルコーンは、生まれてきた時に彼に割り振られた種族と役割を備えながら、守備についていた。なぜなら、彼らそれぞれは経綸（オイコノミア）を委託されたのであり、指揮権を持たない者はおらず、諸々の天の果てから地の果てまで、まさに地の諸々の基まで、地の下に至るまでの王権を持たないものはいないからである。（九九19―一〇〇12＝§46）

2 「心魂的な者たち」の内部の位階

「心魂的な者たち」の位階制の頂点に立つのは「造物神」である。一〇〇19―20（§47）では、このことについて、次のように言われる。「彼（ロゴス）はこれらすべてのアルコーンたちの上に、一人のアルコーンを置いた」、「彼はまた、『父』、『神』、『造物主』、『王』、『裁き人』、『場所』、『住まい』、『法』とも呼ばれる」（一〇〇27―30＝§47）。その「造物神」はロゴスの「手」（一〇〇32＝§47）と「口」（一〇〇34＝§47、一〇五34＝§52）に外ならない。なぜなら、その働きは背後にいる「目に見えない、霊的なロゴス」によるもの（一〇一4―5＝§47、一〇二32―一〇三1＝§48、一〇四31―33＝§51、一〇五31―35＝§52）だからである。「造物神」は「支配するアルコーン」（一一〇4―5＝§56）であり、多くの「アルコーンたち」あるいは「天使たちと天使長たち」（九九36―一〇〇1＝§46、一〇五1＝§51）を従え、彼らを自分の「手」と「口」のように用いている（一〇三3―5＝§48）。それは彼自身がロゴスの「手」と「口」として働いていることに並行する。

ここで推測をたくましくすれば、九一14（§38）で「霊的な者たち」が「車」に乗ると言われる際の「車」、すなわち天体とは、目下の「造物神」の配下のアルコーンたちを指すと解することもできるように思われる。また、一一〇9―10（§56）で「あの支配するアルコーン（造物神）の子〔孫たちの〕うちの一人――造物神は彼よりも先に存在しているのである――の傲慢な敵意のせいであった」と言われるのは、いわゆるサタン（ヨブ記一6―12、二1―7）を指すという解釈がある[6]。

「造物神」と彼に仕える天使（アルコーン）たちは、最後に人間を創造する。しかし、それは「造物神」を背後から動かしている「霊的なロゴス」の為せるわざに外ならない。「霊的なロゴスが目には見えない仕方で彼（造物神）を動かし、その造物神と彼に仕える天使たちを通して、彼（人間）を完成したのである」（一〇四32―一〇五2＝§51）。

最初の人間の組成については、一〇六18—25＝§52でこう言われる。「最初の人間は混ぜ合わされて造られた物、混ぜ合わされた被造物、左の者たちと右の者たちの供託物である。彼は霊的なことばであるが、その考えは、彼がそこから存在するようになったところの二つの本質それぞれの間に分割されている」。すなわち、人間は霊的ロゴスからの本質、心魂的本質（右のもの）、物質的本質（左のもの）の三つから成る。この典型的に「三分法的」な人間観が『三部の教え』の宇宙観の中に大小の規模で繰り返し織り込まれた三層構造に対応するものであることは言うまでもない。

3　最下位の「経綸」について

最大規模の三層構造で最下位の層を成す「経綸」は、われわれの読解では、「心魂的な者たち」と「物質的な者たち」の二層に分かれる。すなわち、中規模の三層構造の下位の二層を一括する名称が「経綸」である。このように言うことは、当然ながら、「経綸」を空間的な領域の意味で読んでいるわけである。しかし、『三部の教え』が「経綸」を例外なく常にこの意味で用いているかどうかは、実は微妙な問題である。本論考のテーゼにとって最もクリテイカルなポイントと言わなければならない。

「経綸」(oikonomia) は、古代教会の教義史の上では、例えばエイレナイオスの救済史的歴史神学において典型的にそうであるように、神が天地創造の初めから万物の完成までの救済史のすべての出来事についてあらかじめ立案し、かつ実行しつつある計画あるいは配剤を指す(ラテン語ではprovidentia)。「摂理」と表現しても何の違いもない。『三部の教え』においても、少なくともこの意味に解することが可能な用例が繰り返し認められる。[7] もちろん、この文書はグノーシス文書であるから、「経綸」あるいは「摂理」は、エイレナイオス的な救済史ではなく、「上のプレーローマ」の至高神(父)が、場合によってはロゴス、あるいは「造物神」を背後から動かしながらグノーシス的な意味での宇宙的な救済のドラマを進展させてゆくことを指している。

しかし、『三部の教え』は「経綸」をむしろ前述のような空間的な意味で使うことが多い。該当箇所を順に見てみよう。

まず、九四5—8(§40)では、「(ロゴスは)これら(の資質)を高きところ(=上のプレーローマ)の者たちから受けていたのである。それはまた、経綸より下にある事物に逆らって考えるための知恵でもある」と言われる。ここでは最大規模の三層構造の一部(空間)としての「経綸」の意味であることは端的に明瞭である。

次に九六11—14(§43)では、ロゴスは自分のプレーローマの秩序を整える前に、「下の領域に身を置いて、高きところから離れていた。外側に在るすべてのものの経綸を整え終わり、そのそれぞれに場所を割り振って与えるまで」とある。ここでは、「経綸」は「下の領域」と同義である。「外側に在るすべてのものの経綸」の「それぞれに場所を割り振って与える」という表現からも「経綸」の空間的な意味は明瞭である。すぐその後では、ロゴスが「模写の者たち」、すなわち「物質的な者たち」の上に支配者を立てる。そのことが「経綸のために有益である」（九九19＝§45）と言われる。

一〇〇6―12（§46）では、「心魂的な者たち」と「物質的な者たち」について、「それぞれは経綸を委託されたのであり、（中略）諸々の天の果てから地の果てまで（中略）王権を持たない者はいない」と言われる。その二種類の秩序の頂点にいるのが「造物神」（一〇〇28―29＝§47）である。一〇一10―11（§48）は同じことを、「彼（造物神）はまた、彼に属する経綸の父に任命された」と表現している。続く一〇二30―一〇三2（§48）では、さらに「彼（造物神）は（中略）彼らを下の領域に在る事物の美しさを司る者とした。目には見えない霊（＝ロゴス）が彼（造物神）をこのように動かし、彼自身（ロゴス）に仕える者（造物神）を通して経綸を支配しようと考えたのである」と言われる。ロゴスの支配は「造物神」を通して「経綸」の領域にまで及んでいるというのである。

『三部の教え』はヴァレンティノス派の産物だとするのが現在の研究上の定説である。一口にヴァレンティノス派と言っても、複数の分派に分かれていったことはよく知られている。その中でも最大のグループであったプトレマイオス派の神話をエイレナイオスが『異端反駁』第一巻で報告しているので、そこでの「経綸」の用例を参照してみるのも無駄ではないであろう。

プトレマイオス派もわれわれの『三部の教え』と全く同じように、人間を「左のもの」すなわち「物質的なもの」、「右のもの」すなわち「心魂的なもの」、「霊的なもの」の三種族に分ける。「救い主」はその内の「霊的なもの」と「心魂的なもの」に到来する。「彼は（自分が）救おうとするものの初物を受けている。すなわち、アカモートからは霊的なものを受けており、デーミウルゴス（造物神）からは心魂的なキリストを着せられており、また経綸からは心魂的な実体から成る身体を、すなわち、言い表し難い技巧で備えられた身体をまとわされている。それは救い主が目に見え、触れ得、そして苦しみ得るものとなるためにであった。しかし、物質は救いを受容できないゆえ、彼は物質的なものは一切受けていない」（『異端反駁』Ｉ六1）。「救い主」が「経綸に由来する、えも言われぬ細心さで仕上げられた心魂的身体を着ている」ことは、さらに『異端反駁』Ｉ九3でも繰り返される。『異端反駁』Ｉ七2では、「経綸から秘義的にかたちづくられた者」のみがピラトの前で受難したが、「霊的なキリスト」は受難せずに事前に離脱していたと言われる。

これらの箇所での「経綸」は空間的な領域を指すものであることは明瞭である。ただし、Ｉ七4では、「造物神」によるこの世の統治期間に一定の時点が定められているという意味で、「経綸」

の語が出る。

結論的に言えば、プトレマイオス派の言う「経綸」は、われわれの『三部の教え』の「経綸」と厳密に合致はしない。しかし同時に、この後者をわれわれのように読解することを妨げるものでもない。

V　最下位の三層構造——「霊的秩序」・「心魂的秩序」・「奴隷の秩序」

1　「奴隷の秩序」

最小・最下位の三層構造について見るには、一〇三13—一〇四3（§49）から出発するのがよい。そこでは、「物［質］からの構成体の全体［は］三つに［分］かれる」と言われ、「霊的な秩序」、「中間の場所」、「奴隷の秩序」がこの順番で言及される。「中間の場所」とは「心魂的な秩序」と言い替えても同じである。この三区分は一一八14—一一九16（§64）で提示される「霊的種族」すなわち「光からくる光、霊からくる霊」（一一八30—33）、「心魂的種族」すなわち「火から発せられる光」（一一八37―38）、「物質的な種族」すなわち「暗闇」（一一九10）という人類の三区分に並行する。

問題はこの三つの秩序あるいは種族が外でもない「物〔質〕からの構成体」、すなわち「物質的な種族」（奴隷の秩序）の領域にいるとされる点である。そのような空間的な配置関係になるためには、「霊的種族」は「ロゴスのプレーローマ」から、「心魂的種族」は「中間の場所」からそれぞれ「物質的な種族」（奴隷の秩序）の領域に下降してきているのでなければならないはずである。『三部の教え』は事実この下降について語る。

2　「物質的な者たち」の中に下降した「霊的秩序」

「霊的種族」の下降については、九五8―16（§41）で非常に明瞭に語られる。

しかし、このことは[8]やがて生じてくるべき経綸にとって重要なことであった。なぜなら彼ら（＝ロゴスのプレーローマのアイオーンたち）には、下なる領域にあるもろもろの場所を通り過ぎることが認められたからである。そのもろもろの場所が彼らの突然の、しかも素早い出現を受け止めることは、彼らが一人一人別々に出現するのでない限り、不可能であろう。彼らの到来は必然である。なぜなら、あらゆることが彼らによって初めて完成されるのだから。

ここでは「ロゴスのプレーローマのアイオーンたち」すなわち「霊的種族」が「下なる領域」へ下降することが「必然」のこととして語られる。なぜなら、「奴隷の秩序」（物質的な者たち）に下降して、「そのもろもろの場所」に自己を啓示することが「霊的種族」の役割である。一〇一9—14（§48）によれば、この下降は「造物神」の働きによって仲介される。

彼（造物神）はただそのように働いたというに留まらない。彼はまた、彼に属する経綸（オイコノミア）の父に任命された者として、自分自身と種子によって生み出しもしたのである。しかし、（これは実は）選ばれた霊によるのであった。この霊が彼を通して、下なる場所へ降りて行くはずのものなのである。

当然のことながら、われわれの『三部の教え』の著者と彼の読者たちの自己理解は、自分たちはそのようにして地上に下降してきている「霊的種族」の一部だというものである。このことを最も明瞭に示すのは、一二五4—5（§70）の「肉に在るわれわれが彼の教会である」という文章である。ここで「彼」とあるのは、「救い主」あるいは「御子」を指している。それは「肉に在る彼の教会」のために、「人間となられた方」（一二五1―2＝§70）、「肉の中にやってきた御子」（一二五14―15＝§70）、「自分自身を捧げた方」（一二五2―3＝§70）である。そのことによって「不可知な者である父」（一二五32＝§71）が自分を知らしめたのである。「人間が父についての認識を得るということ」が実現したのは、「万物の父」の「好意」と「妬みのなさ」（一二六2―4＝§71）の証である。(9)

「救い主」（御子）自身は、そのような「肉の中へ」の到来にもかかわらず、「分割」も「受難」も不可能である（一一六31―34＝§62）。しかし、「救い主」の「受肉」に言わば地上で同伴する者たちである「霊的種族」は、受難不可能な「救い主」とは違って、「心魂的な者たち」と「受苦を事実共にして」（一一六21―22＝§62）いるのである。「受難」が彼らの現実である。「救い主」と「霊的種族」の間のこの違いは、こう説明される。

彼ら（霊的種族）の方は（救い主と違って）個々に現れてきた事物の模像である。この理由から、彼らは下方の領域に植えられた物のための形をもらい受けたとき、その範型から分割を引き継いだのである。これ（下方の領域）がすなわち悪に与るもの（領域）であり、悪は彼らが到達したその場所の中にあるのである。（一一六34―一一七3＝§62）

すでに見たように、「ロゴスのプレーローマ」のアイオーンたちも「情念」と「病気」から自由ではなかった。それも全く同じ理由による（九五2―7＝§41）。「霊的種族」は地上に下降する前の在処、すなわち「ロゴスのプレーローマ」において、「上のプレーローマ」からの分割とその結果としての個別性を身に帯びていたのである。

3 「物質的な者たち」の中に下降した「心魂的秩序」

地上に下降してきている「霊的種族」は「選び」あるいは「選ばれた者たち」とも呼ばれる。それと区別される「召命」（一二二19＝§68、一二九34―一三六24＝§74―77）は「心魂的種族」のことに外ならない。一三五4―6（§77）によれば、彼らには「選ばれた者たちを益する務め」が与えられている。すなわち、彼らは「肉に在る霊的種族の教会」の「補助者」である。彼らは下降してきている霊的種族すべてに仕え、「あらゆる場所で聖徒たちの上に振りかかる苦難、迫害、艱苦を彼らと共にする」（一三五13―18＝§77）。そして「自分たちの受難[10]を天までもって行く」（一三五6―7＝§77）。「教会は彼らのことをよき仲間として、また、信頼に値する僕として、思い出すであろう。そして、救いを受けた暁には、彼らに報いるであろう」（一三五25―29＝§77）。

そのような補助的任務を果たすためには、彼らもまた本来の在処である「中間の場所」から下降して、「物質的な者たち」の「肉」の領域、すなわち地上に下降してきているのでなければならない。その下降先の地上でも、彼らは「霊的種族」と「物質的種族」の「中間の場所」に位置している（一〇三20－21＝§49）。

VI　まとめ

以上見てきたように『三部の教え』は、三層構造を少なくとも三回――もし「上のプレーローマ」の中の三層構造まで含めれば、少なくとも四回――繰り返している。このことに対応して、個々の概念や術語も同じものが異なる意味のレベルで、少なくとも三回繰り返される。もっとも顕著な例だけを挙げよう。

まず、「教会」は「上のプレーローマ」の「御子」以下の神的存在たちから成る教会（五七34＝§10、六八30－31＝§18、九四23－24＝§41、九七6＝§43）[11]、「ロゴスのプレーローマ」にいる「霊的な者たち」の教会（九四21＝§41）、地上に下降して現れている同じ「霊的な者たち」の教会（一二二30＝§68、一二五4－5＝§70）の三つの意味で用いられる。

同じように、「場所」も「上のプレーローマ」（六〇5＝§12、六五8＝§16）、「ロゴスのプレーローマ」（九二26＝§39）と「造物神」（一〇〇29＝§47）に三回現れ、それぞれが生み出す創造物にとっての場所を意味している。

「楽園」は「境界」以下の三つの層に三回（九六29＝§43、一〇一30＝§48、一〇二20＝§48、一〇六27＝§53）現れるのみならず、最下位の「物質的な者たち」の領域では、三種類の木を持つものと考えられている（一〇六28＝§53）。[12]

「王国」は「ロゴスのプレーローマ」（九三5＝§39、九六35＝§43）と「心魂的者たち」（一〇一30＝§48、一三四27＝§77）の領域の造物神の下に二回現れる。「上のプレーローマ」にそれが現れず、圧倒的な頻度で「父」となっているのは、「王なき種族（世代）」というグノーシス主義者の自己理解[13]によるものと見ることができるかも知れない。

三つの層は、下のものがそのすぐ上のものの「模造」あるいは「模写」という関係にある。そのようにして著者はきわめて組織的な世界観を提示しようとしているのである。したがって、ここに挙げた「教会」と「楽園」の例に限らず、全く同じ概念や術語がそれぞれの層で繰り返して用いられる例は、仔細に探せば他にも少なからず見つかるに違いない。

すなわち、『三部の教え』を読解するために読者にとって最も必要なことは、そのつど読んでいる箇所と概念が、どの三層構造の内のどの層に関係する論述であるかを、混同しないように、よく整理しながら読み進むことである。

しかも、本論考の冒頭の図表に示した存在の位階制は、論述の最初から無時間的に一挙に提示されるのではなくて、それぞれの生成が時間的な前後関係において物語られる。特に注意しなければならないのは、「境界」より下の三つの層、すなわち「中間の三層構造」の生成の順番が、存在の価値的な順位とは逆になっていることである。すなわち、最初に先ず最下位の「物質的な者たち」がロゴスの思い上がりから生成し（七八28―八〇11＝§27）、続いて「心魂的な者たち」がそのロゴスの悔い改めから生成し（八二10―八三33＝§30）、最後に「霊的な者たち」が、ロゴスの「悔い改め」に「上のプレーローマ」が援助の手（救い主）を差し伸べたときに、生成するのである（九〇14―九一6＝§37）。

その後さらに、「造物神」、すなわち旧約聖書の神とその部下の「アルコーンたち」が生成してくる。しかし、彼らが「心魂的な者たち」と「物質的な者たち」の領域を初めて造り出すのではない。彼らはすでに存在しているこの二つの領域を、人間の創造に向かって、秩序づけるにすぎない。

最初に掲出した図表は、『三部の教え』全体が以上のように読解できるということを、何とか図解してみようという試みである。それは今後この文書に対してなされるべき研究のための解釈モデルというべきものである。このモデルによって、ナグ・ハマディ文書の中でも最も長大であると同時に、難解でもあるこの文書について、どれだけの問題が解決できるか。その意味で、このモデルの妥当性は今後の研究の中で吟味されるべきものである。一人でも多くの研究者がその吟味に参加してくだされば、大変幸いである。

注

（1）本論考は最初、旧友M・ラトケがブリスベーン大学を定年退職するに際して献呈された祝賀論文集にドイツ語で発表されたものである。T.Onuki, Das Drei-Schichten-Prinzip im "Tractatus Tripartitus", in: "I sowed Fruits into Hearts" (Odes Sal. 17:13). Festschrift for Professor Michael Lattke, ed. P. Allen, M. Franzmann and R. Strelan, Strathfeld/Australia 2007 (Early Christian Studies 12), pp. 157-176. その後、日本語版が「『三部の教え』（NHC I,5）の三層原理」というタイトルで、日本聖書学研究所編『聖書的宗教とその周辺』（佐藤研教授・月本昭男教授・守屋彰夫教授献呈論文集、リトン、二〇一四年）六七七－六九六頁に収録された。

（2）以下、そのつどの引照箇所は、このように写本の頁（漢数字）・行数（アラビア数字）によって示し、その後の括弧内に『ナグ・ハマディ文書Ｉ 救済神話』（岩波書店、一九九七年）の邦訳における§番号を付す。

（3）The Coptic Gnostic Library 1, Leiden-Boston-Köln 2000, 221(H.W. Attridge/E.H. Pagels): "the plero-matic congregation"; Nag Hammadi Deutsch 1, Berlin/New York 2001, 64 (H.M. Schenke): "die Fülle der

Vereinigung”; P. Nagel, Der Tractaus Tripartitus aus Nag Hammadi Codex I, Tübingen1998, 34: “die Gesamtheit der Versammlung”; E. Thomassen, Le Traité Tripartite, Québec 1989, 95: “le Plérome de l'assemblée”.

（4）八四3−6（§31）にも同じ文言の繰り返しがある。

（5）一〇三32−33（§49）も参照。

（6）Vgl. R. Kasser et al., Tractatus Tripartitus, Pars II, Bern 1975, 204 and the Coptic Gnostic Library 1, 422.

（7）七七3、10（§24）、八八4（§34）、九五8（§41）、一〇八10（§54）、一〇八17（§55）、一一五29（§62）、一一六8、25（§62）、一一八11（§63）、一二二32（§68）、一二七22−23（§71）の他、さらに一〇三1の動詞形も参照。

（8）この主語を何にとるかは、先行する文章との分節の仕方如何による。われわれの訳は Nag Hammadi Deutsch 1, 75 と E. Thomassen 157 に準じるもの。しかし、The Coptic Gnostic Library 1, 265 は “the agreement with his Totrality and will” を主語とする。P. Nagel 54 も同じ。

（9）この段落で述べたことについては、“G. Theißen/P. von Gemünden (Hgg.), Erkennen und Erleben. Beiträge zur psycholo- gischeen Erforschung des frühen Christentums, Gütersloh 2007, 321-34. に収録された拙論、Der Neid in der Gnosis の特に337を参照。

（10）欧米語訳の間で差異が目立つ箇所。The Coptic Gnostic Library 1, 333: “bringing their iniquity up to heaven”（P. Nagel 85 はこれと同じ）は文脈上意味がうまく通じない。われわれは Nag Hammadi Deutsch 1, 92: “das von ihnen erlittene Unrecht”（E. Thomassen 251 も同じ）に準じる。

（11）この内、六八30-31（§18）と九四23-24（§41）では厳密には「集会」（Versammlung）。

（12）一〇七5（§53）の「二重の実をつけた木」（善悪の知識の木）は価値的には両価的、一〇七7（§5）の「生命の木」はプラスの価値である。そこから推せば、一〇七2（§53）の「悪しきこと」がマイナスの価値としてのその他の木々に対応し、この最後の木々だけを造物神は最初の人間に味わうことを許したということだと解される。

（13）『アダムの黙示録』§43（NHC V, 5 八二19―20）、『この世の起源について』§135―136（NHC II, 5 一二五1―6）、『アルコーンの本質』§37（NHC II, 4 九七4―5）、『イエスの知恵』§21（NHC III, 4 九九18―19／BG, 九二6―7）、§39（BG, 一〇八13―14）、『聖なるエウグノストス』§17（NHC V, 1 五4／III, 3 七五17―18）他を参照。さらに本書の第I論考「私のグノーシス研究――序にかえて」の五五―五七頁も参照。

III

トマス福音書語録七七とグノーシス主義のアニミズム

――ナグ・ハマディ文書の中のマニ教的なもの(1)

I　問題提起

ナグ・ハマディ写本Ⅱ（以下NHC Ⅱと略記）に含まれるトマス福音書の語録七七のコプト語本文と邦訳は次の通りである。

(1) ⲡⲉϫⲉ ⲓⲥ ϫⲉ ⲁⲛⲟⲕ ⲡⲉ ⲡⲟⲩⲟⲉⲓⲛ ⲡⲁⲉⲓ ⲉⲧϩⲓϫⲱⲟⲩ ⲧⲏⲣⲟⲩ ⲁⲛⲟⲕʼ ⲡⲉ ⲡⲧⲏⲣϥ̄ ⲛ̄ⲧⲁ ⲡⲧⲏⲣϥ̄ ⲉⲓ ⲉⲃⲟⲗ ⲛ̄ϩⲏⲧʼ ⲁⲩⲱ ⲛ̄ⲧⲁ ⲡⲧⲏⲣϥ̄ ⲡⲱϩ ϣⲁⲣⲟⲉⲓ (2) ⲡⲱϩ ⲛ̄ⲛⲟⲩϣⲉ ⲁⲛⲟⲕʼ ϯⲙ̄ⲙⲁⲩ(3)ϥⲓ ⲙ̄ⲡⲱⲛⲉ ⲉϩⲣⲁⲓ̈ ⲁⲩⲱ ⲧⲉⲧⲛⲁϩⲉ ⲉⲣⲟⲉⲓ ⲙ̄ⲙⲁⲩ.

(1)petsche is tsche anok pe pouoein paei ethitschôou têrou anok pe ptêrif inta ptêrif ei ebol infêt auô inta ptêrif pôh schroei (2) pôh innousche anok timmau (3) fi impône ehrai auô tetinahe eroei immau.

1イエスが言った、「私は彼らすべての上にある光である。私はすべてである。すべては私から出た。そして、すべては私に達した。2木を割りなさい。私はそこにいる。3石を持ち上げなさい。そうすればあなたがたは、私をそこに見出すであろう。[2]」

この内の2節と3節（＝以下ではトマス福音書七七2–3と表示）には、オクシリンコス・パピルス1（＝以下OP1）[3]にギリシア語で筆写されている八つのイエス語録の内の五番目に並行本文がある。ただし、そこではコプト語本文の第1節（＝以下ではトマス福音書七七1と表示）の代わりに、同じコプト語写本の語録三〇に並行する文章が置かれている。すなわち、OP1の第五語録はコプト語写本の表記に直せばトマス福音書三〇＋七七2–3の形になっているわけである。そのギリシア語本文は最新の校訂本文では次のように復元されている。

[λέγ]ει [Ἰ(ησοῦ)ς ὅπ]ου ἐὰν ὦσιν
[τρ]ε[ῖς], ε[ἰσὶ]ν ἄθεοι. καὶ
[ὅ]που ε[ἷς] ἐστιν μόνος,
[λ]έγω ἐγώ εἰμι μετ᾽ αὐ-
τ[οῦ]. ἔγει[ρ]ον τὸν λίθο(ν)

κἀκεῖ εὑρήσεις με.
σχίσον τὸ ξύλον κἀγὼ
ἐκεῖ εἰμι.[4]

aイエスが言った。どこでも三人がいるところ、そこでは神は彼らに不在である。しかし、誰かが独りでいるところ、この私が――と私は言う――彼と一緒にいる。b石を立て起こしなさい。君はそこにも私を見出すだろう。木を割りなさい。この私もそこにいる。

J・エレミアスの報告[5]によれば、OP1の第五語録に関する解釈は、公刊直後から二十世紀半ばまでの研究史において、「汎神論的」解釈[6]と「非グノーシス的」解釈[7]が相半ばしてきた。「汎神論的」解釈とは、語録の後半b（＝トマス福音書七七2―3に並行する部分）の「石を立て起こしなさい。君はそこにも私を見出すだろう。木を割りなさい。この私もそこにいる」という文章に、イエスが木石の中にまで遍在するという観念を読み取る解釈のことであり、多かれ少なかれグノーシス主義の影響を想定するものだと言ってよいだろう。

ただし、J・エレミアス自身はこの解釈を文脈から見て全く不可能だと看做す。その理由は、彼によれば、前半a「どこでも二人がいるところ、そこに神がいなくはない」[8]では、キリストが複数でいる者たち（キリスト教徒）の間に現臨すると考えられているからである。さらに、語録全体の言語的特徴も汎神論的な思考とは無縁なパレスチナ起源を示していると見て、ラビ文書の『ピルケ・アボス』三2[9]あるいはシリア教父エフライムの『調和福音書講解』が伝える「主の言葉」[10]との類縁性を指摘する。特にエフライムが伝える「主の言葉」はマタイ福音書一八章20節から二次的に派生した伝承であって、OP1の第五語録の前半aもその点は同様であるとする。その前半aとの文脈上のつながりから見れば、後半bも同じ系譜に属するもので、前半aを受けて、キリストは孤独でいる者にも慰め主として現臨することを言うのだとされる。さらに、その背後には、旧約聖書のコヘレト一〇章9節「石を切り出す者は石に傷つき、木を割る者は木の難に遭う」があると想定される。

他方でJ・エレミアスは、コプト語トマス福音書七七2―3については、それとは対照的に、明瞭に「汎神論」的、否、より正確に言えば、「汎キリスト論」的な解釈を読者に迫るものだと看做す。ここでも論拠となるのは文脈である。OP1の第五語録の後半bは二人称単数形となっているが、これがコプト語トマス福音書七七2―3では二人称複数形に変更されている。それは前後の語録七六と七八に合わせた二次的改変である。その上で、トマス福音書七七2―3は今やまったく新しくトマス福音書七七1と一つの語録として結合し直される。このトマス福音書七七1は一義的に「汎キリスト論」的な意味のものであるから、その直後に置かれた七七2―3も今や「汎キリスト論」的に解釈される他はない。そして、その七七2―3に並行するPO1の第五語録の後半bは、すでに見たように、明瞭に「汎神論的」解釈を拒むものであった。OP1の第五語録からコプト語トマス福音書語録七七へのこのような大幅な再解釈は、パレスチナではなく「エジプトの領域の秘義的・汎神論的思考の影響下」で初めて起き得たものである。[11] 以上がJ・エレミアスの見解である。

われわれはJ・エレミアスの以上の見解を受けて、先ず、コプト語トマス福音書語録七七が現に示しているような「汎キリスト論」的再解釈が、NHC II以前のトマス福音書の伝承史全体の中の何時、何処で、誰によって、何故、どのように行われたのかを検討する（II）。次いで、J・エレミアスの言う「エジプトの領域の秘義的・汎神論的思考の影響」とは、より具体的にはどのようなものであったと考えられるのかを吟味する（III）。最後に、「汎キリスト論」的再解釈が現在のコプト語トマス福音書のグノーシス主義的神話論にどこまで適合するかを問わなければならない。あるいは、より厳密に言えば、現在のコプト語トマス福音書は、どのような類型のグノーシス主義のどのような神話論的枠組みを準拠枠として、どこまで統一的な読解が可能なものなのか（IV）。[12]

II 「汎キリスト論」的再解釈は何時行われたのか。

まず、現在NHC IIに収められているコプト語トマス福音書の語録七七が示している「汎キリスト論」的再解釈は、NHC II以前に想定されるべきこの福音書の伝承史全体の中で、何時行われたと考えるのが最も妥当であろうか。

NHC II写本の製作年代は、定説によれば、その他のナグ・ハマディ写本と同じように、後四世紀の前半と想定される。[13] さらに定説によれば、ナグ・ハマディ写本の大半はギリシア語写本からの翻訳である。コプト語への翻訳が行われた年代と現存のコプト語写本の製作年代が一致するという保証はなにもない。この点はトマス福音書の場合もその通りであって、現にNHC IIに収められているコプト語のトマス福音書がそもそも史上初めてのコプト語訳であったという保証は何もない。それはコプト語訳写本としては、すでに何代目かのものかも知れないからである。この事情は、コプト語訳に先立つギリシア語写本についても言える。オクシリンコス・パピルスの中には、ギリシア語のトマス福音書の一部であったと考えるべき断片がOP1以外にも存在する

(OP 654と655)。しかも、それらは互いに相異なるギリシア語写本にさかのぼることが確証されている。[14]さらに、それらのギリシア語写本もそもそも原初のギリシア語写本であったわけではなく、すでに何代目かの写本であったと考えるべきであろう。

こうして、ほとんどのナグ・ハマディ文書について、原理的に次の四つの段階が区別されるべきことになる。(1)原初のギリシア語写本[15]→(2)ギリシア語写本の伝承史→(3)その内の特定の伝承経路での史上初のコプト語訳→(4)そのコプト語訳写本の伝承史。現在NHC IIに収録されているコプト語トマス福音書は、この内の(4)のどこかに位置することになる。それは複数世代にわたって複数個あったかも知れないコプト語訳写本の唯一の生き残りなのである。

さて、他方で前述の研究史の結論によれば、コプト語トマス福音書七七2—3が示す「汎キリスト論」的再解釈は、元来はOP1の第五語録後半bのような文言であったはずのギリシア語本文が、元来その直前に先行していた部分、すなわちOP1の第五語録前半aに相当する文章(=コプト語トマス福音書語録三〇に並行)との密接な結合から解かれて、新たにコプト語トマス福音書七七1と結合された時に行われたものである。この新しい結合は純粋に内容的な観点に基づくものであったのかも知れない。すなわち、一義的に「汎キリスト論」的である七七1と結合することによって、七七2—3についても同じ「汎キリスト論」的な読解を読者に迫るという意図である。

しかし、研究史はすでに早くから、ここにはもう一つ別の編集的な細工が施されている可能性が大きいことを明らかにしてきた。それは七七1の「すべては私に達した」の「達した」に当たるコプト語の動詞（ⲡⲱϩ pôḥ）が、七七2―3冒頭の「木を割りなさい」の「割る」に当たる動詞（ⲡⲱϩ pôḥ）と同音異義であることを利用して、言わばキーワード結合を行っているという見解である。[16] もちろん、このキーワード結合が意図せざる偶然の産物である可能性も排除されるわけではない。しかし、例えば暗唱のための利便性というような純粋に技術的な狙いも含めて、意図的な編集作業によるものと見る方がよいと私には思われる。そしてこのキーワード結合は、当然のことながら、コプト語でのみ可能なものである。とすれば、前述の意味での「汎キリスト論」的再解釈は、どれほど早くても史上初のコプト語訳（＝前記の3の段階）の際にトマス・コプト語訳者の手によって行われたと見るのが最も妥当と思われる。[17]

III　トマス・コプト語訳者の「汎キリスト論」の中身

そのトマス・コプト語訳者が影響下に置かれていた「エジプトの領域の秘義的・汎神論的思考」

とは、より具体的にはどのようなものであったと考えられるのか。これがわれわれの次の問いである。まず注意したいのは、J・エレミアスがコプト語トマス福音書七七2―3の「汎キリスト論」を次のように敷衍していることである。

> 彼（キリスト）は石の中に、そして木の中にいると言う。つまり、ここでは問題の言葉は汎神論的に、より正しく言えば、汎キリスト論的に理解されており、イエスには宇宙論的な遍在性が付与されている。[18]

ここで「宇宙論的遍在性」(kosmische Ubiquität) と呼ばれるものは、宗教学の用語を使えば、「宇宙論的アニミズム」(万物有魂論) と言い換えることができよう。アニミズムでは「アニマ」(anima) あるいは「アニムス」(animus) とよぶものが、ここでは「イエス」(キリスト) によって置き換えられているという違いが認められるに過ぎない。その「イエス」はトマス福音書七七1では「光」と等値である。七七2―3を七七1との一連の文脈で読む読者は、「光」であるイエスが――当面エレミアスの敷衍にそのまま従えば――石や木の中にも遍在するという世界観へ導かれる。

他方で、コプト語トマス福音書がグノーシス主義的世界観へ傾斜していることは、その傾斜の程度の問題を度外視すれば、研究上の定説と言えよう。とすれば、われわれが答えるべき問題はこうなる。――「光」、すなわち超越的な神的本質が物質的世界全体、それも石や木の中にまで遍在していると見る「宇宙論的アニミズム」は、どこまでグノーシス主義に一般的だと言えるのか。

以下では、便宜的にH・ヨナスの古典的な類型区分で言う「シリア・エジプト型」（あるいは「西方型」）とマニ教型（東方型）の二つに分けて吟味してみたい。(19)

1　シリア・エジプト（＝西方）型の場合

この類型のグノーシス主義の神話では、「光」そのものの内部に一つの「破れ」が発生する。それが原因となって、やがて「闇」の領域の中に造物神が生成し、さらには彼によって目に見える宇宙万物が創造され、その中に人間が「魂」と肉体から成るものとして造られる。その「魂」的および肉体的人間の中にさらに光の断片が至高の原理として宿ることとなる。それは、自分たちの間に生じた「破れ」を修復しようとする光の勢力が、造物神の知らぬ間に、それ（光の断片）を造物神から抜き取って、「魂」的・肉体的人間に注入（移動）したことによる。神話はその注入にいたるまでの過程を細心の工夫をこらして物語る。個々人の救済は、このような由来を認識（グノーシス）して、それにふさわしく生き、肉体の死後、造物神の支配する領域を突破して、その彼方の光の世界へ回帰することにある。

この「シリア・エジプト型」あるいは「西方型」の神話は中期プラトン主義の自然学・人間学の体系を前提として、それをグノーシス主義の世界観・人間観に合わせて焼き直しながら、神話論化したものと言うことができる。神話の主眼は、現に人間が肉体、「魂」そして「光」という三つの部分から成りながら、地上的な闇の世界に捕縛されて存在している現実を説明することにある。闇の勢力は「光」が本来の光の領域へと回収されてしまうのを妨げようとして、人間の「肉体」の部分を男と女に分け、彼らに性交を教える。肉体としての人間の個体数を増やすことによって、「光」の拡散を図り、その回収を困難にするためである。

そもそも特にプラトニズムの考えでは、造物神によって可視的世界の中へ蒔かれた不死の魂の数は一定不変である。それゆえ、個々の不死の魂は不滅で、輪廻転生を行い、女、動物、鳥類、魚類の中へも転生する（『ティマイオス』四一D―四二E、九〇E―九二C）。しかし、逆にこれらの「生命体」すべてが不死の魂を持つのではない。それらにはせいぜい可死的魂――その中でも特定の種類――があるとされるに過ぎない（同六九C―七〇E、七七AB）。非生命体には、その可死的魂さえもないとされる。

一般に古代ギリシア思想史全般にわたって、魂の輪廻説をアニミズムと無造作に混同しないように注意が必要である。例えば、三世紀後半から四世紀にかけて活動した新プラトン主義者イアンブリコスは、ピュタゴタスとその学派が魂の輪廻説を奉じていたことを報告している。それによれば、魂は石や木材などと区別された動物、それも特定の種類の動物にのみ輪廻する。[20] しかもその場合、輪廻する魂はあくまでも人間の魂である点が重要である。従って、ここでは動植物一般にも人間と同じ魂の内在を認めるアニミズムについて語ることはできない。

ただし、イアンブリコスより少し前の懐疑主義者セクストゥス・エンピリクスの報告は、それとは微妙に違っている。彼によれば、ピュタゴラス、エンペドクレスおよびその他のイタリア学派の哲学者たちは、人間は他の人間たちおよび神々との間だけではなく、非理性的な動物（τὰ ἄλογα τῶν ζώων）とも共通性を持つと考えていた。なぜなら、全宇宙を同一の「霊」（πνεῦμα）が言わば「魂」（ψυχή）として浸透しているからだと言う。従って、人間が動物を屠殺し、その肉を食用とするならば、言わば同族殺しを犯すことになり、正義にも敬虔にも反する。それゆえ、彼らは動物の肉を食べることを忌避して、供犠と屠殺も禁止したと言う。[21] セクストゥス自身はその「霊」の浸透範囲を石と植物にまで拡大する。その限りでは、アニミズムに近づくかのようである。ところが、セクストゥスは、だからと言って、石と植物を切ったり、のこぎりで切断したりすることが正義に反することにはならないと主張する。彼はその裏付けのために、今度は「人間は相互に、また神々とも共通の紐帯を持っている」というストア派の議論を持ち出す。ストア派の言うその共通の紐帯とは、石や植物を含めて万物に浸透している「霊」のことではない。もしそうなら、ピュタゴラス学派その他の引き出す結論の通りになるだろう。そうではなくて、それは人間がお互いの間と神々に対して共通に持っている「理性」（λόγος）のことである。非理性的動物はそれに参与していない。[22] つまり、石のような無機物はもちろん、動植物に対しても、人間の優位が保持されているわけである。従って、セクストゥスの場合も、人間と同じ魂（理性）をすべての事物に認めるアニミズムは明らかに不在である。

事実、ストア派の体系全体においても、セクストゥスの言う通り、アニミズムは原理的に成り立たない。[23] ストア派によれば、地上に存在する個物は下から上へ「霊」（πνεῦμα）、「魂」（ψυχή）、「理性」（λόγος）の順で階層を成している。この三つは同じ本質（火）に参与しているが、価値的には区別されるべきである。

最下層を成すのは無機物（石、木材、鉱物など、人体では骨）である。それは「霊」が「自分自身の中に退却した」状態（ἕξις）である。「霊」はその個物に統一性と持続を賦与しているが、「成長」などの変化（μετάθεσις）は起こさない。それが「動くこと」は外側からくる動力による（τὸ κινοῦν ἔξωθεν ἔχει, SVF II 989）。同じ最下層ながら、そのすぐ上位に位置するのが植物（人体では爪と髪の毛）である。それは「霊」が成長による変化（μετάθεσις）など「自己の内側からの動き」（κινεῖσθαι ἐξ ἑαυτῶν, ἐξ αὐτῶν κινεῖσθαι, SVF II 988）の中にある状態（ἕξις）である。しかし、そこでは場所的な移動は起きない。以上二つの段階は「魂を持たないもの」（ἄψυχα）である。

中間層を成すのは動物である。動物は「魂のあるもの」（ἔμψυχα）であって、知覚と衝動も持ち、自分で動くことができるもの（ἡ ἐξ ἑαυτῆς κίνησις, ἡ ἀφ᾽ αὑτοῦ κίνησις, κινεῖσθαι ἀφ᾽ ἑαυτῶν, SVF II 988）である。ただし、その動物も「理性を持たないもの」（ἄλογα）である。「理性」（ロゴス）を持つのは人間だけである。それによって人間は神々と結合されている。そのようなものとして、人間は三つの階層の最上位の層を構成する。

この点でもストアの人間中心主義は端的に明白である。人間にあらざる動物界以下の世界への関心は明らかに後退している。その領域と人間世界の間に明確な区別が敷かれている。ここからはどのような意味でもアニミズムは生じようがない。セクトゥス・エンピリクスの見方は当っているのである。ストアのアニミズムがあり得たかのようなルキアノスの報告は、大衆化したストアについてのものと考えざるを得ない。[24]

シリア・エジプト型のグノーシス主義においては、例えば『ヨハネのアポクリュフォン』に例を見るように、プラトン主義哲学のみならず、ストア哲学の影響も随所に明らかである。[25] この二つの学派哲学の伝統においてアニミズムが不在であることに対応して、シリア・エジプト型のグノーシス主義においても、神的本質である「光」を人間以外のすべての事物に内在すると見るようなアニミズムは原理的に不可能である。そこでは、造物神と彼が造る世界（中間界、物質界）の中へ失われた「光」（力、霊）の絶対量は、プラトニズムにおいて世界の中に蒔かれた魂の絶対量が一定不変であるのと同じように、一定不変である。その「光」の拡散も人間種族の間でのみ生起し、動植物の間では起きない。少なくとも、その点についての反省そのものが不在である。まして、非生命体の中への「光」の拡散は想定されていない。(26)

2 マニ教（＝東方型）の場合

A マニ教におけるアニミズムの成立根拠

マニ教の神話は神的本質の隠喩としての「光」、その対立原理としての「闇」をそもそもの初めから設定し、互いに対立させると同時に、二つの原理が混合し合う事件を考える。宇宙創成以前に起きたその事件によって光の一部が闇の中に失われた。光の側は失われた部分を取り返そうとし、闇の側はそうはさせまいとする。目に見える宇宙万物と人間の肉体は、その角逐（かくちく）の中であくまで戦略的に創造される。人間の救済は闇の中に捕縛された光の部分の濾過（ろか）回収がどこまで成功するかにかかっている。

マニ教においてアニミズムが成立する究極の可能根拠は、この神話にある。その中でも特に宇宙創成以前に光と闇が混合した事件にある。この事件によって、闇の中に失われて闇と混合するに至った光が拡散して、人間以外の動物と植物の中にも含まれるに至っていると考えられているのである。ただし、その拡散の経緯が神話の中で具体的に物語られるのは、宇宙創成以前の光と闇の混合事件そのもののなかではない。むしろ、そうして闇と混合してしまった光の回収に光の世界が乗り出す場面で物語られる。すなわち、今や光の世界から「第三の使者」が両性具有の存在として姿を現し、闇の世界の好色な男性の支配者（アルコーン）たちには美しい女性として裸体を曝す。すると彼らは精液を漏らす。その精液の内、乾いた大地に落ちた部分からは植物が、海に落ちた部分からは海の怪物が生じる。続いて、「第三の使者」は、闇の世界の好色な女性の支配者たちには、反対に、美しい男性として裸体を曝す。すると彼女たちは、たまらず早産の子を産み落とす。その早産の子は乾いた土地の上に落ちて悪霊となり、植物の実を、すなわち光が混合した闇の種を食う。さらに悪霊たちは互いに交接し合って、動物世界を生み出す。こうして、光の粒子は植物と動物の中に含有されるに至っているのである。(27) これを典型的なアニミズムの一つと呼ぶことに誰しも異論はないであろう。

マニ教神話の場合も、原初の光と闇の混合で闇の中へ失われた光の量はその後も一定不変で、その回収こそが問題になる。この点では、西方型と違いはない。西方型との決定的な違いは、その失われた一定量の光が人間を超えて動植物、さらには非生命体の中にまで拡散する点にある。そこから、独特なアニミズムが生まれてくるのである。次には、そのマニ教のアニミズムについての証言をいくつか挙げてみよう。

B　マニ教のアニミズムについての証言

先ず、『アルケラオス行伝』（後三五〇年よりも前に成立）には、農業で作物を栽培する者はそれぞれの植物の魂を傷つけるがゆえに、死後その植物となって自分が傷つけられる側に回るというマニ教の観念についての記述がある。鳥やネズミを傷つける者も同じである。大地を歩む者は大地（の魂）を、手を動かす者は空気（の魂）を傷つけるのだと言う。そして、この意味での「輪廻」から脱出する唯一の道は、選良者に食物を捧げて、彼らにそれを摂取してもらう、つまり、その中に含まれる神性の断片を「濾過」・「吸収」してもらうことである。それによって、神性の断片を農業によって傷つけた「罪」を赦してもらうのである。[28]

これによれば、マニ教にも明らかに「魂の輪廻説」が存在するわけである。ただし、それはギリシア哲学とシリア・エジプト型のグノーシスの場合とは正しく逆に、人間の魂と動植物の魂の間に価値的な差異がないことを証明するものに外ならない。

第二の証言は『ペルシア殉教者列伝』第一三巻に含まれる「司教アケブシェーマー、司祭ヨセフ、執事アイテイラーハーの殉教」である。

『ペルシア殉教者列伝』とは、ササン朝ペルシアのシャープール二世の治世下（後三三九―三七九年）に起きたキリスト教迫害で殉教の死を遂げた者たちについての列伝である。現在はシリア語で写本伝承が残っている。しかし、その実際の編集者、編集過程については不詳である。「司教アケブシェーマー、司祭ヨセフ、執事アイテイラーハーの殉教」はその列伝の内の一つである。マニ教の「アニミズム」の証拠となる箇所は次の通りである。

その地に一人のマニ教徒が牢獄に捕らえられていて、（執事アイテイラーハーと）同じように拷問の場に引き出された。そのマニ教徒は、棄教して（ペルシアの神に）犠牲を捧げるように強いられたが、最初は拒んだ。するとモーペートは、彼を鞭打つように命じた。はじめしばらく彼はそれに耐えていたが、やがて「あの男（マニ）とその信仰、その教えに呪いあれ！」と叫んだ。そこで直ぐに一匹の蟻が持って来られた。彼はそれを殺すように命じられた。というのは、マニ教徒は蟻を神と呼んで、崇めているからである。そのマニ教徒はその蟻をその場で殺した。そこへ聖なるアイテイラーハーが連れてこられた。彼にそのマニ教徒を見せつけるためであった。「見よ、この男はすべてわれわれの言う通りにしたぞ。」アイテイラーハーはその男が（マニ教を）棄教して、マニ教徒が「生ける魂」と呼ぶ蟻を殺したのを見た。（以下省略）

第三の証言は、カイサリアの大バシリウス（後三三〇―三七九年頃）が創世記冒頭の天地創造の六日間について行った講解『ヘクサメロン』の第八説教の第1節にある次の文章である。

それより前では、「水は生ける魂をもった這うものを産み出せ」（創一20の自由引用）と言われていた。ところが今度は、「地は生ける魂（生き物）を産み出せ」とある。ならば、地には魂が宿っているということなのか。ならば、愚かなマニ教徒たちが、大地に魂ありと認めるのは正当なことなのか。否、神が「地は産み出せ」と語ったので、地は自分の内部に宿っていたものを産み出したというのではない。そうではなくて、そう命じた方、すなわち神が、地に産み出す力を与えたのである。

第四の証言は、アウグスティヌス『ヨハネ福音書講解』第一巻16―17節である。この箇所でアウグスティヌスはまず、マニ教徒たちがヨハネ福音書劈頭の一章3―4節をどのように分節して読解していたかを次のように報告する。

これ（ヨハネ一3―4）は「彼（御言(みことば)）の中に成ったものは、命である」（Quod factum est in illo, vita est）と読むことができる。このように句読点を打てば、万物は命であるということになる。（中略）万物が彼の中に成り、そして彼の中に成ったものは命であるのだから、地も命であり、木も命であり、（中略）そして石もまた命である。

アウグスティヌスがこの後さらに続ける報告によれば、マニ教徒はこの分節と翻訳に基づいて、石、壁、ヒモ、木、布なども生命体と看做していたという。まさしく、アニミズムである。

第五の証言は、同じアウグスティヌスによる『告白』第三巻10章18節である。この箇所のアウグスティヌスはマニ教徒であった時の自分自身の経験を踏まえながら、彼らのアニミズム的自然観を次のように報告している。知る人ぞ知る有名な箇所である。

なぜなら、私は全く気づかないまま少しずつ、ばかげた信仰に迷い込むことになったからです。無花果の実をもぎ取るならば、その実はそれがついている木とともに、乳白色の涙を出して泣くのだと。しかし、同じ無花果の実でも、それを「聖なる者」（electus）が――と言っても、もちろん自分の手ではなく、他の者が不法を犯してもいだ後――食べるならば、その「聖なる者」はそれを自分の体内で消化するというのです。そして彼は、祈祷の時の息継ぎを通して、あるいはゲップを通して、その無花果の実から天使を、そう神性の一部を再び吐き出して解放するのです。至高かつ真の神性のこの断片は、選ばれた「聖なる者」によって、咀嚼され消化されて、解放されないならば、いつまでもその無花果の実に縛り付けられたままでいることになるでしょう。こうして、私は哀れにも、野にある果物は本来人間のために育つものであるのに、人間たちに対してよりも、野の果物にこそ同情の念をいだくべきなのだと信じていました。実際、マニ教徒ではない誰かが飢えて食べ物を求めるときに、一口の食物を与えるなら、それはまるで死刑に処せられるべき罪であるかのように私には思われたのです。

C　トマス福音書語録七七のマニ教的読解の可能性

さてそれでは、トマス福音書語録七七は、マニ教の神話（教理）および以上のような独特なアニミズムの証言に照らすとき、どう読めるだろうか。

まず、前半部七七1の「私は彼らすべての上にある光である。私はすべてである。すべては私から出た。そして、すべては私に達した」の後半部「すべては私から出た。そして、すべては私に達した」は、西方型のグノーシス神話にも比較的よく出てくる定型表現の一つである。例えば『ヨハネのアポクリュフォン』には次のような類似の表現が出てくる。――「万物はあなた（見えざる霊＝至高神）のゆえに在るようになったのです。そして万物はやがてあなたへ向かうことになるでしょう」（NHC Ⅱ 九7―8／Ⅲ 一三12―13／Ⅳ欠／BG三五14―16）。その他にも類例は少なからず見つかる。それゆえ、一概にマニ教だけに独自のものとは言えない。問題はこの定型表現全体であるよりは、「すべて」あるいは「万物」が何を意味するかである。

まず、『ヨハネのアポクリュフォン』のみならず、シリア・エジプト型のグノーシス主義において「万物」は、圧倒的に多くの場合に、プレーローマの別名である。『ヨハネのアポクリュフォン』の前出の文言（NHC II 九7–8並行）もその一例であるが、ここではさらにそれ以外の典型的な例をいくつか挙げてみよう。

このビュトス（原父）は万物の初めを自身の中から流出しようと考えた。（プトレマイオス派の神話・エイレナイオス『異端反駁』I 一1）

ここにおいて、万物は固められて安息し、大いなる歓呼に参与して、大きな喜びをもってプロパトール（原父）を賛美する。（プトレマイオス派の神話・エイレナイオス『異端反駁』I 二6）

そして、見えざる処女なる霊は神的アウトゲネースを万物のうえにかしらとして任命した。（『ヨハネのアポクリュフォン』§22＝NHC II 七22–24／III 一一10–11／IV 欠／BG 三二13–14）

万物が聖なる霊の意志により、アウトゲネースによって堅くされた。(『ヨハネのアポクリュフォン』§23＝NHC II 八26―28／III 欠／IV 一三53／BG 三四15―18)

万物は彼らがそこから出たものを求めていた――そして彼らは把握し得ざる者、考え得ざる者、あらゆる思考に勝る者の内にあった――ので、父に対する無知が不安と恐怖となった。(『真理の福音』§2＝NHC I 一七4―11)

父は完全なる者であり、万物を生んだ方である。万物は彼の内にあり、万物は彼を欠いている。彼は彼らの完成を自らの内に保留し、それを万物に与えなかったからである。(『真理の福音』§8＝NHC I 一八32―38)

万物の完成は父の内にあるのだから、万物は彼のもとに昇る必要がある。(『真理の福音』§12＝NHC I 二一8―11)

その時、万物が動き、振動(動揺)が不滅の者たちを捉えた。(『エジプト人の福音書』§29＝NHC III 五四11―13／IV 六五30―六六2)

いずれの箇所の「万物」も文法的には集合的単数の性格が強い。そのことは特に『アルコーンの本質』§23が「私こそが神である。私の外には何者も存在しない」とうそぶいたサマエールについて、「彼はこう言った時に、万物（ⲠⲦⲎⲢϤ ptêrif）に対して罪を犯したのである」（NHC II 九四22―23）と述べる文章が、平行記事である『この世の起源について』§24では「不死なる者たち（ⲚⲀⲦⲘⲞⲨ ⲦⲎⲢⲞⲨ inatmou têrou）」（NHC II 一〇三13―14）と言い換えられていることに端的に明らかである。また、『エジプト人の福音書』が繰り返し「すべての」（ⲦⲎⲢϤ ptêrif）という全称の形容詞をプレーローマに付して、その全体性を表現していることも同じことを証明している。(29) 面白いことに、『三部の教え』では、同じ集合的単数はすべてのアイオーンを包括する「父」の全体性を表わしている（NHC I 七〇36―37＝§20、七三19―26＝§22）。プレーローマの個々のアイオーンはその単数形をさらに複数形にして（ⲚⲒⲦⲎⲢϤ nitêrif＝いわば「万物たち」）表現される（NHC I 六七7―12＝§17）。

プレーローマの別称としての「万物」が下方の闇（物質）の世界へ失われて拡散して断片化している状態は、（万物の）「一部」（μέρος/-οι）とか「肢体」（μέλος/-οι）とか「種子」（σπέρμα,-ματα）とか表現される。とりわけシリア・エジプト型のグノーシス主義の場合、この観念を無造作にアニミズムと取り違えないことがわれわれにとっては肝要である。なぜなら、すでに述べたように、この類型のグノーシス主義の場合、その拡散は闇（物質）の世界に捕われている人間までで止ま

り、人間以外の事物には至らないからである。(30)

したがって、シリア・エジプト型のグノーシス主義においては、「万物」とは光のプレーローマのことであり、下方の物質世界は含まないのである。(31)「万物はあなた（見えざる霊＝至高神）のゆえに在るようになったのです。そして万物はやがてあなたへ向かうことになるでしょう」という『ヨハネのアポクリュフォン』の前出の文章（本書一六五頁）に代表される定型句も、結局は「万物」＝プレーローマが至高神から発出（egressus）して、最終的には再びそこへ帰還（regressus）してゆく宇宙論的な自己運動を表現するものであって、神的本質（「光」）が物質界の木や石にまで内在することを言うのではない。

ところが、トマス福音書七七1の目下の文章では、「すべて」がそこに発し、再びそこへ回帰してゆく「私」はイエスのことである。もちろん西方型のキリスト教的グノーシス神話にも、これに並行する文言はないわけではない。例えば、エイレナイオス『異端反駁』Ｉ三4は、プトレマイオス派がコロサイ書三章11節、ロマ書一一章36節、エフェソ書一章10節をその意味に解釈していたことを伝えている。しかし、そのプトレマイオス派においても、そのイエス自身が「（プレーローマの）全てのアイオーンからのものであるがゆえに、万物とも称される」のである（エイレナイオス『異端反駁』Ｉ二6。また同Ｉ三4にある類似の記事も参照）。すなわち、西方型のグノーシス神話の場合、「万物」の起源と目標はあくまで至高神なのである。(32)

トマス福音書七七1の目下の文章は、反対にそれを「イエス」と明記する限りにおいて、マニ教の「光の十字架」の表象、すなわち、可視的・物質的な宇宙万物の中に拘束され、そこからの濾過・回収をまちわびている至高かつ真の神性の断片の総称として読む解釈も可能である。[33]「光の十字架」(crux luminis) あるいは「受難のイエス」(Jesus patibilis) という表現がマニ教独特の術語として初めて用いられるようになったのは、マニ教の広範囲にわたる展開史のどの段階、どの地域であったのか。この困難な問題にはここでは立ち入らないことにしよう。[34]いずれにせよ、それと実質的には同じ表象が、コプト語トマス福音書の写本NHC II からそう大幅には遅れない『マニ教の詩編』第二四六篇の中に確認できる。そこでは、繰り返し「救い主」(キリスト)が一人称単数の「私」で発言する。その「私」とは「物質の子らの間に広がる甘美な水」である。[35]その「私」の発言として、「私はあらゆるものの中にある」という文章が現れる。[36]トマス福音書七七1との類似性は明らかである。同じ『マニ教の詩編』第二四六篇はその直後に、「私はすべての木(ϣⲏⲛ)の中にある、樹液である」という文章を続けている。[37]今度はトマス福音書七七2「木を割りなさい。私はそこにいる」との並行が著しい。現に生きている樹木を割れば、当然ながら樹液が出る。前述の「無花果の実をもぎ取るならば、その実はそれがついている木とともに、乳白色の涙を出して泣く(のである)」というアウグスティヌスの文章(『告白』第三巻X18)もこの関連で想い起こされる。

もちろん、『マニ教の詩編』第二四六篇がコプト語トマス福音書語録七七を直接下敷きにしているという保証は何もない。しかし、それはトマス福音書語録七七がマニ教的に解釈可能であることを疑問の余地なく示している。

ただし、トマス福音書七七2の「木を割れば」の「木」は、コプト語の本文ではϣⲉとなっている。コプト語では、ϣⲏⲛが現に根を張り、葉をつけて生きている樹木を指す[38]のに対して、ϣⲉはすでに切られて木材となったものを表わす。従って、トマス福音書七七2の前半部を独訳がSpaltet ein Stück Holz[39]、英訳がSplit a piece of wood[40]と訳しているのは、どちらも妥当なのである。

さて、すでに切られている木材を割ったとき、「そこに」（ⲙ̄ⲙⲁⲩ immau）出て来るのは、樹液ばかりとは限らない。少なくとも私の経験では、とりわけ古い木材の場合には、蟻も有力な候補である。そして蟻を考えるべき必然性は、続くトマス福音書七七3「石を持ち上げなさい。そうすればあなたがたは、私をそこに見出すであろう」では、さらに大きくなる。この部分については、マニ教徒が石も生命体と看做していたというアウグスティヌスの前出の報告を指示するだけでは十分ではない。しかし、よく注意しなければならない。この語録では、光のイエスは持ち上げた石そのものの中にいる[41]というのではない。石を持ち上げた後の「そこに」（ⲙ̄ⲙⲁⲩ immau）いるというのである。[42]このイエスは「蟻」以外ではあり得ないではないか。もちろん、蟻ではなくて、ミミズやゲジゲジではないかと思う人がいても構わない。他方、マニ教徒は蟻を踏みつぶすくらいなら、殉教の死も厭わなかったのである。これもまたわれわれはすでに、『ペルシア殉教者列伝』第一三巻「司教アケブシェーマー、司祭ヨセフ、執事アイテイラーハーの殉教」から知っているところである。

D「マニ教以前」か「マニ教以後」か

現在のコプト語トマス福音書語録七七についてマニ教的読解が可能であることは、以上の論証で十分であろう。もちろん、そのような読解が可能であることを示しただけでは、トマス福音書語録七七の「汎キリスト論」的再解釈を行った人物、すなわち、「トマス・コプト語訳者」が、直接的であれ間接的であれ、マニ教の神話をすでに知っていて、それを前提していること、すなわち、彼の歴史的・思想史的立ち位置が「マニ教以後」(nachmanichäisch)であることを一義的に証明したことにはならない。われわれはこのことを率直に認めざるを得ない。

ただし、「マニ教以後」である可能性を一概には否定できない言わば状況証拠がいくつかあることも、ここで同時に指摘しておかなければならない。

(1) 古代末期の地中海世界のマニ教徒たちがトマス福音書を何処(どこ)かから手に入れて重用したことは、古代教会史に少しでも目配りをしたことのある者ならば誰でも知っている常識に属する。[43]

(2) 他方、トマス福音書については、NHC IIに含まれるコプト語写本が現存する唯一完全な写本である。そのコプト語写本は、写本学上の研究によれば、すでに述べた通り、四世紀前半に作製されたものである。その間、コプト語トマス福音書はその原本の段階から現存のコプト語写本に至るまでの翻訳と写本伝承の過程全体にわたって、不断に解釈され直し、それに応じて不断に編集的な改変を受け続けたのだと考えなければならない。現存するコプト語写本はその途上の一こまに過ぎない。その不断に編集的な改変の途中にマニ教の影響が及んでいる可能性を考慮に入れないような歴史的・文献学的な研究はあり得ないと言わなければならない。

(3)『導師のケファライア』、『詩編』、『説教集』他のコプト語マニ教写本も後四世紀後半[44]、あるいは五世紀[45]に作製されたものである。ナグ・ハマディ写本に遅れるとしても、その差は僅かである。これら一連のコプト語マニ教写本もおそらくギリシア語からの翻訳と考えられる。その読者たちの大半はギリシア語ではなく、コプト語を日常語とするマニ教徒たちであったはずである。ナイル中流域のリュコポリスで活動したアレクサンドロスが三世紀末にマニ教反駁書[46]を著わしている事実を考え合わせれば、遅くともその時代までには、マニ教はナイル中流域にまで伝播し、その地にコプト語を日常語とするマニ教徒の共同体が成立していたはずである。特に『詩編』については、その後半を英訳したC・R・C・オールベリー（Allberry）の想定によれば、原本はシリア語で、三世紀にシリアからのマニ教伝道者によってエジプトへもたらされた。そこで先ずギリシア語に訳され、ギリシア語を解さない改宗者が増えるにつれて、さらにコプト語へ翻訳されたものである。[47]

(4)『この世の起源について』(UW)には、明瞭にマニ教の神話を前提した上での記事が確認される。§43―60[48](=II一〇八2―一一一28)がそれである。ここでは、「上なる八つのもの(光の世界)」(§43)から「光のアダム」が遣わされる(§45―46=II一〇八20―25)。彼が自分をアルキゲネトールと彼の対であるプロノイアに啓示すると、その美しさを見たプロノイアはたまらず「自分の光(=血)を地の上に漏らす」(§45=II一〇八14―19)。プロノイアが漏らしたその血(=光)によって、地が清められる(§46―47=II一〇八22―23)。さらに、光の世界から「男女(おめ)なるエロース」が出現し、その際立った美しさを現す(§49=I一〇九6―8)。エロースは「カオスのすべての被造物の上に広がった」(§50=II一〇九14―16)。そこから女、結婚、出産、死(解消)が生じ、地に流された血から葡萄の樹・イチジク・ザクロが生じた。権威たちの種子がそのなかにある(§53=II一〇九33―一一〇1)。「最初の魂」(男女なるエロースの女性性§49のこと?)がエロースを恋して、自分の血を漏らした。すると、バラの花(§58=II一一一8―12)が生じた。プロノイアの娘(処女)たちもエロースに恋して、自分たちの血を地に漏らす(§59=II一一一19―20)。そこから、あらゆる植物と動物が生じてきた。それらの中には権威たちの種子があった(§60=II一一一20―28)。

この記事は直ちに前述のマニ教神話における「第三の使者」の出現の場面を想起させる。[49]下方世界の男性の支配者（アルキゲネトール）と女性の支配者（プロノイアとその娘たち）が光の世界からの啓示者の身体の美しさに欲情して、体液（血）を地に「漏らす」、そこから地上の動植物が生じて来るというモチーフの並行が特に著しい。

この点について、すでに一九五九年にH・M・シェンケは、「マニが彼の教説体系のこの部分で、われわれの文書（=『この世の起源について』）が示すようなグノーシス主義の論述に依拠しているという可能性は十分考慮に価する。しかし、それとは逆の方向での影響関係も排除できない」と述べている。[50] その後一九六二年には、A・ベーリッヒが『この世の起源について』の記事の方がマニ教よりも時間的には先（Vorformen）で、マニの素材となったものだとした。[51] しかし、その論拠はマニの体系性に比して、『この世の起源について』は断片的だからというきわめて一般的なもので、説得力に乏しかった。その後、シェンケの学生であったG・ベートケが影響関係を逆転させた。[52] 一九九五年のL・パンショーの見解もその点で同じである。[53] すなわち、コプト語トマス福音書と同じナグ・ハマディ文書の中には、明瞭に「マニ教以後」で、マニ教神話を前提した記事を含む文書が存在するのである。

(5) しかも、『この世の起源について』はコプト語トマス福音書と同じ写本（NHC II）に五番目の文書として収録されているもので、異版がごく僅かな量残存することを度外視すれば、ほぼ全体が現存する唯一の写本であるという点でもコプト語トマス福音書とまったく同じである。加えて、そのNHC II写本の中で、トマス福音書は二番目の文書であり、その直後にはフィリポ福音書が続いている。この結合と順番には、単なる偶然としてだけでは済まされないものがある。なぜなら、マニ教徒たちが好んでトマス福音書を重用したことを伝える教父たちは、繰り返し、トマス福音書の書名を挙げる際、その直後にフィリポ福音書の書名も挙げているからである。[54] 現存する唯一のコプト語トマス福音書がフィリポ福音書の直前に置かれる形で、さらには『この世の起源について』と同じ写本の中に収録されているという事実は何を意味するのか。今やナグ・ハマディ文書の研究は個々の写本に含まれた個々の文書について、その起源、思想、思想的系譜などを論じるだけでは足りないところに到達している。それらの文書がなぜ目下の順番で同じ写本に収録されたのか、その枠内で個々の収録文書についてどのような読解が期待されているのか、という新たな次元からの設問が必要となっていると言えよう。[55]

IV　コプト語トマス福音書の神話論的統一性の問題——結びにかえて

すでに述べたように、コプト語トマス福音書語録七七の「汎キリスト論」的再解釈者、すなわち「トマス・コプト語訳者」が「マニ教以前」であるか「マニ教以後」であるかは、ここでは残念ながら未決にしておかざるをえない。しかし、コプト語トマス福音書語録七七の「汎キリスト論」は、少なくとも、現存する唯一のコプト語写本が神話論的にどこまで統一的な文書であるかという問いを投げかけるには十分である。現存のコプト語トマス福音書には、シリア・エジプト型の神話——その全体ではないとしても、少なくとも、その特定のトポス——を準拠枠として読解が可能な語録が少なからず含まれている。むしろ、それが大多数であろう。

E・E・ポプケスの前掲の教授資格論文の主要課題は、このことをコプト語トマス福音書の人間論について論証することにある。すなわち、コプト語トマス福音書の人間論は、他の神論あるいは終末論などの主題と同様、それに関連するモチーフが文書全体に断片的に散在している("fragmentarische Motivsbestände")ことは確かであるが、神話論的にはシリア・エジプト型(特に『ヨハネのアポクリュフォン』)の完成した神話をすでに前提しているのである。[56] だからこそ、コプト語トマス福音書をNHC II写本に編入した編纂者も、この福音書の一見すると無造作にお互い無関係に並べられているだけのように見える語録を、同じ写本NHC IIの冒頭に第一文書として置かれている『ヨハネのアポクリュフォン』(AJ)の神話を準拠枠として、相互に関連させながら統一的なまとまりとして読解するように読者に求めているのだとされる。[57] ポプケスはさらに同じNHC IIの編纂者あるいはそのサークルがトマス福音書七七1を事後的に挿入した可能性を強く想定している。[58]その編纂者はそのことによって、ヨハネ福音書八章12節の「再読」（Relcture）を読者に求めているのだとされる。[59]それと同時に、そのトマス福音書七七1の神学的立場は「汎神論的に考えられた（光の）遍在」（eine pantheistisch gedachte Omnipräsenz [des Lichtes]”）であると言う。[60]当然ながら、その「汎神論的に考えられた（光の）遍在」とは、続く七七2–3に現れる「汎キリスト論」、すなわち、木片にも石の下にもキリストの遍在を認める「汎キリスト論」と同質と考えられているはずである。とすると、ポプケスの想定に従う場合には、NHC II全体の編纂者はコプト語トマス福音書語録七七全体の「汎神論」（「汎キリスト論」）を『ヨハネのアポクリュフォン』の神話論と同質のものと考えたことにならざるを得ない。

しかし、もし本論考がここまで行ってきた分析が当たっていれば、コプト語トマス福音書語録七七の「汎キリスト論」のアニミズムは、『ヨハネのアポクリュフォン』の神話論的には適合しないのである。NHC IIの編纂者は、この不適合を理解しなかったか、あるいは無頓着だったと考えるべきなのか。

そこから一つの原理的な問いが生じてくる。すなわち、そもそも現存のコプト語トマス福音書は——特にNHC IIという全体枠から引き離して、それ自体として見る時——神話論的あるいは意味論的に、どのレベルでの統一的読解を期待しているのか。むしろ、それは神話論的・意味論的な統一性ということには無頓着で、それとは違う何か別の観点——例えば「単独者」の禁欲倫理を提示すること――から、正典福音書の外にもさまざまなグノーシス神話の領域をも横断する形でイエスの言葉を集めたということはあり得ないのか。

事実、ナグ・ハマディ文書には、神話論的・意味論的な統一性を確認しにくい文書――すなわち、ある特定のグノーシス主義教派の神話に帰属させることが困難な文書――がいくつか含まれている。前述の『この世の起源について』はその典型である。B・レイトンがこれを「未完の作品」(opus imperfectum) と呼んだのは理由なきことではない。[61] 私が見るところでは、同じ写本 NHC II に収録されているピリポ福音書についても、同じことが言える。「一方で編集的な工夫を施している以上は、純粋に私用のためだけの資料集ではなく、読者を想定しているわけである。しかし、他方では、内容的・神学的に全体の統一的な解釈を迫ってはいないのであるから、その読者が不特定多数の広範囲な読者であるとは考えにくいであろう。むしろ、気心の知れた仲間内で使われることを意図した訓言集というべきであろう。抜粋対象に対する編著者の姿勢は、反駁ではなく、共感である。[62]」

同じように、現存のコプト語トマス福音書についても、その神話論的統一性を改めて疑ってみる必要があるのではないか。少なくとも、それを初めから前提して「過度の一貫性」を求めるような解釈の妥当性は疑われてしかるべきであろう。本論考が結論として示し得るのはここまでである。

注

（1）本論考はもともと、二〇〇六年十月一―四日にアイゼナッハ（ホテル Hainstein）で開催された国際シンポジウム「初期キリスト教と古代末期の文学史および宗教史の文脈におけるトマス福音書」での口頭発表にさかのぼる（本書の論考I「私のグノーシス研究」原稿16頁参照）。その後、Das Logion 77 des koptischen Thomasevangeliums und der gnostische Animismus というタイトルで、J. Frey, E. E. Popkes und J. Schröter (Hgg.), Das Thomasevangelium. Entstehung – Rezeption – Theologie, Berlin (BZNW 157), 2008, 294-317 に収録された。日本語版は日本聖書学研究所編『聖書学論集』第四〇号（二〇〇八年）、六一―九〇頁に収録。

（2）荒井献『トマスによる福音書』、講談社学術文庫、一九九四年、二三九頁（ただし、分節を変更）。

（3）一八九七年に英国人B・P・グレンフェルとA・S・ハントによって発見された（B. P. Grenfell/A. S. Hunt, Logia Jesou. Sayings of Our Lord from an Early Greek Papyrus, 2.Aufl. Oxford 1897, S. 5）。両面に八つのイエス語録がギリシア語で筆写されており、それらはコプト語写本 NHC II, 2 の語録二六、二七、二八、二九、三〇＋七七2―3、三一、三二、三三にこの順番通りに対応する。もちろん筆写されている文字数は八つの語録ごとに異なり、それぞれ並行するコプト語本文との一致度も異なる。しかし、この並行関係は、OP1 が「ギリシア語トマス福音書」のある写本の一部であったことを確証する。

（4）H.W.Attridge, Appendix: The Greek Fragments, in:B. Layton (ed.), Nag Hammadi Codex II,2-7, Leiden 1989,

96-128, bes. 119f による。ただし、二行目については、次のような異なる復元の提案がある。β', οὔκ εἰσὶν ἄθεοι. F. Blaß (1897)：「どこでも二人がいるところ、そこに神がいなくはない」、γ' θεοί, εἰσιν θεοί. Guillaumont：「どこでも三柱の神々がいるところ、彼らは神々である」(W. Schneemelcher, NTApo[5], Tübingen 1987 所収の B. Blatz の訳 104 はこれに準じる)、τρεῖς, εἰσιν θεοί. 赤城泰「どこでも三人がいるところ、彼らは神々である。」

（5）J. Jeremias, Unbekannte Jesusworte, Gütersloh 3.Aufl., 1963, 102f, Anm.211, 213.

（6）Th. Zahn, R. Reitzenstein, A. Resch, W. Bauer, A. Uckeley, E. Hennecke, M. Dibelius, A. Oepke, H. Köster, W. Michaelis, W. Schneemelcher.

（7）A. Harnack, C. Taylor, H.G.E. White, A. Deißmann, J. Leitpoldt, J. Jeremias, O. Hofius.

（8）J. Jeremias、前掲書 100 は F. Blaß の復元に従っている。

（9）日本聖書学研究所編『聖書外典偽典3』、教文館、一九七五年、二六八―二六九頁（石川耕一郎訳）。特に「しかしふたりの者が同席し、両者の間に律法のことばが話題になるときには、両者の間には遍在者がおられる」（二六八頁）。この邦訳に「遍在者」とあるのは、神がどこにでも臨在することを言うのであって、当然のことながら「汎神論」とは全く無関係であるので要注意。

（10）Ev. conc. expl. XIV 24「誰かが独りでいるところ、私もそこにいる。誰かが二人でいるところ、私もそこにいるだろう」(= Leloir CSCO 137 アルメニア語 , S.144,13ff, CSCO 145 ラテン語訳)

（11）J. Jeremias, 前掲書、103.

（12）前出注1で述べたシンポジウムでの私の口頭発表後の討論の中で、前記の OP1 とそれに関する基礎的な研究史に対する筆者の認識が端的に不足していることが明らかになった。筆者はその後与えられた時間の範囲で、その不足を可能な限り補いながら、問題を根本的に考え直した。本論考はその中間報告とも言うべきものである。前記のシンポジウムで批判的な意見を表明された参加者に、この場を借りて、心から感謝する次第である。

（13）H. M. Schenke, in: Nag Hammadi Deutsch, Bd.1: NHC I,1-V,1, Berlin 2001, 2.

（14）O. Hofius, Das koptische Thomasevangelium und die Oxyrhynchus-Papyri Nr. 1, 654 und 655, EvTh 1960, 21-42, 182-192, bes. 188.

（15）トマス福音書の原本はシリアで成立したする学説が有力である。従って、原本はギリシア語ではなくシリア語であったかも知れない。この問題はここでは問わないことにする。いずれにしても、以下でわれわれが「トマス」と呼ぶのはトマス福音書原本の編著者のことである。史上初のコプト語訳の訳者は、それと区別して「トマス・コプト語訳者」と表記する。

（16）K.H. Kuhn, Some Observations on the Coptic Gospel according to Thomas, Muséon 1960, 317-327, bes. 317f. 最近の文献では Enno E. Popkes, "Ich bin das Licht" – Erwägungen zur Verhältnisbestimmung des Thomasevangeliums und der johanneischen Schriften anhand der Lichtmetaphorik, in: J. Frey/U. Schnelle (Hgg.), Kontexte des Johannesevangeliums. Religions- und traditionsgeschichtliche Studien (WUNT 175), Tübingen 2004, 641-674, ここでは特に 655（注61）を参照。そこに同じ見解を取る最近の研究文献がさらに挙げられている。

（17）Enno E. Popkes, 前掲書、670f, 673 はコプト語トマス福音書語録七七1をNHC II全体を現在の形に編纂した人物あるいはそのサークルによって事後的に付加されたとする見方に傾いている—"erst durch die Trägerkreise der Nag-Hammadi-Bibliothek in das Thomasevangelium eingearbeitet wurde" (671)。従って、七七2―3との ⲡⲱϩ pôf によるキーワード結合もさらに遅く、その事後的付加の際に行われたという想定なのだと思われる。この想定がもたらす困難については後述する（注58参照）。

（18）J. Jeremias, 前掲書、102.

（19）H. Jonas, Gnosis und spätantiker Geist. Göttingen^{3} 1964, 255-262, 328-362. 邦訳はハンス・ヨナス『グノーシスと古代末期の精神　第一部・神話論的グノーシス』、大貫隆訳、ぷねうま舎、二〇一五年、三二七―三三四、三八七―四二四頁。

（20）『ピュタゴラス伝』§85。

（21）『学者たちへの論駁』(Sextus Empiricus, Against the Physicists I = Against the Professors [Mathematicos] §126-129.

（22）同 §130.

（23）以下のストア派に関する論述は、主に M. Pohlenz, Die Stoa I: Geschichte einer geistigen Bewegung, Göttingen, 5.Aufl.,1978, 83-85 による。

（24）Lukian, Hermotimus 81: "We laugh at all this, especially when he stops up his ears and does his practice and says over to himself his "state" (ἕξεις) and "conditions" (σχέσεις) and "comprehensions" (καταλήψεις) and "images" (φαντασίας), and a string of other names like these. We hear him say that God is not in heaven but pervades everything – sticks and stones and beasts right down to the meanest." (Übers. von *K. Kilburn* in: Lucian VI (LCL 430), 1959, 409.)

（25）T. Onuki, Gnosis und Stoa. Eine Untersuchung zum Apokryphon des Johannes, Göttingen/Freiburg 1989 参照。

（26）『この世の起源について』（UW）§43－60はその反証にはならない。この点については後述する(III/2, D 参照)。

（27）より詳しくは Theodor Bar Konai, Liber scholiorum XI, 1, ed. A. Scher, Paris-Leipzig 1912, 316f. および大貫隆『グノーシスの神話』、岩波書店、一九九九年、二六四－二六五頁を参照。

（28）A. Adam (Hg.), Texte zum Manichäismus, Berlin 1964, Nr.38. このアニミズムのゆえに、マニ教徒の職業倫理においては、農業は必要悪となる。それとは対照的に、商業こそは天職となる。アウグスティヌス『詩編講解説教』一四〇12の報告によれば、マニ教徒は、高利貸しを行う者は「光の十字架」——すなわち、可視的宇宙万物の中に拘束され、そこからの濾過・回収をまちわびている「至高かつ真の神性の断片」——を傷つけないと考えていた（A. Adam, 前掲書、64）。後述の『ペルシア殉教者列伝』の第一三巻「司教アケブシェーマー、司祭ヨセフ、執事アイテイラーハーの殉教」からは、ササン朝ペルシアのシャープール二世の治世下では、ただ単にキリスト教だけが迫害されたのではなく、マニ教徒も同時に迫害の対象とされたことが明白である。事実、この迫害をきっかけとして、マニ教徒は主として東方に向って逃避し、中央アジアのサマルカンドを足場にして、以後数世紀をかけてシルクロード沿いに中国海岸部にまで東進した。サマルカンドからのその伝播を担ったのが、ゾグド商人たちであったことは、前世紀の初め以来シルクロード沿いに行われたさまざまな考古学的発掘調査の出土品から確証されているとおりである。

（29）NHC Ⅲ四九22—五〇17／Ⅳ六一23—六二16（§20）、Ⅲ五二3—五三11／Ⅳ六三24—六五5（§25—27）、Ⅲ五三12—五四11／Ⅳ六五5—30（§28）他。

（30）すでに O. Hofius, EvTh 1960, 187f がこの点を正確に指摘している。反対に、前掲の荒井献『トマスによる福音書』二四〇頁がトマス福音書語録七七に関連して、「われわれはグノーシス主義を——例えばゾロアスター教のごとき——絶対的二元論（中略・大貫）から区別しなければならない。——イエスは、木にも石にも『光』として内在するのである」と述べるのは正確とは言いがたい。シリア・エジプト型のグノーシス主義では、「イエスは、木にも石にも『光』として内在しないのである。内在すると見れば、ゾロアスター教の伝承を受け継ぐマニ教の見方となる。荒井献は「イエスの『未知の言葉』に関する一考察——『トマス福音書』語録七七再考」（日本学士院紀要五七巻第3号、二〇〇三年、二二五—二二六頁）で同じことを指摘した私のかつての論評に応答を試みているが、その中で荒井が指示している『マニ教の詩編』第二四六篇の第25—30行は、他でもない正にそのことを端的に証明するものなのである。この点については本文でこの後直ぐに言及する。

（31）プレーローマよりも下に広がる闇（物質）の世界を指すことはきわめて少ない。私が調べ得たかぎりでは、プトレマイオス派の神話に関するエイレナイオス『異端反駁』Ⅰ四5の報告とナグ・ハマディ文書『この世の起源について』（UW）§99（NHC Ⅱ一一八2—6）、『三部の教え』（TractTrip）NHC Ⅰ九六10、18が数少ない事例である。

（32）E. E. Popkes の教授資格論文を参照：Das Menschenbild des Thomasevangeliums: Untersuchungen zu seiner religionsgeschichtlichen und chronologischen Einordnung, Tübingen 2007 (im Druck), 239 Anm.61 は

R. Valantasis の先行研究に賛同して、トマス福音書語録七七1の背後に「イエスが被造物（creation）の起源かつ目標であり、全被造物を満たしている」と見る神話論が前提されていると言う（同著者の前掲の論文 "Ich bin das Licht", 653 注56も参照）。この場合もし「被造物」という表現で、プレーローマよりも下に広がる闇（物質）の世界が（あるいは「も」）意味されているのであれば、そのような神話論が具体的に存在するかどうか、私には疑わしい。

（33）J.-E. Ménard, L'Évangile selon Thomas, Leiden 1975, 177f. がこの見解。

（34）いずれにしても、明瞭な証言はアウグスティヌスにあるから、地中海世界のなかでも西方に展開したマニ教を考えるべきであろう。すでに前出注28に挙げた『詩編講解説教』一四〇12 (A.Adam, 64) の他に、『ファウストゥス駁論』二〇2 (A.Adam, 47f) を参照。

（35）C. R. C. Allberry、前掲書、54, 29f.

（36）C. R. C. Allberry, A Manichaean Psalm-Book Part II, Stuttgart 1938, 54,25.

（37）C. R. C. Allberry、前掲書、54, 28f.

（38）コプト語トマス福音書の語録19にも実例がある。

（39）Nag Hammadi Deutsch I, Berlin 2001, 177 (J. Schröter/H.-G. Bethge).

（40）B. Layton (ed.), 前掲書、83 (T. O. Lambdin)

（41）A. Böhlig, in: Die Gnosis, Bd.3: Der Manichäismus, Zürich/München 1980, 57. J. Jeremias、前掲書、S.102: "im Stein" も不正確である。ただし、A. Böhlig, ebd., Anm.190 がトマス福音書語録七七2—3のマニ教的読解の可能性を明瞭に指摘するのは適切である。

(42) Enno E. Popkes, “Ich bin das Licht”, 655 が ”unter jedem Stein” と訳しているのは完全に正しい。

(43) この点について次の証拠を参照。Kyrill von Jerusalem, Katechese an die Täuflinge IV,36 (PG 33, 500B); VI, 31 (PG 33, 593A): „Niemand darf das Evangelium nach Thomas lesen; denn nicht stammt es von einem der zwölf Apostel, sondern von einem der drei bösen Schüler des Mani.“; Petrus von Sizilien, Hist. Manich.16 (PG 104, 1265C); Ps.-Photius, Contra Manich.I,14 (PG 102,41B); Ps.-Leontius von Byzanz (Theodor von Raithu?), De sectis, PG 86/1,1213C: Οὗτοι καὶ βιβλία τινὰ ἑαυτοῖς καινοτομοῦσι. Λέγουσι γὰρ Εὐαγγέλιον κατὰ Θωμᾶν και Φίλλιπον, ἅπερ ἡμεῖς οὐκ ἴσμεν. Δι᾽ οὓς καὶ ἐκάλεσαν οἱ ἅγιοι Πατέρες, ποῖα βιβλία δεῖ δέχεσθαι ἡμᾶς.; Timotheus von Konstantinopel, *De receptione haereticorum,* PG 86/1, 21χ· Οἱ δ᾽ ἀπ᾽ αὐτοῦ θεοστυγεῖς Μανιχαῖοι καινοτομοῦσιν ἑαυτοῖς δαιμονιώδη βιβλία, ἅπερ εἰσὶ τάδε ... θ´ Τὸ κατὰ Θωμᾶν Εὐαγγέλιον, ι´ Τὸ κατὰ Φίλιππον Εὐαγγέλιον: *Die große griechische Abschwörungsformel:* PG 1,1468B (Abdruck bei Texte zum Manichäismus, hrsg.v. A. Adam, Berlin 1969, 101; Deutsche Übers. bei A. Böhlig, Der Manichäismus (Die Gnosis Bd.III), Zürich/München 1980, 300. さらに詳細については、E. Hammerschmidt, Das Thomasevangelium und die Manichäer, OC 46 (1962),120-123 und W. Schneemelcher, Neutestamentiche Apokryphen I, 5.Aufl., Tübingen 1987,94, Anm.9 (B. Baltz) を参照。

(44) C.Schmidt/H.J.Polotsky, Ein Mani-Fund in Ägypten, SPAW.PH, Berlin 1933, 35.

(45) H.J.Polotsky/H. Ibscher (Hgg.), Manichäische Homilien, Stuttgart 1934, X, Anm.1.

(46) 仏訳がある。Alexandre de Lycopolis, Contre la doctrine de Mani, trad. par André Villey, Paris 1985.

(47) C.R.C. Allberry、前掲書 XIX.

（48）以下、§での箇所表記は B. Layton の前掲書 12-134 に収録された英訳の区分に従う。
（49）前出 III/2,A 参照。
（50）H. M. Schenke, Vom Ursprung der Welt. Eine titellose gnostische Abhandlung aus dem Fund vom Nag Hammadi, ThLZ 1959 Nr.4, 243a-255b, bes. 247a.
（51）A.Böhlig in: A.Böhlig/P. Labib, Die koptisch-gnostische Schrift ohne Titel aus Codex II von Nag Hammadi, Berlin 1962, 58f.
（52）G. Bethge in: B. Layton (ed.)、前掲書 13-15.
（53）L.Painchaud, L'Écrit sans Titre. Traite sur l'origine du monde, Québec/Louvain 1995, bes. 345, 349f.
（54）特に前出の注 43 に挙げた Ps.-Leontius von Byzanz (Theodor von Raithu?), De sectis, PG 86/1, 1213C; Timotheus von Konstantinopel, De receptione haereticorum, PG 86/1, 21c を参照。
（55）Enno E. Popkes, "Ich bin das Licht", 668-672 がこの問題を非常に鮮明に浮き彫りにしている。
（56）E. E. Popkes, Das Menschenbild des Thomasevangeliums, 330.
（57）E. E. Popkes, Das Menschenbild des Thomasevangeliums, 323.
（58）前出注 17 を参照。
（59）E. E. Popkes, "Ich bin das Licht", 669-671, 673.
（60）E. E. Popkes, "Ich bin das Licht", 653. ただし、この見解は彼の教授資格論文（前出注 32、56、57 参照）より以前に公表されたものである。
（61）B.Layton (ed.), 前掲書、1.

（62）『ナグ・ハマディ文書Ⅱ 福音書』（岩波書店、一九九八年）の巻末に所収の『フィリポによる福音書』への解説（大貫隆）、三四一頁。

IV

ストアの情念論とグノーシス

——ヨハネのアポクリュフォン§51–54（NHC II）における反ストア的編集について(1)

Ⅰ　本文の翻訳と問題設定

『ヨハネのアポクリュフォン』（以下AJと略記）のコプト語写本は四つ伝存する（NHC II, 1; III, 1; IV, 1; BG 8502, 2）。その内、NHC II, 1の一五29―一九12はNHC III, 1とBG 8502, 2に並行記事を持たない二次的な大挿入である。(2) その大挿入は、AJの救済神話の筋展開の上では、造物神ヤルダバオートとその配下の中間世界の天使（支配者）たちが心魂的人間をさまざまな肢体から合成する段落に属している。大挿入自体は内容的には、古代の人体解剖学を援用しながら、その心魂的人間のさまざまな器官を数え挙げて行く。しかし、やがてⅡ一七32から先の部分では、明瞭にストア哲学の認識論、属性論（混合論）、情念論が引き合いに出されて、いずれもグノーシス主義の意味での悪霊論に貶められて解釈される。

本論考の課題を明らかにする前に、まずその部分の本文を私の翻訳によって提示しておきたい。(3) 最初にAとして掲出するのは、心魂的人間のさまざまな器官を延々と列挙する部分（§49―50）の結びに当たる。AとEで部分的に傍線を付している理由は後述する。

A §49─50＝Ⅱ一五29─一七32：人体解剖学

……これらすべての上に（支配）したのが、ミカエール、ウリエール、アスメネダス、サファサトエール、アアルムウリアム、リクラム、アミオールプスの七人である。

B §51＝Ⅱ一七32─一八2：ストアの認識論の悪霊論化

そして、「知覚」の上に（支配する）者がアルケンデクタ、そして「受容」の上に（支配する）者がデイタルバタス、そして「心象」の上に（支配する）者がウムマアア、そして「合［致］」の上に（支配する）者がアアキアラム、そしてすべての「衝動」の上に（支配する）者がリアラムナコーである。

C §52＝Ⅱ一八2─14：ストアの属性論・混合論の悪霊論化

さて、身体全体の中に宿る悪霊たちの源泉は四つに定められている。すなわち、熱気と寒気と湿気と乾気である。しかし、それらすべての母は物質である。さて、熱気の上に支配する者はフロクソファ、寒気の上に支配する者はオロオルロトス、乾気の上に支配する者はエリマコー、湿気の上に支配する者はアテユローである。さて、彼らすべての母であるオノルトクラサイ

(Onorthochrasaei) が彼らの中央に立っている。その際、彼女は無限定で、彼らすべてと混ざり合っている。

D §53＝II一八14―一九2：ストアの情念論の悪霊論化

そして彼女はまことに物質である。なぜなら、四つの指導的な悪霊が彼女によって養われているからである。すなわち、エフエメンフィは快楽に属する者、イオーコーは欲望に属する者、ネネントーフニは悲嘆に属する者、ブラオーメンは恐怖に属する者である。さて、彼らすべての母はエステーシスウク・エピプトエー (Esthensisouch-Epiptoe) である。

さて、これら四つの悪霊から情念が生まれてきたのである。すなわち、悲嘆から（生まれてきたものが）そねみ、妬み、苦痛、苦悩、不一致、不注意、心配、なげき、その他である。また、快楽からは多くの悪と虚ろな自慢とこれらに類するものが生まれてくるものである。さらに、欲望からは怒り、傲慢、および苦［汁、そして］、苦い情欲、飽くことを知らぬこと、およびこれに類するもの。恐怖からは恐慌、へつらい、苦悶、恥辱。

さて、これらすべては有益なるものの種族に属すると共に、悪しきものの種族にも属する。しかし、彼らの真理に対する洞察はアナ［イオー］、とはすなわち、物質的魂の頭である。なぜなら、それはウークエピプトエー (Ouch-Epiptoe) の七つの知覚だからである。

E §54＝Ⅱ一九2―15：立ち上がれないアダム

以上が天使たちの数で、合わせると三百六十五となる。彼らすべては、心魂的かつ物質的身体が肢体ごとに彼らによって完全なものとなるまで、その（身体の）ために働いた。と言うのは、なお残る他の情念の上にはさらに別の者（天使）たちが――これらについては私はまだ君に話してないのだが――存在しているからである。しかし、もし君が彼らについても知りたいと欲するならば、それはゾーロアストロスの書に記されている。さてすべての天使たちと悪霊たちは、その心魂的身体を整え終わるまで働いた。ところが彼らの仕上げたもの全体は長い間動けず、身動きできなかった。

本論考は以上の本文の中でも特に二つの文章に焦点を絞ることにする。いずれも§53（＝D）に現れる。一つは「これらすべては有益なるものの種族に属すると共に、悪しきものの種族にも属する」（Ⅱ一八31―32）、もう一つは「さて、彼らすべての母はエステーンシスウク・エピプトエー（Esthensisouch-Epiptoe）である」（Ⅱ一八18―19）および文言上それと密接な関連を思わせる「それはウークエピプトエー（Ouch-Epiptoe）の七つの知覚だからである」（Ⅱ一九1）という文章である。

第一の文章には、§53という直近の文脈そのものの中でも、かなり唐突な印象が否めない。なぜなら、そこでは悲嘆、快楽、欲望、恐怖の四大情念のみならず、それぞれの下位情念も悪霊から生じてきたものとされているからである。その論述を締めくくる第一の文章が「(これらは)悪しきものの種族にも属する」と言うのは分かりやすい。しかし、「これらすべては有益なるものの種族に属する(と共に)」と述べるのは唐突である。この理由から、これまでの研究史の中でも、この文章の解釈と翻訳に関してさまざまな見解が表明されてきた。

まずS・ギーベルセンは一九六三年に写本IIの校訂本文を提示した際、われわれの翻訳では「これらすべては有益なるものの種族に属する」とある内の「有益なるもの」に該当するコプト語本文 ⲡⲉⲧⲣϣⲁⲩ petrschau を ⲡⲉⲧⲣ[ⲁⲧ]ϣⲁⲩ petr [at] schau と校訂して、(4)「これらすべては無益なるものの種族に属する(と共に)」と訳している。(5) これは NHC II がこの箇所で行っている悪霊論化する解釈に一義的に合わせる見解である。それだけにAJの神話の筋には適合する読みが得られることになる。しかし、ギーベルセンは注解部分でこの問題に関して特別な解説を施しておらず、背後にあるストアの情念論との関連についての論究もない。(6)

ギーベルセンによるコプト語本文の変更の提案はその後の研究においては賛同を見出さなかった。F・ウィッセは一九七七年に初版が刊行された『英語版ナグ・ハマディ図書館』の中で、現存のコプト語本文に沿って、前掲のわれわれの翻訳と同じ訳文を提示しており、その後もそれを堅持している。[7] 二〇〇一年に刊行された『ドイツ語版ナグ・ハマディ文書』では、M・ヴァルドシュタインが「これらすべてはある仕方では有益でもあり、悪しきものでもある」と訳している。[8]

時系列上は戻ることになるが、一九八四年にはM・タルデューが『グノーシス文書』と題するフランス語の著書の中で、やはり現存のコプト語本文に沿ってわれわれと同じように訳している。[9] そしてそれに対する注解部分では、「以上の情念のカタログの結びであるこの文章が『有益であると共に有害である』という表現で言おうとしているのは、それらの情念が造物神にとっては有益であるが、彼の被造物にとっては有害だということであろうと私には思われる」と述べている。[10] これはAJの救済神話の筋から内在的に解釈する試みだと言えよう。ただし、思想史的な背景としてはタルデューはストアの情念論との関連を明確に指摘し、特に古ストア学派は情念の有害性ばかりではなく、その有用性も認めていたという見解を表明している。[11] ただし、そのことを明瞭に示す典拠箇所の提示には成功していない。[12]

最後にB・レイトンは一九八七年の著作『グノーシス文書』で、問題の箇所をやはり現存の本文に沿って、「さて、これらすべては言わば善徳でも悪徳でもあるようなものである」と訳している。[13] その前後の脚注では、ストアの倫理学との並行関係を繰り返し指摘している。事実、レイトンのこの訳文は「善徳」、「悪徳」という文言に明らかな通り、ストアの倫理学のなかでも、情念論から徳論に主軸を移したものになっている。逆にその分、NHC IIのAJがこの箇所でストアの情念論に対して行っている悪霊論化との関係が見えにくくなっている。

さて、第二の問題の文章に現れる「エステーンシスウク・エピプトエー（Esthensisouch -Epiptoe)」と「ウークエピプトエー（Ouch-Epiptoe)」の背後に αἴσθησις οὐχ ἐπὶ πτοῇ というギリシア語のフレーズがあることはすでに研究史上の定説である。その意味は直訳すれば「動揺していない状態での知覚」となる。私が知る範囲では、ストアの学説を伝えるさまざまな伝承の中に、これと完全に重なるような表現は現れない。しかし、その言わんとするところが、ストア学派（それも古ストア学派）の認識論およびそれと密接不可分に結合された情念論の根本命題の一つであることは疑いを容れない。「動揺（プトエー）」状態は知覚を誤らせ、誤った知覚は認識を誤らせ、誤った認識は情念を呼び起こす。従って、「動揺していない状態」とは有名なストアの「アパシー」、すなわち、あらゆる情念から離れた賢者の生き方という積極的な価値と密接につながっているわけである。[14]

他方、グノーシス主義はたしかにストアの宇宙論（自然学）、宿命論、終末論に対しては根本的な異義を申し立てた。[15] しかし、グノーシス主義も情念を否定的に評価していたことは間違いない。他でもない前掲の本文§51－54（B～D）が情念を明瞭に悪霊論化していることが何よりもその証拠である。そのような否定的な評価からすれば、ストアのアパシー論、そして具体的には「動揺していない状態での知覚」（αἴσθησις οὐχ ἐπὶ πτοῇ）というスローガンに対しては、一定程度の共感があり得てしかるべきではないのか。それなのになぜ§53（＝D）では、このスローガンが前記のように固有名詞化され、悪霊たちの「母」とされて、最大限の貶めを受けるのか。

以上で明らかになる本論考の課題は次のようになる。(16)

(1)「これらすべては有益なるものの種族に属すると共に、悪しきものの種族にも属する」という情念に対する両義的な評価は、どこまでAJの神話の筋から内在的に理解することができるのか。また、この文章を含めてストア思想との関連が特に顕著な§51－54は、写本IIの大挿入部分の中で、特にストア的なものを含まないその他の部分とどこまで同列に扱うことができるのか。この点で私の前著『グノーシスとストア』（一九八九年）はその大挿入部分の全体を同一の挿入者によるものとして扱った。しかし、文献学には複数の層が想定できる可能性はないか（→段落II）。

(2) §51－54はストアのどのような情念論を、どのような形で前提しているのか。それはストア哲学の情念論を直接（＝純粋な形で）知っているのか、それとも古代末期の他の学派哲学の学説とすでに折衷された言わば大衆哲学化したストア思想を前提しているのか（→段落III、IV）。

(3) そのストア思想を挿入者はどのような意味と意図で取り上げているのか。挿入者はどこまでストア思想を報告し、どこからそれに対する彼自身のグノーシス主義的な貶めを行っているのか（→段落V）。

II　本文（§51―54）に関する文献学的分析

文献学的には、すでにギーベルセンが§51―54に関してきわめて興味深い事実を指摘している。それは「悪霊たち」（ⲚⲒⲆⲀⲒⲘⲰⲚ nidaimôn）の語がAJのすべての写本の中で、この箇所に集中的に現れることである。[17] NHC IIIとBGでは「悪霊たち」にはただ一回だけ宿命論の文脈（§77）で言及される。NHC IIにもそれに並行する記事があるが、当然ながら大挿入部には属さず、それよりも後である。

(1) II二八19／III三七10／BG七二7：それ（宿命）は、神々と天使たちと悪霊たちとすべての世代が今日まで混ぜ合わせてきた宿命よりも、さらに過酷で強力である。

NHC IIでは「悪霊たち」は大挿入部以外にはさらにもう一箇所だけ、文書末尾の「プロノイアの自己啓示」の場面（§80）に現れる。この場面も大挿入部分と同じでNHC IIにしかない特殊記事である。

(2) II 三一18：そして君の根っこ――とはすなわち、この私、憐れみに富む者（プロノイア）のことである――に立ち戻れ。貧困の天使と混沌の悪霊たち、またすべて君にまとわりつく者たちから身を守れ。

NHC IIで「悪霊たち」が現れるのはその外には合計四回あるが、そのすべてが大挿入部、それも目下問題になっている§51―54に集中している。

(3) II 一八2（§52）：さて、身体全体の中に宿る悪霊たちの源泉は四つに定められている。

ここで言われる四つの「源泉」とは「熱気」、「寒気」、「湿気」、「乾気」のことである。彼らのその下位に従属するのが「身体全体の中に宿る悪霊たち」であるというのだから、この四つもそれ自体が悪霊だとされているわけである。NHC IIが「悪霊」に言及するのはこの箇所が最初である。「身体全体の中に宿る悪霊たち」は、NHC IIの大挿入部を初めからこの箇所まで読んできた目には、延々と順次名前を挙げられてきた無数の「天使たち」（II 一五24、29）と文脈上同定されているように見える。彼らの上位に立つ四つの悪霊たちの「母」は「無限定な物質」であり、「オノルトクラサイ」と呼ばれる。

「物質」
←
「母、オノルトクラサイ」

「熱気」	「寒気」	「湿気」	「乾気」
フロクソファ	オロオルロトス	アテュロー	エリマコー
←	←	←	←
悪霊たち	悪霊たち	悪霊たち	悪霊たち

(4) II 一八15（§53）：四つの指導的な悪霊が彼女（＝II 一八13の「物質」）によって養われている。
(5) II 一八20（§53）：これら四つの悪霊から情念が生まれてきたのである。

ここで言われる「四つの指導的な悪霊」の擬人化された名前は(3) II 一八2（§52）のそれとは違っているが、「物質」を「母」としている点は同じである。ただしその「母」の名前は今度は「エステーンシスウク・エピプトエー」と呼ばれる。「四つの指導的悪霊」からストアの四大情念とその下位情念が生まれてきたとされる。

「母、オノルトクラサイ」＝「エステーンシスウク・エピプトエー」
「物質」

↓

快　楽	欲　望	悲　嘆	恐　怖
エフエメンフィ	イオーコー	ネネントーフニ	ブラオメーン
↓	↓	↓	↓
多くの悪	怒り	そねみ	恐慌
虚ろな自慢	傲慢	妬み	へつらい
これらに類するもの	苦汁	苦痛	苦悶
	苦い情欲	苦悩	恥辱
	飽くことを知らぬこと	不一致	
	これに類するもの	不注意	
		心配	
		なげき	
		その他	

⑹ Ⅱ一九11（§54）：さて、すべての天使たちと悪霊たちは、その心魂的身体を整え終わるまで働いた。

これは§48から続いてきた心魂的人間の肢体と器官の合成の完了を告げる文章である。その肢体と器官の合成は§48によれば「無数の天使たち」（Ⅱ一五24、29）によって始められたのだから、この文章がまず「すべての天使たち」について言及するのは筋が通っている。しかし、それに続く「と悪霊たち」は二次的に付加されたものという印象が拭いがたい。なぜなら、NHC Ⅱが悪霊に最初に言及するのは前出の⑶Ⅱ一八2（§52）であるが、そこでは、すでに述べたように、「身体全体の中に宿る悪霊たち」は§48の「無数の天使たち」と文脈上、すなわち暗黙裡に同定されているからである。そこで暗黙裡に行われた同定がこの文章に至って明言されていると見ることができる。そしてこのことは、§51―54で行われている「悪霊たち」への集中的な言及は、もともとは「無数の天使たち」を主語として進んでいた心魂的人間の合成の物語の中へ、二次的に割って入った可能性を示唆するものである。これと同じ消息が「物質」（ϩⲩⲗⲏ hylê／ὕλη）という語の使われ方（分布）にも認められる。

「物質」は「悪霊たち」ほどNHC Ⅱの専売特許ではない。「悪霊たち」の場合は前出⑵もNHC Ⅱだけの特殊記事なので、NHC Ⅱには全体で六回出る内の五回までがNHC Ⅱだけに見られる言及であって、NHC Ⅲ とBGには(1)の一回しか現れない。それに対して、「物質」にはNHC ⅢとBGもNHC Ⅱと同じように物質的人間の創造、すなわち、まず心魂的な存在として合成された人間がさらに下方にある物質界まで引きずり下ろされて、そこで肉体を被せられることによって物質的人間となる段落で、明瞭に言及される。しかもBGは念入りにも相前後して二回も言及している。

(1) Ⅱ二〇9/Ⅲ二四24/BG五二17（§56）：さて彼ら（アルコーンたち）は、彼（アダム）が輝いており、彼らよりも思考力が強く、悪から自由であることに気がついたとき、彼を捕らえると、物質界全体の底の部分へ投げ込んだ。

(2) Ⅱ二一7/Ⅲ二六18/BG五五7（§58）：そして彼らは彼（アダム）を死の影の中へ連れ込んだ。それは土と水と火と風から再び造り出すためであった。とはすなわち、物質——これは暗闇の無知のことである——と欲望と模倣の霊から。これこそ身体のこしらえ物の洞窟であり、人間の上に強盗たちが着せ付けたもの、忘却の鎖である。そしてこれが死ぬのが常の人間となったのである。これが最初に下降してきたものであり、最初の分裂である。

(3) BG五五13（§58、ⅡとBGには欠）：これこそ鎖、身体のこしらえ物（にとって）の墓であり、人間の上に着せ付けられて、物質への鎖となったものである。

ここで言われる「物質」あるいは「物質界」はAJの神話の筋においては、実は当初からプレーローマの対極に存在しているものである。しかし、それはNHC ⅢとBGでは暗黙の前提であるのに対して、NHC Ⅱだけは明言する。しかもそれは神話の筋の展開上もっとも相応しい場面、すなわち、プレーローマの至上神がヤルダバオートに自分の姿（人間の姿）を啓示する場面で行われている。同じ場面はもちろんNHC ⅢとBGにもあるが、そこに「物質（界）」についての言及はないのである。

(4) Ⅱ一四28（§46）：すると第一のアルコーンのアイオーン全体が震えた。そして下界の基盤が揺れ動いた。そして、物質の上に在る水を通して、その下側が、今現れてきた彼の影像の［　］によって［輝い］た。

さて、NHC Ⅱは以上の箇所の外にも、なお二回「物質」について言及する。「物質的」（ὑλική ὑλικόν）の形容詞形も入れて合計四回がすべて外でもない§52–54に集中しているのである。

(5) II一八5（§52）：しかし、それら（=悪霊たちの四つの源泉）すべての母は物質である。

(6) II一八13（§53）：そして彼女（オノルトクラサイ）はまことに物質である。

(7) II一八34（§53）：しかし彼らの真理に対する洞察はアナ［イオー］、とはすなわち、物質的（ὑλική）魂の頭である。

(8) II一九6（§54）：彼らすべては、心魂的かつ物質的（ὑλικόν）身体が肢体ごとに彼らによって完全なものとなるまで、その（身体の）ために働いた。

§52–54でこのように集中的に繰り返される「物質」への言及は、(8)がいみじくも明言するように、ここですでに「心魂的かつ物質的身体」の合成が考えられていることを疑問の余地なく証明している。しかし、これはAJの神話の筋の展開には適合しない。心魂的人間の上に物質的身体が被せられるのは、すでに(1)と(2)について述べたように、後出の§56–58の主題なのである。この齟齬については、B・レイトンもすでに指摘している通りである。[18] 大挿入のそれ以外の部分は心魂的人間の肢体と器官の合成という主題をしっかり意識しているのに対して、§52–54にはその意識が欠けているのである。

以上、「悪霊たち」と「物質」という二つのキーワードの分布状況の観察を綜合すると、一つの文献学的な仮説が成り立つ。すなわち、§51–54は大挿入部分の中でもさらに二次的に挿入されたもの、言わば「大挿入中の挿入」だという仮説である。この「大挿入中の挿入」は大挿入部の終りの部分で行われた。この挿入を行った者は§54で大挿入部の元来の結びに手を加えながら、自分が行った「大挿入中の挿入」との統合を図っていると考えられる。すなわち、「無数の天使たち」による心魂的人間の合成の話の結びを、「悪霊たち」による「物質的」人間（身体）の創造の話の結びにしてしまうという力業である。

今仮にこの観点から§54を元来大挿入部の記事であったと思われる傍線部分と、さらに事後的に行われた挿入によると思われる部分に腑分けすることを試みれば、二つの可能性があると私は思われる。一つは本論考の冒頭に掲出した本文Eの腑分けである。それと並んで、次のように腑分けすることも可能だと思われる。

以上が天使たちの数で、合わせると三六五となる。彼らすべては、心魂的かつ物質的身体が肢体ごとに彼らによって完全なものとなるまで、その（身体の）ために働いた。と言うのは、なお残る他の情念の上にはさらに別の者（天使）たちが――これらについては私はまだ君に話してないのだが――存在しているからである。しかし、もし君が彼らについても知りたいと欲するならば、それはゾーロアストロスの書に記されている。さてすべての天使たちと悪霊たちは、その心魂的身体を整え終わるまで働いた。ところが彼らの仕上げたもの全体は長い間動けず、身動きできなかった。

この二つの腑分けのどちらを採用するかは、あまり大した違いを生まない。決定的なことは、どちらの場合にも傍線を付した部分が、本論考の最初に掲出した本文A（＝§50の最後の部分）に自然につながるという事実である。すなわち逆に言えば、本文B～Dに§54の傍線なしの部分を加えたものが、大挿入部の本文に対してさらに事後的に行われた挿入、「大挿入中の挿入」であると考えられる。これがわれわれの文献学的な観察から引き出される結論である。この結論には仮説以上の蓋然性があると私には思われる。

さて、「大挿入中の挿入」を行った者がストアの認識論、属性論（混合論）、情念論に特別の関心を抱いていることは明らかである。そして、特に情念論に関しては次のように断っている。

と言うのは、なお残る他の情念の上にはさらに別の者たちが——彼らについては私はまだ君に話してないのだが、存在しているからである。しかし、もし君が彼らについても知りたいと欲するならば、それはゾーロアストロスの書に記されている。（§54、Ⅱ一九7—10）

したがって、大挿入中の挿入者は文献資料を駆使していることは明白である。その『ゾーロアストロスの書』は該当するストアの諸理論をどのように体現していたのだろうか。このことを見るためには、ストア哲学のとりわけ情念論の基本線の復讐から始めなければならない。

III　古ストア学派の情念論

『古ストア哲学者断片集』[19]に収められたいくつかの証言から知られるように、古ストア学派は人間の魂を八つの部分に区別していた。

ストア派の人々は、（魂は）八つの部分から構成されていると言う。その内の五つは感覚を司るもので、視覚、聴覚、臭覚、味覚、触覚がその五つである。第六の部分は言語、第七の部分は生殖を司る。第八は指導的部分（τὸ ἡγεμονικόν）そのもので、これによってその他の部分すべてがそれぞれに備わる器官を通して統制される。それはちょうどイソギンチャクの触手の絡み合いに似ていると言う。[20]

ここで言われる「指導的部分」は宇宙全体を統率する「指導的理性」（ロゴス）に対応するもので、情念はその誤った判断（κρίσις/δόξα）、言わば一種の病気として説明される。その誤判断に導く原因の一つが「動揺」（πτοία = πτοή）である。この関連が最も明瞭に読み取られる証言を二つだけ挙げておこう。最初のものはストバイオス、二番目のものはプルタルコスの証言である。

彼ら（ゼノンとその他のストア派の哲学者たち）が言うには、情念（πάθος）とは過剰でロゴスの指令に従わない衝動であるか、あるいは本性（自然）に反した魂の非理性（ロゴス）的な動きのことである（ただし、すべての情念は魂の指導的部分［ヘゲモニコン］に属するものである）。それゆえ、あらゆる動揺（πτοία）も情念であり、また逆にあらゆる情念は動揺である。さて、情念というものがこのようなものであるとすると、その内のいくつかは主導的な情念で、その他のものはそれら主導的な情念に帰属すると想定するべきである。その主導的な情念とは、欲望（ἐπιθυμία）、恐怖（φόβος）、悲嘆（λύπη）、快楽（ἡδονή）の四種類である。その内、欲望と恐怖は時間的に予め生じるものである。欲望は現れてくる善に対するもの、恐怖は現れてくる悪に対するものである。それに対して、快楽と悲嘆は時間的に後から生じてくるものである。快楽は我々が手に入れたいと欲していたものを手に入れた時、あるいは恐れていたことを逃れることができた時に生じ、悲嘆は手に入れたいと欲していたものを手に入れ損ねた時、あるいは恐れていたことにはまってしまった時に生じてくる。[21]

彼ら（ゼノン、クリュシッポス他）は全員一致して、善徳は魂の指導的部分（ヘゲモニコン）の一定の状態と力のことであり、ロゴスによって生み出されたものだという見解である。というよりも、善徳は調和して、強くて、揺らぐことのないロゴスに外ならないと想定している。また、魂の中の情念的部分と非理性的な部分も何か特別な違いや本性によって魂の理性的な部分から区別されているわけではなく、同じ魂の一部だと考えている。その部分のことを彼らは「思考」(διάνοια) あるいは「指導的部分」(ἡγεμονικόν) と呼んでいる。それは完全に変容して情念（πάθη）となり、状態や性質の変化にもなる。その結果、悪徳にもなれば善徳にもなる（κακίαν τε γίγνεσθαι καὶ ἀρετήν)。そしてそれは自分自身の内には何も非理性的なものを持ってはいない。そうではなくて、それが非理性的と呼ばれるのは、過剰な衝動が強くなって（魂を）支配するようになった時、理性の決断に逆らって何かよからぬことに引きずられてしまう場合である。なぜなら、情念もまたロゴスだからである。ただしそのロゴスは、邪悪で誤った判断（κρίσις）が強くなって力を獲得したために、悪しきロゴス、かつ懲らしめが効かないロゴスになってしまっているのである。[22]

我々にとってとりわけ重要なのは、「あらゆる動揺（πτοία）も情念であり、また逆にあらゆる情念は動揺である」という文章である。魂の「指導的部分」の「動揺」は「無知」（ἄγνοια）と同じように、邪悪で誤った判断（κρίσις）に導く。そこから悪徳が生じる。善徳とは「指導的部分」がすべてその逆の状態にある時に生まれてくる。これがストアの情念論の「際立った主知主義」と呼ばれるものである。(23)

以上の証言に照らせば、AJ§53の「エステーンシスウク・エピプトエー」と「ウークエピプトエー」の背後にあるスローガン αἴσθησις οὐχ ἐπὶ πτοῇ が古ストア学派の情念論そのものであることは明白である。AJはこれを悪霊論化して貶めるわけであるが、§53の末尾で「彼ら（=悪霊化された四大情念とその下位情念）の真理に対する洞察はアナ「イオー」、とはすなわち、物質的魂の頭である。なぜなら、それはウークエピプトエーの七つの知覚である」と述べる。ここでストアの魂の八部分説が意識されていることは間違いない。ウークエピプトエーはストアが言う魂の「指導的部分」（ヘゲモニコン）をパロディ化したものに外ならない。文脈上そのウークエピプトエーと同定されているエステーンシスウク・エピプトエー（§53）と「オノルトクラサイ」（§52）についても同じことが言えよう。

それでは、同じAJの§53の「これらすべては有益なるものの種族に属すると共に、悪しきものの種族にも属する」についてはどうであろうか。以上に紹介した古ストア学派の情念論に関する証言の中で、この発言に最も近接するのはプルタルコスの証言の中の次の一節である。――「（彼らは）また、魂の中の情念的部分と非理性的な部分も何か特別な違いや本性によって魂の理性的な部分から区別されているわけではなく、同じ魂の一部だと考えている。その部分のことを彼らは（中略）『指導的部分』と呼んでいる。それは完全に変容して情念となり、状態や性質の変化にもなる。その結果、悪徳にもなれば善徳にもなる。」B・レイトンがAJ §53の前掲の文章を「さて、これらすべては言わば善徳でも悪徳でもあるようなものである」と訳す(24)のは、おそらくこの証言を意識したものであろう。この場合、AJの§53のこの文章は古ストア学派の情念論、それも特に「指導的部分」に関する理論をほぼそのまま書き留めたものということになる。

しかし、私の判断では、B・レイトンの解釈は保持しがたい。なぜなら、古ストア学派にとって、情念と悪徳は確かに善徳と同じように同一の「指導的部分」から生じてくるが、その情念と悪徳そのものはあくまで「本性（自然）に反した魂の非理性（ロゴス）的な動き」なのであって、その「有益性」が容認されることはないからである。情念は魂の「指導的部分」の言わば「病気」なのであり、(25)それを根絶して「アパシー」の生き方に到達することがストア的「賢者」の一大事業なのである。それとは対照的に、AJ §53の前掲の文章は、その直前まで悪霊論化しながら列挙してきた四大情念と下位情念そのものを指して、その有害性と同時に有益性をも承認しているのである。古ストア学派との違いは見逃しようもない。

さて、古ストア学派は原則として四大情念を筆頭とする情念一般を否定的に評価したが、例外的に「善い情念」についても語った。例えばディオゲネス・ラエルティオスは次のように報告している。

しかしながら、彼らの主張するところでは、三つの「善い情念」（εὐπαθείαι）もあるのであって、喜び（χαρά）と用心深さ（εὐλάβεια）と願望（βούλη）とがそれである。そして喜びとは、快楽（ἡδονή）とは反対のものであって、理にかなった（魂の）高揚のことである。また用心深さとは、恐怖（φόβος）とは反対のものであって、理にかなった忌避のことである。というのも、賢者は決して恐怖心を抱くことはないであろうが、しかし用心深くはするだろうからである。さらに、願望とは、理にかなった欲求（εὔλογος ὄρεξις）のことであるから、欲望（ἐπιθυμία）とは反対のものであると彼らは言っている。さて、基本的な情念の下には、いくつかの情念が帰属しているように、これらの基本的なよき情念の下にも同様に、それらに帰属する下位の善い情念がある。すなわち、願望の下には、好意、親切心、温情、そして愛情が。また用心深さの下には、慎みと崇敬心が、さらに喜びの下には、うれしさ、快活さ、朗らかさが、それぞれ帰属するのである。[26]

しかし、三つの「善い情念」のいずれも明瞭に「快楽」、「恐怖」、「欲望」とは「反対のもの」

と定義されているから、これらの四大情念とその下位情念にこそこだわっているAJ§53の問題の文章の背後に、古ストア学派のこの情念論が意識されているとはとても想定できない。[27]

以上から明らかになった通り、AJ§53が容認している情念の有益性は古ストア学派の情念論からは説明できない。その可能性を指摘するM・タルデューの見方には賛成できない。[28] ストア哲学と並ぶヘレニズム期の学派哲学の中で情念の有益性を容認したのは、ペリパトス学派であった。古ストア学派の情念論は外でもないペリパトス学派のそのような情念論を終始意識し、それに激しく対抗するものであった。[29] AJ§53が情念の有害性と同時に有益性を認める背後には、むしろペリパトス学派の情念論があると考えるべきなのだろうか。

Ⅳ　古ストア学派の情念論の影響史

M・タルデューはAJ§53が容認している情念の有益性に関して、古ストア学派の情念論と並べて『偽クレメンス文書』の『ペトロの講話集』のいくつかの箇所も参照対象として指示している。[30]

その中でわれわれの設問と最も関連性が高いと思われる箇所を一つだけ、いささか長くなるが、私訳で掲出する。

そこで今度はペトロが言った。「そういうわけで悪しき者は永遠から存在するわけではなく、そうあることもできない。なぜなら、痛みを味わうことと死ぬことは我々に降り掛かってくる出来事であって、もし我々に（身体の）強さがあれば、それらは何でもないからである。というのも、痛みを感じるとは何かが不調和であること以外の何であろうか。死とは霊魂が身体から離れること以外の何であろうか。それゆえ調和があれば、そこには痛みを感じることもないのである。また死ぬことも存在全体に関わることではないのである。なぜなら、死とは、すでに述べた通り、霊魂が身体から分離することに外ならないからであるが、その分離が起きる時には、身体は本性上感覚を持たないものであるから、解消される。しかし、霊魂の方は感覚を持っているから、生きることになる。それゆえ、調和があるところには、痛みを感じることも死ぬこともなく、最後には人間に死をもたらすような植物も地を這う動物もいないことになるだろう。それゆえ、不死性が支配するところでは、すべてが理性に適って（εὐλόγως）生じたと見えるであろう。そしてその通りになるであろう、もしキリストの平和の御国が支配して、人間が義のゆえに不死なる者となる時には。そしてまた人間の属性（混合 κρᾶσις）が善い状態にあって激しい衝動（ὁρμάς）に襲われることがなく、またその知識（γνῶσις）も間違いがなく、何か悪しきものを善きものと勘違いすることもなく、さらに痛みを感じることもなく、死ぬことがない者となる時には。」

するとシモンが言った、「以上のことはあなたが言われる通りです。しかし、今現下のこの世では人間はあらゆる種類の情念にさらされていると思いませんか。私が言うのは、欲望（ἐπιθυμία）、怒り（ὀργή）、苦痛（λύπη）、そしてその種の情念（τὰ τοιοῦτα）のことです。」すると今度はペトロが言った、「それらの情念も我々に降り掛かってくるものの一部であって、永遠に存在するものの一部ではない。しかし、それら降り掛かってくるものも霊魂には有益であることが分かるだろう。なぜなら、まず欲望（ἐπιθυμία）は万物を美しく創造した方によって生き物に備えられたものだからである。それはその欲望によって導かれて性交を求める情念が人類を満たし、もしそこで人類がより善きものの方を選べば、そこから永遠の生命に通じる有益なことが沢山生じてくるためである。ところが、そもそも欲望がなければ、誰も女と性交しようとはしないだろう。現に人間は性交を自分自身の快楽のために行っているとも言えるが、実はそのことによって創造主（原文：あの方）の意志を実行しているのである。しかも、もし誰かが法にかなった結婚のためにこの欲望を用いるのであれば、その人は不敬虔なわざをしていることにはならない。反対に、もし姦淫の衝動に駆られて行うのであれば、その人は不敬虔なことをしているのである。その人はその報いを受ける。なぜなら、本来は善きことのために与えられたものを悪く用いたからである。怒り

(ὀργή) もまた同じように、神に許されて我々の中の本性の座を得たのである。それは我々が怒りによって罪を退けることへ導かれるためである。しかし、その怒りももし度を過ごして用いれば、不正を犯すことになる。反対に適度に用いれば、正義を実行することになる。我々はまた苦痛(λύπη) も蒙る存在である。その結果、親族、妻、子供たち、兄弟たち、両親、友人、その他の者たちが死んだ時には痛みを共有するのである。もしそのような痛みを共有することができなければ、我々は人間ではないことになるであろう。その他すべての情念 (τὰ ἄλλα πάντα) も、なぜそれが生じてきたのかが分かれば、然るべくしてそうあることが明らかになるであろう。(『ペトロの講話集』XIX二〇6—二一7)[31]

ここでは古ストア学派の情念論の場合とは明らかに異なって、「欲望」以下の主要な情念[32]そのものが、場合と用い方によっては有用であることが明瞭に容認されている。この容認はヘレニズム期の情念論の系譜としては、ペリパトス学派の系譜に属すると見るべきであろうか。現在全二〇篇から成る『ペトロの講話集』は繰り返しギリシア神話と哲学の伝統にも言及するが、特定の学派哲学を特権的に称揚することはないように私には思われる。少なくとも、ストア哲学の伝統については、そのように言わざるを得ない。しかし、前掲の翻訳で特に傍線を引いて強調した部分はストアの情念論の影響下にあると見てもあながち不当ではないように思われる。最初の傍線部には、古ストア学派の情念論に関連してすでに引用したプルタルコスの報告の次の一節を想起させるものがある。——「過剰な衝動が強くなって（魂を）支配するようになった時、理性の決断に逆らって何かよからぬことに引きずられてしまう場合である。なぜなら、情念もまたロゴスだからである。ただしそのロゴスは、邪悪で誤った判断（κρίσις）が強くなって力を獲得したために、悪しきロゴス、かつ懲らしめが効かないロゴスになってしまっているのである。」[33] また、二番目と三番目の傍線部に現れる「そしてその種の情念」（τὰ τοιοῦτα）と「その他すべての情念」（τὰ ἄλλα πάντα）という文言は、古ストア学派以来のストアの情念論のカタログ的な表現法そのものであり、AJ §53でも前後三回繰り返されているものである。

それにも拘らず、以上をもってしても、『偽クレメンス文書』の『ペトロの講話集』の前掲の箇所を一義的にストアの情念論の系譜に帰属させるには、おそらく不十分と言わざるを得ないだろう。少なくとも、ペリパトス学派の影響が折衷的に働いている可能性が排除できないように思われるからである。[34]

しかし、われわれは明瞭にストアの情念論の影響下にありながら、魂の「指導的部分」の情念に対するその否定的評価を言わば相対化あるいは中立化する本文を少なくとも一つ手にしている。しかもそれはユダヤ教とキリスト教の影響下に生み出された本文である。『十二族長の遺訓』の中の「ルベンの遺訓」二章1節—三章7節がその本文である。まず、この箇所を翻訳で掲出すれば次の通りである。

二 1 さあ子供たちよ、聞け。わたしが悔いた時に、七つの誤らせる霊に何を見たかを。2
この七つの霊は人に与えられ、若年の行為を司るのである。3 そして別の七つの霊が創造に
際して人間に与えられた、それは人間のあらゆる行為がこの七つの霊によってなされるため
であった。4 第一に生命の霊。これによって（人間としての［身体としての］）統一が保たれる。
第二に視覚の霊。これによって願望（欲望）が生じてくる。5 第三に聴覚の霊。これによっ
て訓育が行われる。第四に臭覚の霊。これによって空気を吸うことと呼吸が刺激される。6
第五に話すことの霊。これによって認識が生じる。7 第六に味覚の霊。これによって食物と
飲み物が享受される。そして食物は力のもとだから、力もこの霊によって造り出される。8
第七に精子と性交の霊。これによって罪が愛を通って情欲に至る。9 それゆえにこの霊が創
造の最後であるとともに、若年の初めである。というのは、この霊は無知の罪で満ちていて、
若者を目が見えない者のように手引きして穴にはまらせ、まるで家畜のように深みに陥れる
からである。**三** 1 これらすべてに加えて第八の霊として睡眠の霊がある。この霊によって、
（性的？）本性が狂喜し、死のひな型が造られる。2 これらの霊には誤らせる霊[35]が混じり合っ
ている。3 第一に姦淫の霊は本性と感覚にある。第二に貪欲の霊は腹にあり、4 第三に争い

の霊は肝臓と胆汁にあり、第四に追従とおべっかの霊で、これは無益なことをして人に気にいられようとする。5 第五におごりと高慢の霊、第六に嘘言の霊。これは破壊と嫉妬の霊で、肉親や友人から言葉を隠す。6 第七に不法の霊。窃盗と強盗がこの霊に属する。不法はその他の霊と共にもちつもたれつで働くので、心の欲望を実行する。7 これらすべてに、睡眠の霊が加わる。これは誤りと幻想の霊である。[36]

以上掲出した本文の内、傍線を付した部分が二次的な挿入であること、またその挿入を行った者がストアの情念論の影響下にあることは、すでに研究上の多数意見となっているように思われる。[37] 我々もこの判断に賛成する。我々の判断では、挿入者の根本的な関心はストアの魂の「指導的部分」(ヘゲモニコン)に関わる情念論を大衆的に焼き直した形で導入することにある。

挿入が行われる前の本文では、二1―2が明言するように、「七つの誤らせる霊」が主題となっていたことは明らかである。それに対して挿入者は「別の七つの霊」が人間に与えられているとして、まず二3―9でその七つの霊を列挙する。それらの「霊」は「誤らせる霊」とは「別の霊」と言われる通り、最後(第七)の「精子と性交の霊」だけを例外として、人間にとって原則としてプラスに働く力と評価されている。

続けて挿入者は三1で「これらすべてに加えて「第八の霊として睡眠の霊がある」と言って、第八の霊を導入する。その働きは「この霊によって、(性的?)本性が狂喜し、死のひな型が造られる」とあるので、第七の霊と同じように否定的である。事実、同じ「第八の霊」は、三3—6で七つの「誤らせる霊」が挿入以前の本文にそって列挙された後に、三7で再び二次的に否定的な働きの霊として挿入されている。[38] 挿入者が三1と三7でそのようにほぼ同じ文言で「第八の霊」を二次的に導入することによって達成しようとしているのは何よりも、「誤らせる霊」と「別の霊」の数をどちらも「八」にすることである。

そして、この「八」によって彼が古ストア学派以来の魂の八部分説を考えていることはまず間違いない。さらに決定的なのは、三2の「これらの霊には誤らせる霊が混じり合っている」という文章である。ここで言う「これらの霊」は二3—三1で数え上げられた七つの「別の霊」+「第八の霊」のことである。これら八つの霊が三2—7で数え上げられる七つの「誤らせる霊」+「第八の霊」と「混じり合っている」と言うのである。これは古ストア学派の情念論が「魂の中の情念的部分と非理性的な部分も何か特別な違いや本性によって魂の理性的な部分から区別されているわけではなく、同じ魂の一部だと考えている」[39] ことに対応している。つまり、挿入者は古ストア学派が言う魂の八部分をそれぞれ「霊」として実体化して独立させると同時に、「指導的部分」の両義性(情念という「病気」にも罹るが、本性に従って理性的に働くこともある)を「誤らせる霊」と「別の霊」に二分割した上で、現実にはその両者の「混じり合い」が起きると考えているのである。ここでは、確かに四大情念あるいはその下位情念が文言として明瞭に言及されているとは言えず、ましてやそれらの有益性が容認されているわけでもない。しかし少なくとも古ストア学派がそれらの情念に与えていた一義的に否定的な評価は相対化される方向へ進んでいると言えるであろう。

AJ §51–54で大挿入部に対してもさらに二次的な挿入を行った人物が手にしていた資料『ゾーロアストロスの書』も、「ルベンの遺訓」二章3節–三章2、7節の二次的挿入と方向としては同じ方向へ進んでいたのではないかと推定される。それは古ストア学派の情念論をベースにしながらも、ひょっとしたらペリパトス学派の言う情念の有益性の観念も折衷的に取り込んでいたかも知れない。また、『ゾーロアストロスの書』は情念をさまざまな天使（あるいは悪霊）たちの支配下にあるものと表象していた。情念のこのような神話論化は間違いなく前記の「ルベンの遺訓」への二次的挿入と軌を一にしている。

V 『ヨハネのアポクリュフォン』§51−54の情念論――むすび

最後に、『ゾーロアストロスの書』に基づいてAJ §51−54で「大挿入中の挿入」を行った人物が、この挿入によってストアの情念論の系譜に対してグノーシス主義の立場から行った評価を明らかにして結びに代えたい。

まず最初に、本論考の重要な結論の一つであるが、その人物はAJの神話全体に対して自分の挿入部分が物語の筋の上で整合するかどうかについて無頓着だと言わなければならない。従って、S・ギーベルセンとM・タルデューが§53の「これらすべては有益なるものの種族に属すると共に、悪しきものの種族にも属する」という問題の文章をそれぞれの仕方でAJの神話の筋から内在的に解釈しようとしている試み(40)は意味がないのである。そのような神話内在的な解釈にとっては、ヤルダバオートの配下の七人の支配者がそれぞれ二重の名前を持っていると言われる次の件(§42)が具体的に一つの手懸りになると思われるかも知れない。

これらは一方では上なるものの栄光に従って名付けられたもので、［彼らの］力［を滅ぼす］ためのものである。しかし、彼らのアルキゲネトールによって彼らに付された名前は彼らの間で力ある業をなす。しかし、上なるものの栄光に従って彼らに与えられている名前は、彼らにとっては滅びであり、無力をもたらすものである。その結果、彼らは二つの名前を持っているのである（Ⅱ一二26―一三4／Ⅲ一七5―17／BG四〇19―四一12）。

しかし、文言上の類似性は認められるものの、§51―54で「大挿入中の挿入」を行った人物がこの箇所を念頭においていた可能性はまずない。彼にはそこまでの射程距離を備えた物語上の遠近法は存在しないからである。

その人物にとっては、むしろストアの情念論を認識論、属性論（混合論）とともに悪霊論化して貶めることが最大の関心事であった。彼が§51―54でAJの神話全体の筋を無視してまで「悪霊」および「物質」という二つのキーワードを集中的に持ち込んだのはそのためである。もちろん、これはすでに彼が用いている『ゾーロアストロスの書』ですでに始まっていたのかも知れない。しかし、たとえそうであっても、我々の言う挿入者が一段とその悪霊論化を推し進めたことは間違いないと思われる。

同時に、この悪霊論化はストアの情念論を特徴づける「際立った主知主義」（M・ポーレンツ）に対する痛烈な批判となっていることに注意したい。「動揺していない状態での知覚」（αἴσθησις οὐχ ἐπὶ πτοῇ）はストア学派にとってはきわめて積極的な命題である。それは情念を根絶した「アパシー」というストアの倫理の根本命題に通じている。§51－54の「大挿入中の挿入」を行った人物が一人のグノーシス主義者として、情念の根絶に対するストアのこの情熱に共感することは、原理的には十分にあり得たことであろう。しかし、彼はそうしないで、前記のストアの命題を「エステーンシスウク・エピプトエー」あるいは「ウークエピプトエー」というジャルゴンに貶め、グノーシス主義にとっては悪の原理そのものである「物質」と同定し、さまざまな悪霊たちの母として神話論的に擬人化したのである。彼はストアの情念論が情念を否定的に評価していることに異義を唱えているのではなく、そのストアの情念論が情念を際立って主知主義的に定義していることに痛烈な異義を唱えているのである。[41]

NHC IIのAJはすでにこの人物が「大挿入中の挿入」を行うよりも前の段階で、造物神ヤルダバオートをストア学派の言う魂の「指導的部分」と部分的に同定していた。そのことによって、マクロコスモス全体の魂の「指導的部分」は最高の第八天（アイテールの領域）にあるとしたストアの宇宙論を論駁していたのである。[42] §51－54で「大挿入中の挿入」を行った人物は、同じ魂の「指導的部分」に対する論駁を人間というミクロコスモスの魂に関わるストアの情念論の枠内で遂行しているのである。

注

（１）本論考は最初、日本聖書学研究所編『聖書学論集』第四二号（二〇一〇年）、一六五―一九二頁に発表したものである。その直後にフェルシンキ大学のイズモ・ドゥンダーベルクに請われて、論文集 Stoicism in Early Christianity, Tuomas Rasimus, Troels Engberg-Pedersen, and Ismo Dunderberg (ed.), Baker Academic, Grand Rapids, Michigan 2010, 239-256 に、英語版 Critical Reception of the Stoic Theory of Passions in the *Apocryphon of John* を寄稿している。

（２）この結果、NHC III, 1 と BG 8502, 2 は短写本、NHC II, 1 と IV, 1 は長写本とも呼ばれる。ただし、IV1 はあまりにも断片的であるために、ほとんどの場合問題にならない。

（３）『ナグ・ハマディ文書Ⅰ 救済神話』、岩波書店、一九九七年所収。§番号もこの邦訳に準じる。ただし、後述の便宜のためにＡ～Ｅの記号も併せて付す。

（４）**ⲁⲧ** at はコプト語で否定形の名詞や形容詞を造るための接頭辞で、英語の in-/un- に相当する。

（５）S. Giversen, Apocryphon Johannis. The Coptic Text of the Apocryphon Johannis in the Nag Hammadi Codex II with Translation, Introduction and Commentary, Copenhagen 1963, 80. II 18, 31-32 全体は all these of that kind of that which ist useless and that which is evil.

（６）S. Giversen、前掲書、250-251.

（７）F. Wisse, in : J. M. Robinson [ed.], The Nag Hammadi Library in English, Leiden/New York 1977, 109; 3ed., 1988, 115: “All of these are like useful things as well as evil things.” ; F. Wisse /M. Waldstein (ed.), The Apocryphon of John. Synopsis of Nag Hammadi Codices I,1; III,1; and IV, 1 with BG 8502, 2, Leiden 1995,

NHMS XXXIII, 111.

（8）M. Waldstein, Das Apokryphon des Johannes (NHC II,1; III,1; IV,1 und BG 2), in:Nag Hammadi Deutsch I, Berlin 2001, 130: “All diese sind in eriner Weise nützlich, aber auch schlecht.”

（9）M. Tardieu, Écrits Gnostiques 1984, Paris, 130: Toutes ces (passions) sont utiles et nuisibles.

（10）M. Tardieu, 前掲書、315.

（11）M. Tardieu, 前掲書、315: ”Le thème de utilité des passions vient de l’ancien stoicisme.”

（12）M. Tardieu, 前掲書、130 に SVF III 391, 400, 401,407, 409,414 への指示があるが、この内の一つも情念の有益性について証言しない。

（13）B. Layton, The Gnostic Scriptures, NY 1987, 43.

（14）M. Pohlenz, Die Stoa I. Geschichte einer geistigen Bewegung, Göttingen 1978, 5. Aufl., 150-152.

（15）T. Onuki, Gnosis und Stoa. Eine Untersuchung zum Apokryphon des Johannes, Freiburg in der Schweiz/Göttingen 1989.

（16）M. Waldstein/F. Wisse (ed.), The Apocryphon of John. Synopsis of Nag Hammadi Codices II,1; III,1; and IV,1 with BG 8502, 109（II 一八－一九への注）と 111（II 一九 1 への注）によれば、NHC II はストアの情念論のスローガン αἴσθησις οὐχ ἐπὶ πτοῇ を固有名詞と誤解した上で、“bastardization” していると見る。挿入者はストアの情念論の主知主義までは理解しなかったということになるのだろうか。

（17）S. Giversen, 前掲書、250.

（18）B. Layton, p.43, n.19b (to II 19,3) : “and material body”: with these word the narrator anticipates slightly, since the material body's creation is described at 20,28f. The present passage tells only how the "animate ... body was completed." なお、ここでレイトンが指示しているII二〇28―29では物質的人間の創造が主題になってはいない。何かの間違いと思われる。

（19）Johannes von Arnim(Hg.), Stoicorum Veterum Fragmenta, 4 Bde 1903-1924, Nachdruck Stuttgart 1968.（以下 SVF と略記）

（20）引用は Äetius, De placitis reliquae IV, 4,4 (H. Diels, Doxographi Graeci, 390, 5-13)。その他にゼノンについて SVF I 143、クリュシッポスについて SVF II 879 も参照のこと。

（21）SVF III 378 ＝ Stobaeus, ecl. II 88, 6。なお、「あらゆる動揺（πτοία）も情念であり、また逆にあらゆる情念は動揺である」の後半に並行する文章は、学派の創始者ゼノン自身の発言としても伝わっている。SVF I 206 ＝ Stobaues, ecl. II, 7, 1 参照。

（22）SVF III 459 ＝ Plutarch, De virtute morali 441C-D。その他に SVF III 459 ＝ Plutarch, De virtute morali 446F-447A も参照。

（23）M. Pohlenz, 前掲書、144, 147; M.L. Colish, The Stoic Tradition from Antiquity to the Early Middle Ages 1, Leiden, 1990, 44.

（24）前出注13参照。

（25）M. Pohlenz, 前掲書、150.

（26）SVF III 431 ＝『ギリシア哲学者列伝』VII一一六。ただし、SVF はVII一一五と標記（誤植?）。邦訳は『ギリシア哲学者列伝・中』、加来彰俊訳、岩波文庫、二九四―二九五頁。

(27) たしかに、デイオゲネス・ラエルティオスの前掲の報告の中に出る「欲求」(ὄρεξις) は否定的情念の一覧表にもよく出てくるから、まさに中立の情念。この点については SVF III 442 (= KlemAlex, Strom IV 18,5) を参照のこと。——「そこでこの点について精通している人々は欲求 (ὄρεξις) を欲望 (ἐπιθυμία) から区別しているのである。彼らは欲望の方は快楽 (ἡδονή) と放埒に向かう非理性的なものと位置づけ、欲求の方は本性上必然的なものに向かうものとして理性的な動きだとしている。」しかし、私が見る限り、善悪両方の情念に関わる情念はこれが唯一の事例だと思われる。

(28) 前出注10を参照のこと。

(29) Cicero,Tusculum IV, 37-57 (iracundia/φόβος, libido/cupiditas/ἐπιθυμία, aegritudo/λύπη); Seneca, De Ira, I, 5,1-17,7 (怒りの有用性 [utilitas/utiliter] について); M. Pohlenz, ibid. 150 (Metriopathie); E. Milobenski, Der Neid in der griechischen Philosophie, Wiesbaden 1964, 89 を参照。

(30) M. Tardieu, 前掲書、316.

(31) B. Rehm (Hg.), Die Pseudoklementinen I: Homilien, Berlin 1953, 264-265.『ペトロの講話集』の基層には『ペトロの宣教集』と呼ばれる資料が用いられていたとする仮説が、現在までの研究上の定説である。その『ペトロの宣教集』には青野太潮による邦訳が『聖書外典偽典・別巻・補遺II』、教文館、一九八二年、一二九—一六五頁に収録されている。しかし、目下本文で引照中の段落(XIX 二〇6—二一7)は『ペトロの宣教集』の一部とは見做されてはいない。『ペトロの講話集』全体にわたる邦訳はまだ存在しない。しかし大貫隆『イエスの「神の国」のイメージ——ユダヤ主義キリスト教への影響史』、教文館、一九二一年の付論2(二八五—三四四頁)に「あらすじ」の要約がある。目下本文で引照中の段落（XIX二〇6―二一7）については、三二六―三二七頁を参照。物語上の状況は、パレスティナの地中海沿岸を宣教しながら北上するペトロが、途中のラオディキアで宿敵である「魔術師シモン」（実はパウロ）との公開討論会に設定されている。

(32) 通常の四大情念は「欲望」、「悲嘆」、「快楽」、「恐怖」であるが、ここでは「恐怖」の代わりに「怒り」になっている。

(33) 前出注22参照。

(34) 同じような折衷の例としては第四マカバイ記を挙げることができるかも知れない。この文書の情念論は基本的にストアのそれを前提にしているが、ペリパトス学派の情念論の影響も指摘されている。P. v. Gemünden, La gestion de la colère et de l'agression dans l'antiquité et dans le Sermon sur la montage, Henoch 25, 2003, 19-45; G. Theißen, Erleben und Verhalten der ersten Christen. Eine Psychologie des Urchristentums, Gütersloh 2007, 426（注25）を参照のこと。

(35) ギリシア語の原文には単数と複数の読みがある。複数形は三3―6の悪徳の霊を先取りすると当時に、二2を受け直すもので、文脈上はより自然な読みである。

(36) 笈川博一・土岐健治訳『十二族長の遺訓』（『聖書外典偽典5　旧約外典』、教文館、一九七六年、二二八―二二九頁。ただし、文言を多少変更している。

(37) R. H. Charles, The Apocrypha and Pseudepigrapha of the Old Testament II, Oxford 1913, 297; J. Becker, Die Testamente der zwölf Patriarchen, Jüdische Schriften aus hellenistisch-römischer Zeit 3/1,Gütersloh 1980. 33, Anm. 3a) を参照。

（38）J. Becker, 前掲書、33注3a、35注7b。

（39）SVF III 459. 前出注22を参照。

（40）前出注4、5、10参照。

（41）T. Onuki, Der Neid in der Gnosis, in: G. Theißen/P. v. Gemünden (Hg.), Erkennen und Erleben. Beiträge zur psychologischen Erforschung des frühen Christentums, Gütersloh 2007, 321-342.

（42）M. Pohlenz, 前掲書、95, 186; T. Onuki, Gnosis und Stoa, 55-74.

V　グノーシスの変容

――物語論から体験論へ[1]

はじめに

一口にグノーシス主義あるいはグノーシス文書と言っても、その歴史的な展開はあまりに複雑多岐にわたる。そのため、研究上はどうしても一定の規準による分類がさけがたい。最も分かりやすいのは、それぞれの文書が採用している文学様式や神話の構造などによる分類である。しかし、思考が神話論的・思弁的であるか、それとも哲学的・神秘主義的であるかによる区分も可能であり、かつ必要である。前者は神話(Mythos)を中核とし、後者は神秘体験に重心を置く(mysticism/Mystik)とも言える。神話論的・思弁的思考から哲学的・神秘主義的思考と体験への変容は、グノーシス主義研究が避けて通ることのできないきわめて重要な問題である。

この観点から見ると、一九九七年から翌年にかけて岩波書店から四巻本で刊行された『ナグ・ハマディ文書I–IV』（I 救済神話、II 福音書、III 説教・書簡、IV 黙示録）に収録されて邦訳で読むことができるナグ・ハマディ文書の大半が神話論的・思弁的グノーシスに属する。しかし、それから十年あまり遅れて刊行された第V巻『グノーシスの変容』（岩波書店、二〇一〇年）に収録された文書の多くは、神秘主義的体験に重心を置く後者のタイプに属する。神話論的・思弁的思考から哲学的・神秘主義的思考と体験へのこの変容のプロセスを既刊五冊のグノーシス文書に即して主題化すること、と同時にヘレニズム文化圏における魔術文書と新プラトン主義（プロティノス）がその変容にどう絡んでいるかを明らかにすること、これが本論考の課題である。

I　ハンス・ヨナスの所説

H・ヨナス『グノーシスと古代末期の精神』の第一巻（初版一九三四年）[2]はグノーシス研究史上画期的な研究として名高い。それまでのグノーシス研究の主たる課題は、古代末期の地中海世界に広範囲にわたって展開した宗教的思想運動であるグノーシス主義を、それに特徴的な個々の観念や表象を手がかりにして、同時代、あるいは相前後する時代のさまざまな宗教的および哲学的思想から導出して説明することであった。一八八六年に初版が刊行されたA・フォン・ハルナック（一八五一―一九三〇年）の有名な『キリスト教教理史教本・第一巻』では、グノーシス主義はキリスト教グノーシス主義のことであり、それは「原始キリスト教が急速に世俗化（ヘレニズム化）したもの」であった。[3] その後、二十世紀の初頭にドイツのトゥルファン調査隊によって大量のマニ教文書が発見された。この発見は当時のドイツのオリエント学と宗教史学において一大センセーションを呼び起こし、グノーシス主義の起源も東方オリエント世界（特にイラン）にあると考えられるようになった。[4] その時代のドイツ宗教史学派の代表者の一人であったR・ライツェンシュタイン（一八六一―一九三一年）は、厳密な意味ではグノーシス宗教というものは存在せず、「むしろ、さまざまな程度における宗教混淆のみが存在するに過ぎず、その重要な構成要素はイラン的なものである」と結論づけた。[5]

前掲のヨナスの著書はまずグノーシス主義一般を「神話論的グノーシス」と「哲学的・神秘主義的グノーシス」に二大別する。その上で、神話論的グノーシスが自己表現のために生み出した実に多種多様な神話の根底には、個々の観念や表象に即してその由来や類例を探すだけでは解明できない独特な「現存在の姿勢」が潜んでいることを明らかにしたのである。そのためにヨナスが依拠したのが、周知のように、M・ハイデガーの実存分析の概念装置であった。この分析は第一巻で行われている。事実、その副題は「神話論的グノーシス」である。

ヨナスは続く第二巻では、その副題が示す通り、「神話論的グノーシスから神秘主義的グノーシスへ」の移行の問題を取り上げることを計画していた。しかし、その実現は、ヨナスがナチスの迫害を逃れて英国経由でアメリカへ脱出を余儀なくされたことがあって大幅に遅れ、ようやく一九五四年に前半部分だけが刊行された。[6] その序章では、前述のグノーシス的な「現存在の姿勢」がさまざまな救済神話に客体化（Objektivation）されるプロセスとその形態変化の問題、および「グノーシス」（認識）概念とその実行可能性の問題が論じられる。第一章から第三章は、狭義の神話論的グノーシスの枠を超えて、ヘルメス文書、アレキサンドリアのフィロン、ミトラス教を初めとする古代末期のさまざまな神秘主義宗教において、「究極的なるもの」（τὸ ἔσχατον）がどのように先取りされて「今ここ」を生きる力（ἀρετή）となるかを論じている。第四章は「二世紀から三世紀へ。または、神話論的グノーシスから哲学的・神秘主義的グノーシスへ」と題されて、先行する序章から第三章までを理論的な観点から総括するものである。続く第五章は第三世紀を代表する体系としてのオリゲネスを論じている。

第二巻の後半部分の刊行は、その後も長期にわたって遅延を続けたが、一九九三年になって、マンダ教およびグノーシス研究全般で著名な宗教史学者K・ルドルフによって編集されて一応の実現を見た。[7] そこに収録されたのは、ヨナスがプロティノスとグノーシス主義全般について書き残していた断章集であって、内容的にも形式的にも最終的に仕上げられたものではない。すでに述べた前半部についても、程度差はあっても同じ印象が免れない。第二巻は全体として最終的な完成には至っていない著作なのである。

それにもかかわらず、第四章が「神話論的グノーシスから哲学的・神秘主義的グノーシスへ」

の移行について提示している理論的な考察[8]にはきわめて深いものがある。本論考はそれに刺激されながら、同じ問題を新しい素材に即して再考してみたいと思う（詳細は後述）。そのためにとりわけ重要と思われるヨナスの指摘を、私自身の言葉で要約すれば、次の通りである。

（1）神話論的グノーシスが与える「認識」は、主体と客体を分離させた「思弁」と「表象」次元のものである。[9]その説明は「後ろ向き」である。つまり、文法的には過去形で語られる神話（Vergangenheitsmythos）となる。[10]ヨナスはこれに関連して、プロティノスの論考『グノーシス派に対して』（エンネアデスⅡ9）から、プロティノスがいささか呆れ気味に相手の「グノーシス派」に向かって発した反問を引いている。「いったいいつ万有霊魂は過失を犯したというのか」。[11]ここで「万有霊魂」というのはおそらくプロティノス自身の責任で投入された概念であって、相手の「グノーシス派」では、不完全な可視的世界を造り出してしまった下位の造物神かその母親（ソフィア）を指していたものと思われる。その点はいずれであれ、可視的世界の創造が過去の「いつかどこか」で起きた話として物語られること、これがプロティノスにとってのつまずきなのである。

（2）逆に「前向き」には、グノーシス神話は行くべき道を間接的に暗示するだけで終わる。すなわち、グノーシス神話の根底に横たわる固有な「現存在の姿勢」には、「今ここで」の在り方を超えて実現すべき存在の在り方への希求（Desiderat）が含まれている。[12]しかし、それに到達するために「今ここ」で何をなすべきなのか、その方法が何なのかは、不明のままに放置される。「実行に関る教え」が不在なのである。あまりに超越的なグノーシス神話は、グノーシス主義者を本来の目標への到達のためには無力なままに放置している。[13]

（3）そのために、グノーシス主義者の「今ここ」での存在は「待つ」ことにとどまる。それは「究極的なるもの」の経験に対して常に「外側」にある。キリスト教信仰の場合には、救いの暫定性は終末論の本質的な意味そのものであって、神学的な原理としての威厳を持つ。しかし、神話論的グノーシスの場合は、自分自身の内側から設定されてくる目標に到達しない暫定性、つまり「欲求不満」あるいは「欠乏」を意味するに過ぎない。[14] このことがやがて来るべき新プラトン主義の隆盛を準備することとなった。

（4）その「欲求不満」の解決は「存在」次元でのみ可能なものである。すなわち、それは主体と客体の一体性が経験されるところでのみ解決される。[15] この一体性のためには、「認識」（グノーシス）が存在論的行為とならなければならない。認識されるものが認識する行為と、見られるものが内的な見る行為と同質かつ同一とならなければならない。認識し見る主体は思考しつつ内向することによって、思考されたもの、見られたものの在り方に変えられて、純粋な存在の根源、すなわち、世界の絶対者を経験して、それを実現する。[16]

（5）これが神話論的グノーシスから哲学的グノーシス、あるいは神秘主義（Mystik）への移行ということである。この移行に伴って、グノーシス神話の思弁的で事物的な言語も、存在論的な概念の言語へ「非事物化」され、「合理化」されねばならない。[17] また、神話論的グノーシスが二元論的に導出する物質も、万物・全存在の根源が行う自己運動の一局面となることが必要である。[18] 神話論的な「過去性」、すなわち「いつかどこかで」の物語も、「いつでもどこでも」再現可能な「存在の純粋な内在的法則」、「原則としていつでも存在の物語の全般を司る合理的自律性」[19] の次元へ超出して行かなければならない。

（6）この移行でグノーシス神話の客体性とその豊かさは失われる。しかし、存在の頂点の無世界的な否定性、存在の階層構造、その落下運動あるいは降下運動、魂のこの世性など、「構造的なもの」は保持される。[20] 新プラトン主義もそれを保持しているからこそ、神話論的グノーシスとの形態論的類似性が明瞭なのである。[21] グノーシス側では、ヴァレンティノス派がこの移行の最先端にある。それはすでに「潜在的な神秘主義」と呼ぶことができる。[22]

II　留保と修正

さて、本論考が意図するところは、以上のようなヨナスの所説に照らしてみると、一九四五年に発見されたナグ・ハマディ写本に収められたいくつかの重要な文書に、まさしく「神話論的グノーシスから哲学的・神秘主義的グノーシスへ」の移行が明確に見て取れることを明らかにすることである。しかも、それらの文書の中でも最も重要なものである『ゾーストリアノス』（NHC VIII, 1 ＝第八写本の第一文書）は、現在のナグ・ハマディ研究の定説によれば、前述の論考『グノーシス派に対して』でプロティノスが対峙している相手に他ならない。[23] このことを踏まえて、プロティノスは一体『ゾーストリアノス』の何を論駁しようとしているのか、についても考えてみなければならない。

しかしそれ以前に、以上のヨナスの所説に対しては、その後のグノーシス研究の進展に照らして、二点ほど保留と修正が必要であることを付言しておかねばならない。ただし、本稿の本筋に関わることではないので、できるだけ手短かに済ませたい。

まず、ヨナスが言う「究極的なるもの」の「体験」、「経験」、「私にとっての実行可能性」（Ich-Bezogenheit）は、明らかに人間の意識のレベルを問題にしている。しかし、グノーシス神話が主体にとって持ちうる経験可能性あるいは実行可能性は、意識のレベルだけに限定できるものではない。多くのグノーシス神話では、非本来的な在り方の中に失われている人間のもとに、超越的な世界から神的な啓示者が派遣されて到来し、その人間を本来的な自己に覚醒させる。それは確かに思弁的かつ「事物的」な言語で語られる。しかし、その際きわめて重要なことは、神話が語るその啓示は、実は読者が今現に読んでいる神話のテクストとして到来しているという事態である。私は最近の拙著『グノーシス「妬み」の政治学』では、このいささか循環論的で自己言及的な事態を、「神話が語る啓示は、神話のテクストとして到来する」と表現した。(24) グノーシス神話は、いつどこで誰が語り出したか分からない「自然神話」と違い、初めから読まれることを目指して作られた言わば「人工神話」なのである。それだけに、読者の読み行為を考慮せずには、神話の戦略と働きは解明されない。もちろん、このことはヨナスも承知していて、次のように述べている。

神話は「これがお前だ」と示す。それゆえ、覚醒を呼びかけ、かつ教示する「よびかけ」は神話を伝えることそれ自体に他ならない。（中略）だから、それを理論的に自分のものとすること、それがもたらす知識を固持することが、もうそれ自体で、闇のような在り方を実際的に止揚するのである。その闇の状態が無知と無知の産物に他ならないのであれば、すでに神話がそれを説明することによって、それを縮減しているのである。[25]

ところがヨナスによれば、グノーシス神話はこの覚醒の瞬間に、読者をそのように示されたものから引き離して、神話的な媒体に連れて行ってしまうために、実行する主体としての人間が神話の客体性から隔てられている距離が止揚されないのだと言う。[26]

ヨナスのこの見解に対しては、私はここで一つの留保を表明しておきたい。グノーシス神話には、その客体性と「事物的」言語にもかかわらず、読者を非本来的な在り方から本来的な在り方へと変容させる働きが、「事実として」あるいは「事態として」具わっていると思うからである。「事実として」あるいは「事態として」起きることが常に当事者の主観的な意識においても起きていることだとは限らない。「気がついてみたら、そうなっていた」ということはよくあることである。言い換えれば、グノーシス神話には無意識のレベルにもかかわる深層動態的統合の働きが認められてしかるべきである。

もう一点は、神話論的グノーシスから哲学的神秘主義への移行過程で、グノーシス神話の客体性とその豊かさは失われるものの、「構造的なもの」は保持されるという見解についてである。グノーシス側では、ヴァレンティノス派がこの移行の最先端にあり、すでに「潜在的な神秘主義」

と呼ぶことができるとされる。この見解には、修正が必要である。なぜなら、ヴァレンティノス派はたしかに「潜在的な神秘主義」と呼ばれ得るが、そのわけは、彼らがそれ以前の典型的に神話論的と呼ばれるべきグノーシスから、[27]「構造上」きわめて重要な一点で決定的に離反しているからである。すなわち、グノーシス神話のトポス（定型場面）の一つに、神的領域で最も下位の存在である「ソフィア」が過失を犯して異形の子を産み落とし、その子がやがて「造物神」（デーミウルゴス）となって、可視的世界全体を創造する件がある。これが神話の構造上きわめて重要なトポスであることに誰も異存はないであろう。しかし、ヴァレンティノス派はこの出来事を「過失」だとは言わない。エイレナイオス『異端反駁』（I 五3）の報告によれば、ヴァレンティノス派の下位グループの一つであったプトレマイオス派は彼らの神話の中で、造物神の創造のわざの原因は「その母アカモート（＝ソフィアの別名）が彼をこのように導くことを望んだ」ことにあるとしている。[28]ナグ・ハマディ文書の一つである『三部の教え』（NHC I, 5）も間違いなくヴァレンティノス派の作品である。それは「ソフィア」を「ロゴス」と言い換えた上で、次のように述べる。

なぜなら、このロゴス〔最下位の神＋造物神〕が生み出されたことは、父〔至高神〕の意志に反して起きたことではないからである。つまり、彼（ロゴス）の猛進も父なしには起きないであろう。（中略）それゆえ、この一連の動き、すなわちロゴスを論難することは適当ではな

い。それはそうなるべく定められた経綸の原因である。(29)

こうして、ヴァレンティノス派は可視的な世界とその創造主の存在意義を救済したのである。ここでは、それ以前の典型的な神話論的グノーシスにおいて両者が占めていた構造上の位置価そのものが、中期プラトン主義あるいは新プラトン主義の見方に添う方向へ変更されていることは明らかである。

Ⅲ 『ゾーストリアノス』(NHC VIII, 1)

1 写本と内容について

『ゾーストリアノス』はナグ・ハマディ文書第八写本に第一文書(NHC VIII,1 と略記)として筆写されているもので、ナグ・ハマディ文書全体の中でも最大の分量の文書である。しかし、その本文の保存状態は最悪の部類に属し、文字面のほぼ三分の二が失われている。そのこともあって、一九九七—一九九八年に私も参加して刊行された前述の邦訳（全四巻）には収録されなかった。しかし、その時点で同じように未収録であったその他の文書と合わせて私の個人訳がその後完成し、二〇一〇年に岩波書店から刊行された『グノーシスの変容』に収録されている。以下で本文を引用する場合は、段落区分のセクション（§）番号も含めて、その私訳による。

　本文の欠損があまりに大きいために、どのような論点からの分析も強い仮説性を免れないのであるが、文書全体が宇宙論的な存在の階梯を想定していることは間違いない。それをここではいささか大まかに図示すれば、次のようになる。

11	**見えざる霊**：「一者」または「三重の力（存在・至福・生命）を持つ者」
10	**バルベーロー（Barbelo）**[30]**のアイオーン**：「存在・至福（叡智）・生命」の模写 サラメックス、セメン、アルメー
9	**カリュプトス**（隠された者）**のアイオーン** イウーエール、アフレードーン、ドクソメドーン、デーイファネウ（ス）、デーイファ、ハルメードーン、エピファネウ（ス）、エールベーリテウ（ス）、エーリゲナオール、オーリメニエ、アラメン、アルフレゲス、エーリリウフェウ（ス）、ララメウ（ス）、ノエーテウ（ス）、ソルミス、オルミス、マルセードーン

6	7	8
アウトゲネース（自ら生じた者）のアイオーン ミロテアア、プロファニア、プレシテアア、ピゲル・アダマス、エンマカ・セート、エーフェーセーク（＝子供の子供）、セルダオー、エレノス、ミケル、ミケウス、バルファランゲース、アルモゼール、オーロイアエール、ダヴェイテ、エーレーレート、ソルソロアス、ガマリエール、ストレンプシュウーコス、アクラマス、ローエール、ムネーシヌース、イエッセウス、マザレウス、イエッセデケウス、オルモス、カムアリエール、イサウエール、アウダエール、アブラサックス、無数のファレリス、ファルセース、エウリオス、ステーテウス、テオペンプトス、エウリュメネウス、オルセーン、エイソーン、エイローン、ララメウス、エイドメネウス、アウトルーニオス、シュンプタル、エウクレボース、ケイラル、サンブロール、サッフォー、トウーロー、セルメン、ザクトス、イアクトス、セーテウス、アンテイファンテース、オルネオス、エピファニオス、エイデオス、コデーレー、エピファニオス、アッロゲニオス、ソフィア	**三重の男児のアイオーン** イヤトメノス、セメルエル、テルマカエール、オーモーテム、アクローン、プローネース	**プロートファネース（最初に現れた者）のアイオーン** ソルミス、アクレモーン、ザクトス、イヤクトス、アンブロシオス、セーテウス、アンテイファンテース、セルダオー、エレノス、アルメードーン、アポファンテース、アポファイス

5	回心（メタノイア）のアイオーン	六層構造
4	滞在（パロイケーシス）のアイオーン	
3	対型（アンティティュポス）のアイオーン	七層構造、恒星と惑星
2	空気の大地	造物神の住居
1	この世界（地上）	十三層構造

上端の数字は11から1に向かって漸減（ぜんげん）する形で付してあるが、存在性の度合いにおいては、11が存在の頂点、1が底辺である。6から10までの領域は、見ての通り、カタカナ名の神的存在で満ち満ちている。しかし、傍線を付したごく僅かな存在を別とすれば、その大半は文書の筋の展開のどこかで一度か二度名前だけ言及されるに過ぎない。言わば、「穴埋め」のために出てくるのである。語り手の主たる関心は、存在の階梯をできるだけ巨大なものとすることにある。当然のことながら、存在性の度合いは11が最も高く、階梯を下るにつれて低くなる。例えば、6のアウトゲネース（自ら生じた者）のアイオーンの存在者たちは別名を「完全なる個別者」とも言う。その意味は、「完全」とは言え、「個別化」されてしまっているということである。「個別性」は存在の度合いが低いことの表現なのである。

さて、文書の主人公ゾーストリアノス[31]は、忘我境の内にこの存在の階梯を下から上に向かって上昇して行き、まず「この世界」から「回心」の領域までの間に合計一五回の洗礼を受ける。アウトゲネースのアイオーンに入ると、その領域の神的存在者の一人であるアウトルーニオス（前掲の図では傍線で表示）が出現して、ゾーストリアノスに前後二回にわたって啓示をもたらす。その講話は最下位の「この世界」から「回心」までの領域について、下から上に向かう方向で説明する。

その後、ゾーストリアノスがアウトゲネースのアイオーンをさらに上昇すると、今度は同じアイオーンの別の神的存在であるエーフェーセーク（前掲の図では傍線で表示）が出現し、やはり前後二回にわたって啓示を語る。その講話は「見えざる霊」から始まって最下位の「この世界」までの存在のすべての領域を上から下へたどる形で説明する。すなわち、アウトルーニオスの啓示講話とは逆方向で行われる。その啓示を受領した後、ゾーストリアノスは五回の洗礼（通算では一六―二〇回）を受ける。

さらにその後、今度ははるか上位のカリュプトスのアイオーン（9）から、その住人の一人であるイウーエールが派遣されてゾーストリアノスのもとへ降りてきて、啓示を語る。その講話は「三重に男性的な子供」（7）のアイオーンとの境目で行われているように読める。それが説明する範囲は「見えざる霊」から下方に向かってアウトゲネースのアイオーンまでである。その啓示を受領した後、ゾーストリアノスは二回の洗礼（通算二一―二二回）を受ける。

さらにその後、ゾーストリアノスはプロートファネースのアイオーン（8）に上昇して、その中に入る。そこでも彼は、さらに上位のバルベーローのアイオーン（10）から派遣されて下ってきたサラメックス、セメン、アルメー（前掲の図では傍線で表示）の啓示講話を聞かされる。それが説明する範囲は、イウーエールの啓示講話と同じで、「見えざる霊」から下方に向かってアウトゲネースのアイオーンまでである。その後、ゾーストリアノスが洗礼（通算二三回目）を受領するのかどうかは、はっきりしない。

ゾーストリアノスの霊的上昇はプロートファネースのアイオーンで頂点に達する。彼はさらに上位のカリュプトスのアイオーン、バルベーローのアイオーン、至高の「見えざる霊」の領域には入らずに、下降に転じる。そして、地上に戻った後は宣教のわざに邁進する。その宣教は「セートの聖なる種子たち」と呼ばれる者たちに向かって行われる。

奥義を受領しようとする者の霊的上昇が至高の領域に至る前に、その途中で下降に転じるという構造自体には、初期ユダヤ教文書の中にも類例がある。『ギリシア語バルク黙示録』[32]と『預言者イザヤの殉教と昇天』がそれである。[33]おそらく『ゾーストリアノス』の文学的な構成も、そのような既存の定型に沿っているのだと思われる。

2 「私にとっての実行可能性」——存在論的行為としての覚知

さて、本論考の設問にとって重要なことは、ヨナスが神話論的グノーシスにおいて「欲求不満」のままに残されていると言う「私にとっての実行可能性」が、『ゾーストリアノス』において中心的な主題となっていることである。そのことはまず、表現レベルで「見る」、「聞く」（聴く）、「体験」（実行）とそれに類する語彙が増大していることに明瞭に見て取れる。例えば、前述のエーフェーセークがゾーストリアノスに与える啓示では、霊的上昇の道を行く者について次のように語られる。

> （前略）そして彼は清く単純な状態になる程度に応じて、上へ昇って行く。彼が一体性へと到達する仕方はいつでも次の通りである。いつでも彼は清く単純でありつつ、認識と存在と霊と聖なる霊によって満たされる。彼にとっては、自分の外側には何も存在しない。彼はまず完全な魂によってアウトゲネースに属するもの、次に叡智によって「三重に男性的なる者」に属するもの、さらに聖なる霊によってプロートファネースに属するものを見る。他方で彼はカリュプトスについて霊の力によって聴く。その力とは、「見えざる霊」の至高の啓示によって、カ

リュプトスからやってきたものである。彼がそれを聴くのは今は沈黙の中に隠されている思考による。さて、彼は最初の思考によって三重に力強い見えざる霊について聴く。(§47―48)

さて、洗礼はこれらの者のために、それぞれの状態に準じて定められている。アウトゲネースたちに至る道、その途の上でお前は今そのつど洗礼を受けたのである。完全なる個別者たちを見ることはふさわしいことだからである。それはアウトゲネースたちの力から生じた万物についての覚知のことである。それはお前がこの上なく完全なアイオーンたちをやがてわたり終わったときに体験(実行)[34]することである。(§52)

エーフェーセークの啓示の結びは次の通りである。

すでに救われてしまっている人間とは次のような者のことである。(中略)彼は[純]一なる者となり、一者となった。(中略)もし彼がそう[望]むなら、これらすべてからまた再び離[れ]て、自分独りの中へ引き下がることができる。なぜなら、彼は神のもとへ引き下がった後、神的な者となる[35]からである。(§80)

ここでは、奥義を受領し終わった者が「神的な者となる」ことが明言される。ゾーストリアノス自身は、さらに上昇してイウーエールの啓示を受領し、通算二一回目の洗礼を受けた後、次のように語る。

> 私は形（モルフェー）を受け取った。そして私は私の表現を超えた光を受け取った。私は聖なる霊を受け取った。私は真に存在するようになった。（§104）

以上に引いた箇所§47–48、§52、§80、§104を順次通して読めば、ここではヨナスが言う神秘主義哲学の要件、すなわち、主体と客体の一体性、見る行為が見られるものと、認識行為が認識されるものと一体となることの実現が語られていることが分かる。認識する者、あるいは覚知者は「一者」であって、「自分の外側には何も存在しない」。彼は自分独りの中へ引き下がって「神的なものとなる」。認識が存在論的行為となっている。

3　啓示の内容――存在論

次に、解釈天使によってゾーストリアノスにもたらされる啓示の内容について言えば、それには、次項でも見るように、たしかに神話的な部分も存在する。しかし、その分量は限定されており、形式的にも抜粋的な報告にとどまる。逆に圧倒的に多いのは存在論にかかわる哲学的な文言と論述である。例えば、文書の序に当たる部分で、存在の頂点についての問いが次のように立てられる。

その時の私（ゾーストリアノス）は、思考（エンノイア）、知覚（アイステーシス）、形相（エイドス）と種族（ゲノス）、部分（メロス）と全体、包括するものと包括されるもの、身体と非身体的なもの、実体（ウーシア）と物質、およびこれらすべてに属するもの、――これらのものの男性的な父を探し求めていたのである。それらと混じり合わされた「存在」（ヒュパルクシス）、〈完全なる「子供」〉の神、生まれざるカリュプトス、これらすべてのものの中にある力と「存在」を探していた。すなわち、もし今現に在るものが、存在するもののアイオーンからやってきているのであれば、すなわち、見えざる、分割不可能な、しかも「自ら生じた霊」からの生まれざる「三つの似像」としてやってきているのであれば、どうしてそれら（今現に在るもの）は「存在」よりもすぐれた根源（アルケー）を持ち得ようか。また、どうしてそれらはすべてのものに先立って在りながら、「この世界」（コスモス）になることができたのか。（§4―5）

明らかに、傍線部によって表現されているのは、前掲の階梯表における最上位の「見えざる霊」のことである。そこから「生まれざる三つの似像」がくると言われるのは、「見えざる霊」が「一者」でありながら、同時に「存在」、「至福」、「生命」という「三重の力を持つ者」であることに対応している。この「存在」、「至福」、「生命」の三箇組は間違いなく、中期プラトン主義から新プラトン主義におよぶ学統の存在論で言われる「存在」（オン、ヒュパルクシス）、「叡智」（ヌース）、「生命」（プシュケー）の三箇組に並行している。

『ゾーストリアノス』がプラトン主義の学派哲学に対して示す並行関係は、実はこの点だけにとどまらない。ここでそれを逐一列挙することは控えたい。いずれにせよ、その並行関係は偶然によるものではないこと、両者の間には明瞭に文献学的な関係が存在することが、最近の研究によって確証ずみである。すなわち、『ゾーストリアノス』は前述の「序」で立てられた存在の頂点についての問いを、やがて本論部（§110―114）[36]でも取り上げ、かなりの紙幅を割いて、いわゆる「否定神学」を繰り広げる。ところが、その部分がマリウス・ヴィクトゥリヌス（三世紀後半）のラテン語の著作『アリウス反駁』の冒頭部と逐語的に一致するのである。この著作はその書名が示す通り、キリスト教（アリウス論争）の枠内で著されている。しかし、マリウス・ヴィクトゥリヌスはキリスト教に突然回心する前は、もともと新プラトン主義に属した哲学者であり、プロティノスの著作の一部をラテン語に翻訳してもいる人物である。最近の研究によれば、マリウス・ヴィクトゥリヌスは目下問題の箇所で、ギリシア語で著されたプラトン主義学派哲学の文書を下敷きにしている。そして『ゾーストリアノス』も前記の箇所でそれと同じ文書を下敷きにしている。つまり、両者は共通の文献資料を用いていると考えられるのである。[37]

4　神話から「存在の純粋な内在的法則」へ

すでに見たように、ヨナスは神話論的グノーシスの指標として、神話が過去形で「後ろ向き」に語られること、その語りの言語が思弁的あるいは事物的であることを挙げていた。『ゾーストリアノス』にも、これら二つの指標は間違いなく残存している。ここでは二つの例を挙げよう。

まず、6の最下位に位置する「ソフィア」は下方を眺めて暗黒を生み出したと語られる。それはやがて造物神による可視的世界の創造へつながって行く。その次第は、一部本文の欠損があるが、次のように語られる。

失われた暗黒から生まれた物質の根源［±3］。ソフィアがそれらを眺めた。[38] そして彼女は暗黒を生み出した。（中略）［被造］物のアルコーンは彼の言葉によって蒔いた。[39] しかし彼には、永遠なる者たちの誰かを眺めることは不可能だった。彼は一つの模像（エイドーロン）を見た。そして彼はその中に見たその模像に従って世界を造った。彼は模像の模像に従って世界を創造した。そして目に見えるものであったその模像さえも彼から取り去られた。しかし、ソフィアには彼女の回心と引き換えに安息の場所が与えられた。（§19―21）

同じ前掲の表で最上位から二番目の階梯10のバルベーローについても、至高の存在に対する「妬み」に陥ったこと、それがやがて「下方への傾きの原因」となったことが次のように語られる。

「真に〔存在する〕者」を把握することは不可能である。なぜなら、彼は［±5］の中にいるからである。（中略）彼女〔バルベーロー〕は妬みに陥った。なぜなら、彼女は彼の似像と結びつくことができないからである。（中略）その方は先在し、すべてのものの上にある。彼は先在し、「三重に力ある者」として知られる。「見えざる霊」は実に未だかつて一度も無知でいたことはなく、知るということもしたことがない。むしろ彼は完全で「至福」の中にあったのである。（中略）彼女〔バルベーロー〕は個別の存在としては、下方への傾きの原因であった。彼女があまりに遠くへ行ってしまわないように、そしてまた、完全性から離れすぎないように、彼女は自分自身とあの方を知った。そして彼女は独りで立って、あの方のゆえに広がった。そして彼女は真に存在するあの方から存在していたのだから、万物とともに、自分自身を知り、先在する方をも知るようになった。(§128―129)

ところが別の箇所では、同じバルベーローの生成について、はるかに「非事物化」あるいは「合理化」された言語で次のように言われる。

彼〔至高の見えざる霊〕は純一なる一者である。完全性によって「至福」であり、完全で「至福」なる一体性であった。それ〔バルベーロー〕はかの者(一者)のこの点を欠いている。なぜなら、彼女は彼を欠いているからである。彼(一者)は覚知によって彼女を補う。その覚知は一者の後からついてくる。彼は彼を探求(瞑想)する者(バルベーロー)によって彼自身の外にある。しかも彼は彼自身の内にいる。(§122―123)

いささか文意がとりにくいが、問題になっているのは、完全性と一体性の中にある至高の存在(見えざる霊)の内側から、バルベーローが外在化して、自立した存在となる次第である。外在化したバルベーローは至高の存在を欠いているから、その至高者を探求する。その探求によってバルベーローが至高者を覚知する。その覚知は至高者がバルベーローの欠けを補うものである。そのときバルベーローは至高者の外にありながら、至高者と一体である。至高者はバルベーローとして自分自身の外にありながら、同時に彼自身の内にいる。

この読解が当たっていれば、ここでは「存在の純粋な内在的法則」（H・ヨナス）が問題とされている。しかもそれは、圧倒的な現在形の表現が端的に示すように、「いつでも再現可能な」事態として読むことができる。

最後に、人間については、造物神による「身体」の創造（§21）、個々人（例えばゾーストリアノス）の魂が肉体に入る出来事としての誕生（§2）、その逆としての死（§6）について明瞭に言及がある。しかし、身体の中への神的本質が宿ることになる経過については神話論的物語がない。ただし、この点は激しい本文の損傷のせいかも知れないので、あまり強調することはできない。

いずれにしても、『ゾーストリアノス』において神話的な宇宙創成論、神統記、人間創成論、終末論は大幅に後退していることは確実である。この文書では、神話論的グノーシスの側から神秘主義哲学へ、大幅な歩み寄りが行われているのである。神話の「いつかどこかで」から、哲学の「いつでもどこでも」への移行が生じている。そのことは、文書の最後の最後で著者が読者たちに直接呼びかける次の文章に端的に読み取られる。

君たち、活ける者たち、セート[40]の聖なる種子たちよ、真理を知りなさい。私に耳を傾けないままでいてはいけない。君たちの神を神に向かって立ち上がらせなさい！　そして邪気のない選ばれた魂を強めなさい。そしてこの場所〔地上世界〕に在る変転に注意しなさい。むしろ、変転なき生まれざることを求めなさい。これらすべてのことの父は君たちの中に在りつつ、君たちを招いている。（§191）

IV　プロティノスの批難

1　ポルピュリオスが証言する『ゾーストリアノス』

プロティノスが論考『グノーシス派に対して』（エンネアデスII 9）をもって対峙しているのは、実に多種多様に分岐して存在したグノーシス派の中で、実際のところどの教派であったのか。これはプロティノス研究とグノーシス研究の双方で、長い間未決の問いであった。プロティノス研究の現状について私は寡聞にして承知していないが、少なくともグノーシス研究の側では、本稿が取り上げてきた『ゾーストリアノス』が実はその論敵に他ならないということで、すでに定説が成立している。すなわち、プロティノスの弟子のポルピュリオスは、師の死後に著わした『プロティノスの一生と彼の著作の順序について』(プロティノス伝)の第一六章で、師が『グノーシス派に対して』をもって論駁した相手が「ゾーストリアノス」と呼ばれる黙示文書を所有していたことを次のように記している。

> 彼〔プロティノス〕の時代に多数のキリスト者が現われたが、(中略)ゾロアスター、ゾーストリアノス、ニコテオス、アロゲネス、メッソスその他そのような者たちの黙示録なるものを誇示し、そしてプラトンは英知的実有の深奥にまでは到達しなかったと説いて、己れ自らも欺かれつつ、多数の人々を欺いていたのである。それゆえまず彼自身が授業中に数多くの反論を行い、また『グノーシス派に対して』という表題をわれわれが与えたところの論文を書きもした上で、その余の点の批判はわれわれ〔弟子たち〕に委ねたのである。[41]

ナグ・ハマディ文書第八写本の『ゾーストリアノス』がここでポルピュリオスの言う「ゾーストリアノス」と同じ文書であることについては、プロティノスが論駁の中で相手のグノーシス派のものとして引用している多くの独特な用語や観念が『ゾーストリアノス』の中に圧倒的な頻度で見つかることから疑問の余地がない。ここでは紙幅の都合でもっとも顕著な並行関係を一つだけ挙げるにとどめよう。すでに掲出した『ゾーストリアノス』の宇宙論的な存在の階梯表の下層には、**3**「対型」（アンティテュポス）、**4**「滞在」（パロイケーシス）、**5**「回心」（メタノイア）のアイオーンと呼ばれる領域がある。これらはいずれも他のグノーシス文書には現れないから、『ゾーストリアノス』に独特な術語である。ところが、この術語がいずれも前述のプロティノスの論文で言及されるのである（エンネアデスⅡ9、第六章）。[42]

しかし同時に、プロティノスが論駁の中で相手のグノーシス派のものとして引用している用語や観念には、『ゾーストリアノス』には見つからないものも目に止まる。あるいは、類似の用語や文言は見つかるものの、互いに厳密には並行せず、微妙なズレが認められる場合もある。従って、プロティノスが目の前に持っていたのは、ナグ・ハマディ文書第八写本に第一文書として筆写されている『ゾーストリアノス』と同じ版であったとは限らず、[43]同一の著書の異版であった可能性も残っているわけである。

序でながら、ポルピュリオスが前掲の段落で、プロティノスの論敵を「キリスト者」と呼んでいることも微妙な問題を残している。ポルピュリオスのこの言に従って読めば、「ゾーストリアノス」という名の黙示文書を持っていたのも「キリスト者」であることになるであろう。つまり、プロティノスの論敵はキリスト教グノーシス主義の一部でなければならないはずである。ところが、ナグ・ハマディ文書第八写本の『ゾーストリアノス』は、どう見てもキリスト教グノーシス主義の産物ではない。なぜなら、そこにはキリスト教的な要素はほとんど皆無に等しいからである。

もし『ゾーストリアノス』をグノーシス主義文書と呼ぶのであれば、それはユダヤ教グノーシス主義を指して言うのでなければならない。事実、『ゾーストリアノス』の本文は、この文書がさまざまなグノーシス教派の中でも、セツ派の産物であることを証明している。まず、存在の階梯表の最上位の二つの存在、「見えざる霊」と「バルベーロー」はセツ派に独特な術語である。また、すでに見た通り、文書の最後で著者が読者に向かって行う「セート（＝セツ）の聖なる種子たちよ、真理を知りなさい」という呼びかけにも、この文書がセツ派のものであることが明瞭である。さらに、文書の結び以外にも文書全体にわたって、「セツの子ら」という表現が現れるから（例えば§12）、『ゾーストリアノス』がこのセツ派の産物であることは、明白である。

他方、同じユダヤ教グノーシス主義の一派としてのセツ派には、神話論的グノーシスの代表とも言うべき『ヨハネのアポクリュフォン』の原本も属する。ナグ・ハマディ文書の一つとしての『ヨハネのアポクリュフォン』はそれが二次的にキリスト教化されたものなのである。(44)

したがって、ナグ・ハマディ文書第八写本の『ゾーストリアノス』はユダヤ教グノーシス主義の一派であるセツ派が、『ヨハネのアポクリュフォン』の原本に代表されるような神話論的な在り方を離れて、哲学的神秘主義へと移行しつつある姿なのである。その移行はキリスト教との接触を前提していないと考えられる。もしポルピュリオスの言う「ゾーストリアノス」という黙示文書がキリスト教グノーシス主義に属するのであれば、それはナグ・ハマディ文書第八写本の『ゾーストリアノス』とは異なる版で、ちょうど『ヨハネのアポクリュフォン』の原本と同じように、二次的にキリスト教化されたものと考えなければならないだろう。

さて、緒論的な説明が長くなってしまった。以上述べたような事情からくる保留の下にではあるが、最後にこう問わねばならない。すなわち、プロティノスは『グノーシス派に対して』によって、『ゾーストリアノス』の何を拒絶するのであろうか。

2　プロティノスは『ゾーストリアノス』の何を拒絶するのか

『グノーシス派に対して』の第三章と第六章では、論敵が現下の可視的世界を生成したもの、従ってやがて物質とともに消滅するべく定められたものと考えていることが批難されている。たしかに、『ゾーストリアノス』は、ナグ・ハマディ文書第八写本から判断する限り、物質の生成をソフィアが下方を眺めた行為と結合する。その語り口も神話論的である。[45] しかし、それを「ソフィアの過失」とする否定的評価は明瞭には行われていない。また、物質も一義的に「悪」の根源とは見なされていない。むしろマクロに見れば、「万物・全存在の根源の自己運動の一局面」（H・

ヨナス）という位置づけに向かっていると言えよう。つまり、ヨナスが挙げる神話論的グノーシスから哲学的神秘主義への移行のための重要な要件が満たされているのである。

ナグ・ハマディ文書の中には、『ゾーストリアノス』と同じように神話論的グノーシスから哲学的神秘主義への移行の道を進み、プラトン主義学派哲学を初めとするヘレニズム諸思潮と接触していることを明瞭に示す文書がもう一つある。それは第十写本に収録された『マルサネース』である。問題はその可視的宇宙についての価値判断であるが、重要なのは§14で行われる次の言明である。

> さて、私〔マルサネース〕はこちら〔感覚的世界〕にあるものすべての退落、向こう〔叡智的世界〕にあるものの不死を知った。私は識別し、感覚的で個別的な世界の限界、すなわち、非身体的な存在のすべての場所に達した。そして、叡智的な世界も識別して認識し、合わせて感覚的世界は全くもってそのすべてが保全されるに値するかどうかを探求した。[46]

一読するだけでは、「感覚的世界は保全されるに値しない」という否定的な解答が予定されているように感じられるかも知れない。しかし、この文章の直前、§13の最後では、「〔感覚的存〕在全体も〔叡智的〕でかつ非存在的な存〔在〕に似ている」と明言される。その他、文書全体から受ける印象でも、『ヨハネのアポクリュフォン』に代表される神話論的グノーシスの場合とは異なって、感覚的世界に対する一義的に否定的な価値判断が弱まって、むしろ一定の名誉回復と権利回復が行われているように感じられる。これは前述の『ゾーストリアノス』にも同じように当てはまる。

感覚的世界とそれを創造した造物神に対する同様の名誉回復は、研究上はすでによく知られていることであるが、ヴァレンティノス派においても起きている。それは、同派の下位派閥の一つであったプトレマイオス派の神話(前掲『ナグ・ハマディ文書Ⅰ 救済神話』に所収)とナグ・ハマディ文書の一つである『三部の教え』(前掲『ナグ・ハマディ文書Ⅱ 福音書』に所収)に端的に見て取ることができる。すでに触れたとおり、物質が一義的に「悪」の根源とは見なされず、むしろ「万物・全存在の根源の自己運動の一局面」となることが、ヨナスが挙げる神話論的グノーシスから哲学的神秘主義への移行のための重要な要件の一つであった。ヨナスがヴァレンティノス派をこの移行の最先端、すでに「潜在的な神秘主義」だと見做す理由の一つは、そこにあるのだと思われる。

『ゾーストリアノス』と『マルサネース』は、グノーシス主義の教派区分の上では、『ヨハネのアポクリュフォン』と同じ「セツ派」に分類される文書である。とすれば、『ヨハネのアポクリュフォン』から『ゾーストリアノス』と『マルサネース』までの間で起きている感覚的世界の一定の名誉回復も、セツ派が神話論的グノーシスから神秘主義へとたどった変容の一こまと言えよう。
このような位置にある『ゾーストリアノス』に対して、プロティノスが『グノーシス派に対して』の第三章と第六章で論敵に向けている前述の批難は、どこまで当たっていると言えるだろうか。しかも、プロティノス自身が『悪とは何か、そしてどこから生ずるのか』（エンネアデスI8）と題された別の論考では、素材（物質）こそが「絶対悪」（形のなさ、限定のなさ、全くの非善）であると述べているのである。「魂よりもまえに素材自体が悪なのであり、それも第一義的な悪」（同、第一四章）だとも言う。このようなプロティノス自身の見方からすれば、『ゾーストリアノス』と『マルサネース』のような物質観に彼がつまずく理由はほとんどないはずではないか。

事実、その理由は別のところに求められねばならない。そのことを明らかにする手懸りは、プロティノスの『グノーシス派に対して』の第一四章が論敵について行っている次の論述である。

> 彼ら〔グノーシス派〕はかの所〔神的存在の領域〕のものに向かって唱えられるための呪文を――（中略）――書いているのであるが、このばあいに彼らのしていることは、瞞着（まんちゃく）や魅惑や説得を試み、もしわれわれのうちのだれかがかなり巧みに、定められたことを定められたふうに、つまり節回しや叫び声や呼吸づかいや、シーという声や、その他かの世界で魔力を発揮すると（彼らによって）書かれているかぎりのことを正しく唱えるならば、かの世界のも

のがことばに聴従して、言われる通りになる、と主張することにほかならない。(47)

これに続けてプロティノスは、「彼らはこのことによって、魔術師たちの力に驚嘆するような大衆の目には、いっそう偉いように映るかもしれない」と書いているから、彼の論敵のグノーシス派が手にしていた文書（『ゾーストリアノス』はその一つ）の中に、意味不明の文字列を見出し、それを魔術の「呪文」と同類と見なしているのだと思われる。プロティノスのこの判断は妥当であろうか。この問いに答えるためには、魔術文書における「呪文」とは何なのか、必要最小限の範囲で確かめておかねばならない。

V　魔術文書における「呪文」

ヘレニズム末期の魔術文書は、地中海世界の思想混淆の渦が大衆レベルで生み出した典型的な現象である。ギリシア語およびコプト語によるパピルスが大量に残されている。(48) エジプトが魔術の主たる中心地であったことは明らかである。従って、エジプト古来の神々を初めとして、ギリシア・ローマの神々の名前と旧新約聖書の伝統からくるさまざまな神名が入り乱れて現れる。それら既知の神々の外にも、無数の未知の神々や霊力も「呪文」による呼びかけの対象となる。

現存する魔術文書は、一読して受ける印象では、グノーシス文書に勝るとも劣らず、入り口も出口も見えない鬱蒼たる密林である。しかし、その根本には、一つの明確な世界観が前提されている。それは、世界内のもろもろの事物と神々あるいは霊的存在の間には、「共感」（シュンパシー）と「反感」（アンティパシー）の関係——両者を一括して、「交感」——の関係が成り立っているという確信である。人間の大小さまざまな言動はすべて、他の存在、例えば動植物から天体や神々にまで影響を及ぼすのみならず、逆にそれらの影響を受けているのである。魔術とは、その両者を熟知した上で、そのつど該当する神々あるいは霊力を呼び出して、人間の側の思惑を首尾よく実現しようとする擬似科学に他ならない。それは「聖なる科学」とも呼ばれる。(49)

魔術は実現しようという思惑によって、研究上さまざまな類型に分けられる。危急な艱難や自分にかけられた呪いからの防御を求めるもの、さまざまな病気の治癒を求めるもの、取り憑いた悪霊の祓いを求めるもの、万能の助け手（守護霊）を求めるもの、自分が透明人間になって何でもできるようになることを求めるもの、家内安全や商売繁盛を願うもの、自分の敵に対する復讐の成功を求めるもの、特定の相手に呪いをかけて、その身に禍が起きることを求めるもの、特定の相手との性愛を求めるもの、第三者の友人同士の間の分断と離反を画策するもの、特定の霊あるいは天使を呼び寄せて、自分が未来について問うこと、あるいは探しているものについて回答あるいは予言させるもの、などである。

魔術師はこのような思惑を遂げるために、一定の儀礼的行為を遂行するのであるが、その所作と手順がかなり細かく決められている。現存する魔術文書のほとんどはそれを書き記した「処方箋」に他ならない。そこでは、職業的魔術師か、場合によっては、それぞれの個人が魔術行為を行うべき日和、時間、場所、用意すべき祭具と供犠（くぎ）の種類が事細かに記されている。供犠としては、実にさまざまな動物、植物、鉱物、液体が指示される。その中には、珍奇で部分的にはグロテスクなものも少なくない。例えば、若くして非業の最期を遂げた者の遺体や着衣の一部がそうである。それはその死者の魂の「本質」（ギリシア語「ウーシア」οὐσία）と信じられている。それを「憑り代（よりしろ）」として供えることで、まだ安らぎを得ずに彷徨しているその死者の魂を呼び寄せて自分の支配下におき、自分自身の思惑のために自在に動かすのである。

神々や霊力の呼び寄せは、「共感」関係を利用した手順で、言わば友好的に起きるとばかりは言えず、「反感」関係を利用して、言わば無理矢理にも行われる。前者の場合、魔術を遂行する者は呼び寄せられた神々や霊力と「合体」するが、後者の場合には、不機嫌になったその神々や霊力からの危害を自分の身に招くことがあり得る。そのため、彼は首尾よく目的を達して、その神々あるいは霊的存在を「送り返す」までは、防御策として、特定の器物を手に持つか、身につけていなければならない。その他の装束全体、身振り、祈りや朗誦の韻律、呼吸法、トランス状態を生み出すための麻酔措置（鼻と耳から一定の気体と液体を吸引する）なども定められている。百聞は一見に如かず。ここで実際の魔術文書を一つ読んでみよう。特定の女性との性愛を求める魔術である。

鑞を用意しろ。または、陶工の使う粘土でもよい。それをこねて、男と女の人形を造れ。男の方は武具を身に付けたアレースの姿にして、左手には剣を持たせろ。その剣を女の鎖骨のくぼみに突きつけろ。女は両手を後ろ向きに縛られて、膝をついた姿勢にしろ。霊を呼び寄せるための憑り代（οὐσία）を女の頭部と首に固定しろ。
お前が無理矢理にでも手に入れたいと思っている女の（人形の）上に次の字を書け。頭部には ισεη Ἰαω ιθι ουνε βριδω λωθιων νεβουτοσουαηθ、右耳には ουερ μηχαν、左耳には λιβαβα ωιμαθοθω、顔には ἀμουναβρεω、右目には ωρορμοθιω、もう一方の目には χοβουε、右の鎖骨には αδετα μερου、右腕には ενε ψα ενεχγραφ、他方の腕には μελχιου μελχιεδια、両手には μελχαμελχου αηλ、胸にはお前が無理矢理手に入れたい女の名前とその母方の名前、心臓には βαλαμιν Θωμουθ、下腹部には αοβης αωβαρ、陰部には βλιχιανεοι ουωια、尻には πισσαδαρα、右足の裏には ελω、他方の足裏には ελωαιοε。（中略）

> 次に、鉛の延べ板を用意して、その上に同じ文句を書いて、また唱え、それをお前が造った二つの人形に縛り付けろ。その際、糸は織機から取って、三六五個の結び目を造ってから使え。そしてお前がよく知っている「アブラサックス（Abrasax）よ、捕まえろ」で始まる定式を唱えろ。それからそれを日没に合わせて、誰か若くして非業の死を遂げた者、あるいは暴力で殺された者の棺桶の脇に置け。季節の花も添えよ。（中略）
>
> さらに、書いて読むべき文言は次の通り。「〔もろもろの冥界の神々の名前が列挙された後、〕俺はこの地のすべての霊どもに命じる。俺が今呼び寄せるこの霊に力を貸せ。さあ、（その）霊よ、お前が男であろうが、女であろうが構わない。急いであらゆる場所、あらゆる通り、あらゆる家々を巡って、～の娘の～を縛り上げて連れて来い。～の息子のこの俺のところへだ。（中略）もしお前〔呼び寄せられた霊〕がこの俺の言うことを実行したら、俺はすぐにもお前を解き放ってやる。この俺はΒαρβαρ ᾿Αδωναι、すなわち、光り輝いて星々を覆い隠しながら天を支配する世界の主なのだ。[50]

一目瞭然、ここには魔術の「呪文」が姿を表わしている。すべてまったく意味不明であるが、音素は明瞭にギリシア語であるから、発音はギリシア語で行われるわけである。現存の魔術文書全体を見渡すと、同様の文字列は、大小様々、ほとんど無数に現れる。音素について言えば、母音だけのものもあるが、子音を含むものもある。子音を含む文字列の場合には、似た音の子音を集めて繰り返す傾向が認められる。また、鳥や動物の鳴き声の擬音を含むものもある。[51]

そして、魔術文書自体がこれらの文字列のことを、明瞭に通常の発語（ギリシア語で「コイナ」κοινά）から区別して、「大いなるアナグラム」[52]と呼んでいる。それが神々や霊力を指す場合は、「永遠に不死の誉れある名であって、これまで一度も死すべき人間の本性の中に入ったことがなく、死すべき人間の舌や音や声によって分節されて語られたこともないものである」。[53]

それらの「大いなるアナグラム」が「神々を強制する祈祷」[54]になるためには、正確な発音が必要である。また、処方箋として書き下ろす場合には、一定の文字列を一定の図形に並べることが頻繁に行われる。例えば、盗難に会った者が泥棒に呪いをかける魔術文書には、一定の図形に記される。[55]

VI 神秘主義的グノーシスと「異言」（グロッソラリア）

ナグ・ハマディ文書第八写本の『ゾーストリアノス』の中にも、明らかに魔術文書の「呪文」

に由来する意味不明の文字列が三箇所に現れる。いずれもゾーストリアノスが霊的上昇の道行きの途中で、究極的存在に向かって発する語りかけの中にある。

§90 「三重に男性的な者」αα[ααα]ωωωωω、2、3、1。あなたは霊からきた霊、光からきた光、沈黙からきた［沈黙］、［思］考からきた思考、完［全］なる神の子、7、80［±3］、400」

§170 一者よ、あなたは生きている。［三］重なる［者］、彼は生きている。あなたこそが三［重の者］、すなわち三重に重なった者、[ααα]εεε！最初の七つのものは［A］である［B、A+B=±5］第三番目は［±9］20二番目の七［つのものは εεεεεεε ααααααα［±7］］

§184 φοη ζοη ζηοη ζηοη ζωαι ζωαι ζαω ζηοοο ζησευ ζησευ！この者たちは生ける者たち、個別の者たち、四つの者たちである。その四つは八つの層を為している。5 ηοοοοηαω よ、彼らの前に在るのはあなたです！ あなたは彼らすべての中にいます。

同じような意味不明の文字列は、他のナグ・ハマディ文書にも現れる。『マルサネース』§32、『エジプト人の福音書』§10、18、52、53、『三体のプローテンノイア』§8、『第八のものと第九のものに関する講話』§13、28がその該当箇所である。やはり、究極的存在に向かって発する語りかけの一部であり、明らかに入信儀礼の洗礼式で読まれた式文に属するものもある。

以上のようなナグ・ハマディ文書よりもさらに注目に値する二つのコプト語写本がある。アスキュー写本とブルース写本である。どちらもナグ・ハマディ文書の発見よりもはるか以前から知られていたもので、前者は一七七三年以来、英国人の古文書収集家のA・アスキューが所有し、一七八五年以降大英博物館に所蔵されている。筆写されているのは『ピスティス・ソフィア』と呼ばれる大部な文書である。[56] 後者は一七六九年ごろ、英国人の旅行家J・ブルースがエジプトで入手し、一八四二年以降はオックスフォードのボードレイアン図書館の所蔵となっているもので、『イェウーの二つの書』と標題が失われたグノーシス的な文書（通称『未知のグノーシス文書』）が筆写されている。[57]

これらの文書はいずれも研究上は広い意味でのグノーシス主義文書として扱われる。しかも初めから明瞭にキリスト教の強い影響下にあったグノーシス主義、つまりキリスト教グノーシス主義の文書である。時期的には「後期グノーシス文書」に分類される。特に『ピスティス・ソフィア』には、後三世紀以降のマニ教の神話からの影響が明白であるから、グノーシス主義の中でも「後期」の現象であることに間違いはない。神話論的グノーシスから哲学的・神秘主義的グノーシスへの変容というH・ヨナスのモデルに即して言えば、『ゾーストリアノス』や『マルサネース』

のような哲学的性格はこれらの文書には認められない。むしろ、儀礼的体験を重んじる神秘主義的グノーシスへの変容と言うにとどめるべきであろう。いずれにしても、神話論的体系性も顕著に減衰している。プレーローマにいる神的存在はほとんど見渡しがたいほどに増殖して入り乱れ、鬱蒼たる蔦の絡まり合いの観がある。これらをグノーシス主義文書と呼ぶにしても、それは知的エリート主義としてのグノーシス主義ではなく、大衆的な体験主義へ変容したそれである。キリスト教の教理問答の教科書に添うような「正統主義的」な言説も唐突に出現するから、教会との関係も単純に「正統」か「異端」かの判断には馴染まないものがある。

逆に、魔術文書からの「呪文」の受容は、『ゾーストリアノス』と『マルサネース』を含め、前出のナグ・ハマディ文書と比べて、圧倒的に増大している。ここではその内から、真の神イェウーの名前に関わる例を二つだけ挙げよう。『イェウーの第一の書』の五章では、「真の神イェウーはすべてのイェウーたちの父であり、その名前を私〔イエス〕の父の舌で言えば、ιοειαωθωουχωλμιω である」と言われる。「父の舌で言えば」とは、通常と異なる「舌による発語」（グロッソラリア）、つまり「異言」ということである。さらに、『イェウーの第二の書』の五〇章では、「真の神イエウー」の名前がその「異言」で、ζα ..... ζωζ ωωωωωω εεεεεε οοοοοο υυυυυυ. ιζη. ζωζω. ζεζωζω. ζωζωοι. εζωιω. ειαπτθα ειαπτθα と表記されている。

最後に、ここに紹介した後期グノーシス主義の文書が既存の魔術行為そのものに言及する仕方に注意が必要である。『ピスティス・ソフィア』の一八―二一章では、地上から至高神に向かって引き揚げられて行くイエスが、途中の十二のアイオーンを支配しているアルコーンたちの力の三分の一を取り除いたと言われる。それ以後、彼らが破戒天使たちを通して人間種族に教えた魔術(μαγεία)の神秘儀礼(μυστήριον)、とりわけ未来占いは首尾よく行かないことになった。しかし、イエスはさらにその上にある第十三アイオーンの力はそのままにしたので、そのアイオーンの魔術の力は削減されずになお存続しているが、それによる未来占いは的中する場合と、しない場合があると言う。つまり、ここでは明瞭に、既存の魔術行為の意義と効力が消極的かつ否定的に評価されているわけである。

Ⅶ むすび

最後に述べたことは、後期グノーシス文書と魔術の関係について結論を導く上で、きわめて重要である。『ゾーストリアノス』と『マルサネース』のような哲学的神秘主義、あるいは儀礼的体験を重視する神秘主義は、たしかに既存の魔術文書から多くの「呪文」、すなわち、意味不明の文字列を受容した。しかし、それは魔術の場合のように、神々やさまざまな霊力を技術的、方法的に呼び寄せ、強制的に人間の思惑に従わせて、それを実現させるためではない。むしろ、神秘主義者が地上から至高の究極的存在へ向かって上昇して行き、その究極的存在に対する認識と自分自身の存在が合一する瞬間の発語、主体と客体の区別を超えて認識行為がそのまま存在論的行為となる合一の頂点での発語としたのである。それは「肉の舌では表現できない」発語（『未知のグノーシス文書』七、一八章）、つまり「異言」（グロッソラリア）である。

このように見てくると、プロティノスが前掲の『グノーシス派に対して』一四章（前出Ⅳ2節の末尾二七一頁を参照）で、論敵のグノーシス派があたかも魔術師の「呪文」をそのまま真似ているだけであるかのように批難するのは、不当だと言わなければならない。魔術における「呪文」がどのようなものであるかのプロティノスの報告はほとんどすべて当たっているだけに、[58]この一点でのすれ違いには要注意である。その報告にすぐ続けて、プロティノスは「またもし彼らはそういうことを言おうとしているのではないとしても」と書いて、自分の批難に一定の留保を付している。しかし、この留保にもかかわらず、プロティノスは論敵のグノーシス派が魔術の「呪文」に与えた新しい意味を認識しないままで終わっている。何故であろうか。

その理由は、論敵の意味不明の発語は「明確に思考する人々を説得する（中略）ことができない」（『グノーシス派に対して』一四章）というプロティノスの文章の中にある。プロティノスの哲学的神秘主義は、認識と存在の合一をあくまで「理性」(叡智)の側にとどまって得ようとする。ところが、神秘主義的グノーシスの目指すそれは、理性を超えた「無意識」の領域に関わっている。「異言」は「無意識の言語」に他ならない。(59) これがプロティノスと『ゾーストリアノス』を含む論敵の神秘主義が分かれる地点である。

注

(1) 本稿はもともと独立の二つの論考にさかのぼる。一つは、森一郎(当時東京女子大学文理学部教授、現在東北大学教授)に請われて、二〇〇九年九月二〇―二一日に京都工芸繊維大学で開催された第四回ハイデガー・フォーラムで行った発表「認識から体験へ――グノーシス主義の変容?」である(これはその後、二〇一〇年九月一日付で http://www.shujitsu.ac.jp/shigaku/hf/index.htm の Heidegger Forum vol 4「いま、神はどこに」の一一六―一三〇頁に掲載された)。もう一つは、日本宗教学会の紀要編集部から請われて、『宗教研究』第三六五号(第八四巻の2、二〇一〇年)、一―二二頁に寄せた論考「グノーシスと異言(グロッソラリア)」である。どちらの論考も、今回本書に収録するにあたって、大幅に改稿している。

(2) H. Jonas, Gnosis und spätantiker Geist, Bd.I: Mythologische Gnosis, 3. Aufl., Göttingen 1964. 邦訳はハンス・ヨナス『グノーシスと古代末期の精神　第一部・神話論的グノーシス』、大貫隆訳、ぷねうま舎、二〇一五年。

（3）A. v. Harnack, Lehrbuch der Dogmengeschichte. Bd.I: Die Entstehung des kirchlichen Dogmas, Tübingen 1886, 4. Aufl. 1909, Nachdruck Darmstadt 1964, 243.

（4）この点について詳しくは、大貫隆『グノーシス「妬み」の政治学』、岩波書店、二〇〇八年、二二一頁を参照。

（5）R. Reitzenstein, Das iranische Erlösungsmysterium. Religionsgeschichtliche Untersuchungen, Bonn 1921, 146.

（6）H. Jonas, Gnosis und spätantiker Geist, Bd. II,1: Von der Mythologie zur mystischen Philosophie, Göttingen 1954, 2. Aufl. 1966.

（7）H. Jonas, Gnosis und spätantiker Geist, Bd. II: Von der Mythologie zur mystischen Philosophie . Erste und zweite Hälfte, hrsg.v. K. Rudolph, Göttingen 1993. 邦訳はハンス・ヨナス『グノーシスと古代末期の精神 第二部・神話論から神秘主義的哲学へ』、大貫隆訳、ぷねうま舎、二〇一五年。

（8）前掲書第二部 一二二―一七〇頁。

（9）前掲書第二部 一二九頁。

（10）前掲書第二部 一二五頁。

（11）前掲書第二部 一六六―一六七頁。

（12）前掲書第二部 一二三頁。

（13）前掲書第二部 一二五―一二八頁。

（14）前掲書第二部 一三〇―一三三頁。

(15)前掲書第二部一六五頁。
(16)前掲書第二部一六四頁。
(17)前掲書第二部一六五頁。
(18)前掲書第二部一五四―一五五頁。
(19)前掲書第二部一六七頁。
(20)前掲書第二部一六六頁。
(21)前掲書第二部一三一頁。
(22)前掲書第二部一五七頁。
(23)この点については、本稿の結びでより立ち入って解説する。
(24)大貫隆『グノーシス「妬み」の政治学』、岩波書店、二〇〇八年、一六〇頁。
(25)H・ヨナス、前掲書第二部一五一頁。
(26)H・ヨナス、前掲書第二部一四三―一四四頁。
(27)本稿の結びで言及する『ヨハネのアポクリュフォン』(の原本)がその典型。
(28)『ナグ・ハマディ文書 I 救済神話』、岩波書店、一九九七年、二三〇頁(小林稔訳)参照。
(29)『ナグ・ハマディ文書 II 福音書』、岩波書店、一九九八年、二四五頁、§24(大貫隆訳)。
(30)隠語表現のため、元来の(?)語義は分からない。
(31)ゾーストリアノスを無造作にゾロアスター教の始祖ゾーロアストロスと同一視することはできない。古代の系譜学では、ゾーストリアノスはゾーロアストロスの曾祖父とする見方がある(プラトン『国家』篇X, 614B：エルの神話を参照）。
(32) 日本聖書学研究所編『聖書外典偽典』別巻・補遺Ⅰ、教文館、一九七九年所収。特に第五―十四章を参照。
(33) 日本聖書学研究所編『聖書外典偽典』別巻・補遺Ⅱ、教文館、一九八二年所収の『預言者イザヤの殉教と昇天』。特に第六―九章を参照。ただし、キリスト教徒による事後的な加筆が行われている。
(34) 原文はコプト語で eire.
(35) 原文はコプト語で shope.
(36) Ⅷ六四13b―六八13。
(37) 以上についてさらに詳しくは、M. Tardieu, Recherches sur la formation de l'Apocalypse de Zoroastrien et les sources de Marius Victorinus (Res Orientales IX), Bures-sur-Yvette 1996 を参照。
(38) §57では、同じ行為がもっと明瞭に「それはソフィアが下方を眺めた所為である」と言われる。
(39) 創世記第一章参照。
(40) エジプト宗教史における「セート」神を指す可能性もあるが、明示的には旧約聖書の創世記四25―26の「セツ」（新共同訳では「セト」）を指す。「セツ派」と呼ばれたグノーシス教派は自分たちをその子孫と考えた。
(41)『プロティノス、ポルピュリオス、プロクロス』、田中美知太郎責任編集、中央公論社、世界の名著15、一九八〇年、一〇四―一〇五頁。ただし、文言の変更と中略は大貫による。
(42) 注1に記した研究発表では、その他の並行関係もすべて対観表にして配布したが、ここでは省略する。

（43）ナグ・ハマディ文書第八写本の『ゾーストリアノス』はギリシア語原本からの翻訳であるから、さらに厳密に言えば、そのギリシア語原本そのものと同じとは限らないということである。

（44）詳細については、『ナグ・ハマディ文書Ⅰ救済神話』（岩波書店、一九九七年）に収録された拙訳と巻末の解説を参照。

（45）前出のⅢ4節に引用した§19―21を参照。

（46）訳文は『グノーシスの変容』所収の大貫訳による。

（47）翻訳は『プロティノス、ポルピュリオス、プロクロス』、田中美知太郎責任編集、中央公論社、一九八〇年、三五〇―三五一頁のよる。ただし、カギ括弧内は大貫による補充。

（48）K. Preisedanz, Papyri Graecae Magicae: Die griechischen Zauberpapyri. Herausgegeben und übersetzt von K. Preisedanz, Bd. I, Berlin 1928, 2.Aufl. 1973: Bd. II 1931, Bd. III 1941, Bd. II-III, 2. Aufl. 1974（＝略号 PGM）；A. M. Kropp, Ausgewaehlte Koptische Zaubertexte, Bd I: Textpublikation, Bd.II: Übersetzungen und Anmerkungen, Bruxelles 1931, Bd. III: Einleitung in koptische Zaubertexte, 1930（＝略号 KZT）

（49）KZT Bd. III, §184 参照。

（50）PGM IV, 296-466.

（51）PGM XIII, 83-86.

（52）PGM XIII, 106-183.

（53）PGM IV, 605-610.

(54) PGM IV, 977,985,1436.

(55) PGM V, 80-90.

(56) C. Schmidt, Koptisch-gnostische Schriften, Bd. I: Die Pistis Sophia. Die beiden Bücher des Jeû. Unbekanntes altgnostisches Werk, GCS 13, Leipzig 1905. (4. Aufl. hrsg. H.-M. Schenke, Berlin 1981).

(57) 前注に掲出した文献の他に The Books of Jeu and The Untitled Text in the Bruce Codex, Text edited by C. Schmidt, translation and notes by V. Macdermot, NHS XIII, Leiden 1978.

(58) 前掲の『グノーシスの変容』に収録の『ゾーストリアノス』の解説に詳細な一覧表がある。

(59) 同じことは、G・タイセン『パウロ神学の心理学的側面』、渡辺康麿訳、教文館、一九九〇年、三八三頁以下が、パウロ書簡で言及される「異言」(一コリント書一四章)について指摘している。この問題については、私も稿を改めて論じたい。

VI

ハンス・ヨナス『グノーシスと古代末期の精神』を読む

はじめに

ハンス・ヨナスのライフ・ワークである『グノーシスと古代末期の精神 I－II』とその拙訳の刊行については、すでに本書冒頭の「私のグノーシス研究　序にかえて」の第6節で詳しく述べたとおりである。拙訳刊行後、私は旧友宮本久雄（現東京大学名誉教授、日本純心女子大学教授）に請われて、同氏がリードする（日本）教父研究会の第一五九回研究会（二〇一七年三月十一日、土曜日）で、ヨナスの同書について報告することになった。

当日は、やはり旧知の友人である山本巍（たかし）（現東京大学名誉教授）が私の発表に続いて、周到なコメントを行ってくれた。終了後は、同研究会の機関誌『パトリスティカ――教父研究』第二一号（教友社、二〇一八年）に二人のやりとりを掲載することになった。そのために二人で相談した結果、発表当日のやりとりの基本的な枠組みを保持した上で、それぞれその後さらに考えたことも書き加えて発展させたものを最終稿とすることになった。私の原稿は前掲機関誌七－二七頁に掲載された。

以下はその再録であるが、最初の本論部（Ⅰ〜Ⅳ節）は、そこに掲載された文章に若干の補足的説明を加えて膨らませた箇所があるが、基本的にはそのままであり、さらには最初の研究会での発表のままでもある。他方、山本巍の応答は「グノーシス対プラトン『ティマイオス』」という表題の下に、同じ機関誌の同号二八―五〇頁に掲載された。本稿の第Ⅴ節での私から山本氏への応答は、もともとの発表当日口頭で行った応答を適宜改稿して、本書で初めてそれを読む読者にも分かる形に直している。また今回、本書への再録に当たり、表題を少し変更している。

Ⅰ　ヨナスを翻訳しての最大の発見

私は一九九九年に岩波書店から刊行した『グノーシスの神話』を二〇一四年に講談社学術文庫にも収録するにあたり、巻頭に「はじめに」と題して短い序文（三―六頁）を書き加えた。そこでも報告したとおり、グノーシス神話が現代の読者を最も困惑させるのはその内容の分かりにくさである。そもそも神話の冒頭から超越的な光の世界の存在だとして、無数の神々が得体の知れないカタカナ表記の名前で登場する。その後話は下方に向かって展開してゆき、星辰界（中間界）とその下の地上世界が成立してくる。現実の人間は、その頂点から最も遠く隔たった下方の闇の世界で、それと同心円を成す肉体という牢獄に捕縛されるに至る。さらに神話は、その人間に上方の光の世界から繰り返し「啓示」（あるいは啓示者）が到来する様子を物語る。ところが、その啓示者もまた得体の知れないカタカナの名前で呼ばれることが少なくない。そのような場面を、当時と現代の別を問わず、読者はどう受け取ればよいのか。それは読者には捉えどころのない虚空の物語ではないのか。

グノーシス神話を初めて読む者は、現実の世界と人間が存在するようになる以前、時空を超越したところで始まる得体の知れない神々のドラマに、真っ先から目を眩まされる。すなわち、ほとんどの読者は、これはてっきり聖書の一神教をもはるかに超える神々の話に違いないと思い込むのである。そうなると、後は果てのない迷路が続くばかりとなる。

重要なのは、その神々の頂点にいる至高神が、たとえどのような名前で表記されようと、実は人間のもともとの本来の在り方を指す別名であることを見抜くことである。グノーシス神話は絶対的な人間至上主義にほかならない。人間こそが至高神であるから、それを超えるものは何もない。超越なき現代は、すでに古代のユダヤ教とキリスト教そのものの周縁に現れていたのである。これほど、現代人にとって分かりやすい思想はないであろう。反対に、世界と人間が造られたものだという旧約聖書（ユダヤ教）の見方（創造信仰）と、万物を創造した絶対的な超越神がこの世界に到来して人間となり、十字架上に処刑された後、復活したと語る新約聖書のメッセージが、とりわけ日本人にとって持つ理解しがたさにくらべれば、はるかに分かりやすいはずなのである。

グノーシス神話の謎を解く鍵は、ただ一つ、どうして人間は至高の神の一部でありながら、間違った居場所へやってきてしまったのか？　そもそも間違った場所とは何のことなのか？　この一点から読むことである。そうするときに初めて、得体の知れないカタカナの神々の名前など問題ではなくなる。

ところがあるとき、自分が今、目の前に神話の本文を置いて、それを読んでいるということ、まさにそのことがその「啓示」なのではないか、と思い至ったことがある。神話の物語の中に登場する「啓示（者）」は、神話の本文として読者の目の前に到来している。物語の内部での啓示者と人間の出会いは、読者が「今ここで」神話の本文と出会うことと並行関係にある。物語論と解釈学は不可分一体なのだ。この関係に気づいたとき、私は正直なところ、いささかの興奮を覚えた。そしてそれが研究上も新しい発見なのではないか、グノーシス神話を読解する上で新しい視点なのではないかとも思い、事実いくつかの著作や論文にも、そう記してきた。ところが、それは、浅はかな自惚れだった。その後間もなく、ヨナスの『グノーシスと古代末期の精神』のある箇所に、まさにそのことが見事に文章化されているのを発見したのである。その第二部「神話論から神秘主義的哲学へ」の邦訳一五～一六頁には、次のようにある。まず、そこでのヨナスの論述を読み直してみよう。いささか長くなるので、AからGまでの七つの段落に区分し、後に続く私の分析での再指示の際にはその記号を付記することにする。なお、途中の**ゴチック体**も大貫によるものである。

A

グノーシス神話それ自体において、その知の理念〔イデー〕が、その神話が対象的に繰り広げる内容の一契機として主題化されて解説されるのである。そしてまさにこのことによって、グノーシス神話は「グノーシス」神話へと特殊化されるのである。その結果、グノーシス神話を語り伝える行為そのものが、その神話の地平の内側で予測される行為、そう、実に神話の内容の出来事全体が反転する転回点となる。神話の伝達がこの転回をもたらすことによって、神話が語る内容としての出来事は、それ自体が啓示という新しい様態、つまり認識および自己意識という様態へ在り方を変えるのである。**この啓示は神話の〔内容である〕物語そのものの中の一場面として出現する。その限りにおいて、グノーシス神話は自分を自分に出現させるのである。それは実に独特な仕方で自分自身に送り返され、再び自分自身に呑み込まれて回収されるのである。**通常の神話ならば、単純に対象の事物について語るだけである。グノーシス神話は、そうする代わりに、むしろ自己自身に属する。つまり、「グノーシス」という表題の下で自分が表現しつつある対象そのものの一部なのである。

B

したがって、グノーシス神話が実際に〔読者に〕提示される時点は、**（a）当の神話の筋書きそのものの進行の中では、「啓示」が出来事となる場面として対象的に物語られる――言わばその場面に「反映」する――のであり、（b）神話の最後においては、グノーシス〔認識〕への要請として現れるが、（c）実際には、そこまで一貫して続いてきた神話の語りによって、すでに達成されてしまっているのである。この合致のゆえに、神話が物語られることは、そのまま同時に、物語られた事柄が新しい局面へ入ることになる移行点である。**すなわち、物語られた事柄の観念性〔読まれて今や知られていること〕がその現実性の一要因となる移行点である。――逆に、その現実性こそが、その観念性のプロセス〔＝神話を知るプロセス〕の中で、その知を初めて時熟させ、自分をその中に映し出し、言わば、観念的に自分自身を初めから「反復」することによって、全体としての自分を再構築するのである。このような合致が可能となる根拠は、神話が語っているプロセス全体の主語と、神話論的な啓示によって語りかけられている者〔＝グノーシス〔認識〕の主語〕が究極的には一つだということなのである。

C

そのように、グノーシスの神話では、認識は、わざわざ言葉にするまでもなく単純に神話を伝達すれば結果的に生じてくるというわけではない。それはむしろ伝達されるもの自体の中に自分の場所を割り振られていて、人間にとって本質的に重要な関心事として現れる仕組みになっている。しかも、その関心事は人間が神話の内容にただ受動的に身を任せるという次元をはるかに超えるものである。このような仕組みになっている点において、グノーシス神話は、神話誌的に見ると、第一次的な意味での神話——つまり純粋に対象物についての空想を事とする神話——と比べると、**一段と高次の反省段階**にあることが分かるのである。(1)

最後の**ゴチック体**部分は、グノーシス神話が自然神話ではなく、人工神話（Kunstmythos）であることを意味している。そうでなければ、神話（本文）が読者との関係を自分（物語）の内側に取り込んで造形するという仕掛けは不可能だろう。(2)

それでは、そのような仕掛けで、グノーシス神話から**この私**に到来した最大の「啓示」とは何か。それを私は、ヨナスに倣って「知の存在論的不安」と表現してみたい。それは具体的には、いわゆる「ソフィアの過失」の場面から読み取られる。存在の頂点にいる至高の存在が、自己自身を認識しようと試みる。その瞬間に自己分化が始まり、そこから次々と下位の存在が出現してくる。その表現には複数の動詞が用いられ、特定の術語に限定はされていないが、そのようにして、中間の世界、そして前述の最下位の闇の世界まで、大きく三層から成る存在の階梯を導き出す思考法は、一般的に「流出論」と呼ばれる。「ソフィアの過失」とは、その「流出論」の構図で言えば、最上部の光の世界の末端で起きる出来事である。そこから、中間世界さらには闇の世界が生じてくる。なぜその「ソフィアの過失」が「知の存在論的不安」を意味するのか。ヨナスは次のように述べる。

D

根源的知性〔「一なるもの」〕が行う自己省察は、このように認識と分化をもたらしつつ、同時に事実として存在を定立する。これがこの思考の型を支える公理の一つである。その自己省察は絶対的存在の「豊穣さ」〔プレーローマ〕を実現していく。しかし、その後で、存在の中に大きな裂け目が口を開け、実体的二元論として、やはり事物的な性格を帯びていくことになるのも、その絶対的存在が行う原初の認識（グノーシス）がたどる精神状態、およびその認識が自分で自分に引き起こす出来事の所為に他ならない。なぜなら、絶対的存在が多様化することは、直接的に積極的なものであると同時に、当初から一つの否定的な側面も含んでいるからである。すなわち、「すべての定義は同時に否定である」（*omnis determinatio est negatio*）という側面である。これはあらゆる神秘主義の存在論における根本原則である。この原則は擬人化を伴う神話の形態においては、人格化された神的存在同士の関係という特徴、そして同時に、それらの人格化された神的存在が意志を伴っているがゆえに、葛藤という特徴へ移行していく。端的に言えば、生命の不安定さの中へと移行していく。(3)

E

すなわち、プレーローマでは、純粋な知性がそもそも原初的な分化を始めたことそのことが、直ちに不安定性の要因をもたらしたのである。すなわち、多様性が進展していくにつれて、その多様性を構成する個々の部分は実体化されていく。したがって、それらの部分にとっては、多様性とは自分が特殊化され、有限化されることを意味する。そうであるがゆえに、多様性とは、それらの部分が〔今度は主体となって〕行う「認識」が特殊化を蒙ることの原因となる。ところが、彼らのその「認識行為」には、もともと全体性への希求〔すなわち、全体を手にしたいという希求、そして思考による一体性の力で、自分自身がその全体でもあるという主張〕が生み込まれている。しかし、前述の特殊化は、まさにこのことと矛盾せざるを得ない。

F

このようにして、知性の王国の内部では、その頂点からの距離が大きくなればなるほど、否定性と限定、欠乏と欲求の度合いも増していき、苦難の契機が実在性を獲得する。そしてそれは自分の存在と欲求が互いに不均衡であることを超えようとして、過誤と盲目に陥る。そこからは、この弁証法的な二元論が、その実体的な「原理」(アルケー)においてと同様、力動的な「原理」においても、実は「一元論的」な体系構成の試みであることが明らかになる。同一の行動原理である「グノーシス」〔認識〕が、一方では積極的に、根源的知性が自己分化によって、さまざまな側面へ実現してゆく、すなわち、「プレーローマ」を多様性の領域として、そもそも実在させる。しかし同時に他方では、その同じ行動原理が、他でもない差異、分離、そして自立化を生み出すことによって、プレーローマの限定された一部分に過ぎない実在〔ソフィア〕に一定の「向こう見ず」（トルメー τόλμη）を企ませる動機となる。その「向こう見ず」とは、プレーローマの中に生み出されてきた差異を一挙に飛び越そうと試みることである。そのような「無鉄砲」から生じてくる結果は、「グノーシス」〔認識〕が一致〔調和〕の枠外で自分を満たすことを欲して、却って自分が目指すところから迷い出て、言わばそれ自身の個別化された自同性のなかに捕縛され、自分の対極物である「無知」に転じてしまうことである。その「無知」とは、「グノーシス」が陥る苦難の形態に他ならない。それでもその苦難は「グノーシス」の一つの様態なのであって、実際のところ、それに元来具わっていたが、その後倒錯してしまった欲求によって動かされているのである。

G

したがって、「無知」とは、決してただ単に「認識」の欠如という価値中立的な事実のことではない。それはむしろ、「認識」という形態においてこそ真実なものとなり得ると同時に、まさにそれゆえに、その反対物にもなり得るものによって抱かれる感情である。そしてそのような倒錯性は、二元論を実際に担う精神を根本的に特徴づけるものである。プレーローマのアイオーン中で最も若年で最下位に当たるソフィアが陥る宿命が、まさしくこの種類のものである。この最下位のアイオーンにおいては、プレーローマの頂点からの隔たりが最大であるのに応じて、緊張性と自立性も最大であり、限界の圧力も最大である。その限界が踏み越えられるとき、「認識」は知性の原理から、純粋に情念の原理へ、すなわち、盲目で自力に頼った羨望へと変容する。(4)

II　ヨナスを読みながら抱いて来た最大の疑問

ヨナスとの付き合いは、かれこれ四十年を超える。その間、私に繰り返し浮上していたのは、バシリデース派が取り上げられないのは何故なのか、という疑問である。翻訳を終った今、私が到達している結論から先に言えば、バシリデース派の神話（教説）は、構造から見ると、いわゆる「流出論」ではないことがその理由である。(5) 反対に、ヨナスはグノーシス＝流出論という等式で考えている。明らかに、「グノーシス」概念が「流出論」に狭小化されている。と同時に、「流出論」が「グノーシス」と等値とされる点では、[6]グノーシス概念が拡大される。概念の拡大と狭小化が同時に起きているのである。

ヨナスがグノーシス＝流出論という等式で考えている最も良い事例はプロティノスである。正直に申し上げるが、私はプロティノスの著作と本格的に取り組んだことは一度もない。今回の翻訳（特に第二部六章）でヨナスがプロティノスの著作の私訳を掲げているので、それを読んだ限りで言わせていただく。そこで「流出」に当たる単語を検索してもヒットしない。その理由は、私の推測では、おそらく「流出」の表現は、プロティノスにとって、あまりに事物的・即物的（dinghaft-stofflich）に過ぎるからであろう。それでもヨナスはプロティノスをオリゲネスと並べて「流出論」型のグノーシスの完成型に位置づける。それは「言葉の最高の一般性において解された構造というものに即しての判断」[7]である。「流出論」とは「『根源的に一なるもの』が自己分化を進めるうちに、必然的に、より劣悪なものに至るという観念」[8]のことなのである。その上で、ヨナスはプロティノスにおける流出論の構図をプラトン自身からは導出できないとした。[9]その代わりに、オリエントを含む「古代末期の精神」という拡大された意味での「グノーシス」に一般的な構造として説明したのである。

ただし、K・ルドルフ（第Ⅱ巻後半部の編纂者）が、ヨナスのプロティノス論（第Ⅱ巻六章）への序文で確認している通り、「流出論の構図をプラトン自身からは導出できない」というヨナスの判断は、その後目覚ましい進展を遂げた中期プラトニズム研究によって覆されている。ルドルフがこう判断する根拠としているのが、ハンス・ヨアヒム・クレーマーの『叡智の形而上学――プラトンとプロティノスの間のプラトン主義の研究』[10]である。私もこれを精読している。クレーマーの言う「叡智の形而上学」とは、分割不可能な至高の原理（モナス、ヘン、ペラス）から、「叡智」（ヌース）のイデア（複数）と「心魂」を通して、多数性（デュアス）を導出する「存在論的伝承」のことである。それは、アルキノスなどに代表される中期および後期プラトン主義者たちによって初めて形成されたものではなく、むしろプラトンの「書かれざる教説」を継承した古アカデメイア学派そのものの中に根を張っているとされる。この見解に従う限りは、ヨナスのように、プロティノスをそれまでのプラトン主義の伝統から独立に突然花開いた体系と位置づけることは、もはやできないわけである。

しかし、それでは逆に、プロティノスの「流出論」の構図は、中期プラトン主義からだけ理解できるのか。もしそうであれば、クレーマーが「叡智の形而上学」を再構成するに当たって重要な手がかりとしているヴァレンティノス派の神話と、この神話によって代表される「流出論」型のグノーシス神話一般も、そこから同じように残りなく理解できることになるであろう。ところが、そうは問屋が卸さない。中期プラトン主義はおろか、プラトンのプの字も知らないグノーシス派が同じ「流出論」による神話を繰り広げるからである。それはマンダ教（ティグリス・ユーフラテス河口に末裔が現存する）である。その聖典『ギンザー』の一節（右の部第三章）は次の通りである。

実がまだ実の中にあり、上なる大気がまだ上なる大気の中にあったとき、また、大いなる輝きがあって、その輝きは広大で大きく、それ以前にはまだ誰もいなかったとき、そのときその輝きから活ける水の大いなるヨルダンが**生じてきた**。活ける水は上なる大気の地へと流れ込んだ。その地に命は住み着き、彼がその中から**出てきた**あの大いなるマーナーの姿で立った。

それからこの命は自分自身に願いを向けた（＝自己思惟！）。その願いから確固たるウトラが**生じた**。命はこのウトラを「第二の命」と名付けた。終わりなき無数のウトラたちも**生じてきた**。また、あの活ける水からもう一つのヨルダンが生じた。それは「第一のヨルダン」のように光の地へと流れ込んだ。「第二の命」はその中で洗礼を受けて強固な者とされた。

それから「第二の命」はウトラたちを**造り**、シェキーナーを設け、また一つヨルダンを**創造した**。ウトラたちはその中に揺らぎない場所を得た。三柱のウトラが**生じ**て、「第二の命」に願いごとをした。自分たちのシェキーナーを造ることを許して欲しいと願ったのである。三柱のウトラが願ったことを「第二の命」は叶えてやった。彼らは相談し、シュキーナーを**造った**。

彼らは祈って、彼らの父（第二の命）に問うて言った。「この活ける水のヨルダンを、かくも見事で、その水の放つ香りたるやかくも甘美なヨルダンを、また、その中に揺らぎない場所を得たかくも大いなるウトラたちを、**呼び出したの**はあなたなのですか。その中に揺らぎない場所を得たウトラたちはあなたのウトラたちなのですか。」

「第二の命」はこれに答えて三柱のウトラに言った、「この私、お前たちの父である私を**呼び出した**のは命（＝「第一の命」）なのだ。ヨルダンは命のものであり、お前たちは命の力によって**生じてきた**のだ。[11]」

マンダ教文書がさまざまな神的存在の発生を述べる文言は多様で、ここでも特定の術語に限定されてはいない（**ゴチック体**の文言を参照）。しかし、先に定義された意味での「流出論」の構図は紛れもない。それはオリエントも含めた古代末期全体に見られるものであって、中期プラトニズムもプロティノスもその巨大な枠組みの一部なのである。この点で、ヨナスの判断は依然として当たっている。

Ⅲ　バシリデース派の例外性

バシリデース派の神話は、エイレナイオス『異端反駁』（二世紀後半、第一巻二四章）とヒッポリュトス『全異端反駁』（三世紀前半、第七巻二〇～二七章）に報告があるが、長さも内容も非常に異なる。[12] 重要なのはヒッポリュトスの方である。その神話の骨子は次の通りである。

(1)「存在しない神」が、「存在しない世界」を、「存在しないもの」から「あれ！」（創一3：fiat）と言って、造った。[13] 造られた「世界種子」はすべてのものを内包する「汎種子」（パンスペルミア）であり、その中に、三つの「子性」（ヒュイオテース）があった。「子性」の一つは軽かったが、別のそれは重く、もう一つはなお浄化を必要としていた。（Ⅶ二一4―7）

(2) 第一の（軽い）子性は直ちに「存在しない神」へ上昇・帰還した。（Ⅶ二二8）

(3) 第二の（重い）子性　は「羽」（聖霊）を得て、「存在しない神」の手前まで上昇・帰還（Ⅶ二二10―12）し、超世界的な領域とこの世界の中間で天蓋となった（Ⅶ二三1）。やがて、そこから下の世界のアルコーンが生成する。

(4) 第三の（なお浄化を必要とする）子性とは、下方の領域で呻いている「霊的な者たち」のことである。（Ⅶ 二五1―2）

(5) 終末論

「その〔第三の〕「子性」全体が上って来て、中間の境界、つまり〔聖〕霊を超えるところまで来たときには、被造世界は憐れみを受けることになる。なぜなら、それは今この時に至るまで、呻きと産みの苦しみを続け、神の子らの出現（ロマ八19、22）を待っているからである。その憐れみとは、その〔第三の〕「子性」に属するすべての人間たちが、この場所から上昇して行くことである。そのことが起きた後、神は世界全体の上に、大いなる無知（μεγάλη ἄγνοια）をもたらすであろう。それはすべてのものが自分の本性に即し、本性に反するようなことは決して何一つ欲しがらないようになるためである。」（Ⅶ 二七1）

ヒッポリュトスによれば、バシリデースはこの神話を開陳する途中で、二回アリストレスに言及している。一つは、前掲の(1)に見る通り、「存在しない神」によって造られた「世界種子」（汎種子）が「存在しない世界」と呼ばれることと関係する。

「この汎種子（パンスペルミア）をアリストテレスは「類」（ゲノス）と呼んで、無数の「種」（イデアイ）に分割されると言う。すなわち、われわれが「動物」〔という「類」〕を、牛、馬、人間に分割する通りである。その「類」とは〔概念であるから、具体的に〕存在するものではないのである。」（VII二二4—5）

もう一つは、(3)で述べられる中間の領域のアルコーンと関係する。

「これは、アリストテレスが自然の有機体としての身体（ソーマ）の『エンテレケイア』（ἐντελέχεια）と呼ぶもの、すなわち、身体において働いている心魂（プシュケー）のことである。……バシリデースはその論を大いなるアルコーンとその息子に関して敷衍しているのである。」（VII二四1）

ヒッポリュトスはとりわけ前者を捉えて、バシリデース派の神話をアリストテレスの『範疇論』からの剽窃、焼き直しだとして、そのために特別に紙幅を割いてまで非難している（VII一五～一九章）。[14] それはともかくとして、本日の私にとって重要なのは、バシリデースが自覚的に「流出論」を拒絶したという、ヒッポリュトスの次の証言である。

ところが、「存在しない神」から流出（プロボレー προβολή）されたものが「存在しないもの」となった、と主張することは無理であるから、——**というのは、バシリデースは、事物の実体が生成してきたのは流出（プロボレー）によるという見方を完全に避けて、それを怖がっていたからである。**なぜなら、神が世界を仕上げるのに、一体どのような流出が必要だと言うのか。また、一体どのような質料〔物質〕が現にそこに在ることが必要であろうか。それでは、まるで蜘蛛が〔巣を張るのに〕糸を必要とし、死ぬべき人間が何かを仕上げるために、銅、木材、その他何か素材を必要とするのと変わらないではないか！——むしろバシリデースが言うのは、こうである。「〔主が〕言われた。するとそのようになった」とある。そして、この男たち〔バシリデース派〕が言うには、これこそがモーセによって「光あれ。すると光があった」（創一3）と言われている意味なのだそうである。（Ⅶ二二2—3）

Ⅳ　まとめ

繰り返しになるが、ヨナスのグノーシス概念は、「流出論」との等値において拡大され、バシリデース派の神話が本格的な考察の外に置かれる点で、狭小化を示している。これはヨナスのグノーシス論の限界であろうか。

この問いを立てながら私が思うのは、ヨナスがハイデガー哲学を「グノーシス」と断じた批判である。そこでの「グノーシス」はキリスト教の大義の反対物に狭小化されている。そこには、かつて他でもない同じ狭小化から「グノーシス」概念が解放されたことを「最高に稔りある研究成果」としたヨナスの面影はない。しかし、本日は、この問題には立ち入らないことにしたい。[15]

最後に、それとは別の点を一つだけ、確認しておきたい。それは、ヨナスが「流出論」型グノーシス神話における「ソフィアの過失」からえぐり出して見せた「知の存在論的不安」は、バシリデース派の神話にも認められるということである。すなわち、その神話の終末論は、前掲の骨子(5)にある通り、神が世界全体の上にもたらす、「大いなる無知」(μεγάλη ἄγνοια)を望見している。この点について、故小林稔氏は、『ナグ・ハマディ文書Ⅰ 救済神話』(岩波書店一九九七年)に収めた氏のバシリデース派の神話の邦訳(抜粋)の解説(三四七頁)で、この結びを「ごく常識的な結末になっている」と評している。私はこれは当たらないと思う。問題になっているのは、単なる「無知」ではなく、「大いなる無知」なのである。むしろここには、「知の存在論的不安」を超克したいという願望が読み取られねばならない。

ただし、バシリデースの神話の場合、その「知の存在論的不安」が、ヴァレンティノス派の場合のように、物語のプロット、特にその発端部に巧く仕込まれていないことは事実である。存在の頂点に立つ「根源的に一なるもの」の自己認識(「原グノーシス」)と自己分化[16]が語られないからである。このような言わば構造的な不整合を抱えながら、それにもかかわらず、神話の結びという顕著な場所で、「大いなる無知」が憧憬されるのである。これは「知の存在論的不安」が、それだけグノーシス主義一般にとって根源的な問題であったことを示すものではないかと私は思う。

V　山本巍氏のコメントへの応答(17)

①―1　啓示の物語であるグノーシス文書を読む経験が、自分が啓示に照らされる現実になる、とする点で大貫氏とヨナスは一致する。テキストの内（啓示）と外（読者）の相互作用のような言語のメカニズムをもう少し説明して欲しい。

繰り返すまでもないことであるが、問題はテクストの「内側」と「外側」の呼応関係をめぐるもので、典型的に解釈学的な問題である。ただし、山本氏が求めているのは、解釈学一般からの説明ではなく、具体的な本文に即した文献学的な説明だと思われる。

数多いグノーシス文書の中から具体的な事例を探し出すためには、まず本文の文学ジャンルを限定する必要がある。一口にグノーシス文書と言ってもその文学的ジャンルは多種多様だからである。ただし、この点では、ヨナスが問題にしているのが神話であるから、話は比較的簡単である。われわれが捜す事例は、グノーシス神話でなければならない。

その際、無造作に神話だけが提示されるのではなくて、できればその神話を語る語り手と、それを聞く聞き手という場面設定も一緒に提示されることが望ましい。物語分析の観点から言えば、それは本文の外側でその本文を媒体として意志を疎通しようとしている実際の語り手と実際の読者の関係を、当の本文の内側へ虚構的に取り込んだものである。そこでは本文の「内側」と「外側」が重なり合う。そのような対話状況を虚構的に設定することは、グノーシス神話のみならず、グノーシス文書一般の枠をも超えて、その周辺の文書群、たとえば旧約および新約聖書の外典・偽典の中にほとんど無数にみつかるのである。

それでは、今述べた二つの条件を満たすグノーシス文書、すなわち語り手と聞き手の対話の枠組みの中で提示されるグノーシス神話は、具体的にみつかるのか。幸いなことに、それが理想的な形でみつかるのである。それは『ヨハネのアポクリュフォン』という文書で、『ナグ・ハマディ文書I　救済神話』（岩波書店、一九九七年）の中に拙訳がある。短写本と長写本があり、合計四つの写本で伝わっている。短写本でも四百字詰め原稿用紙に直して五十枚弱の分量がある。拙訳は全体を便宜的に合計八一のパラグラフに区分している。ここでそのパラグラフに沿って最小限の物語論的分析が必要になる。全体は対話の枠組みの中で、神話が語られる構成になっている。そのスペース配分を体感していただくために、新幹線東京発新大阪行きの「のぞみ」号に喩えてみたい。

導入部（§1—5）は、エルサレム神殿の境内で復活のイエスが弟子のヨハネに出現して、対話が始まる。そのイエスはキリストと言っても同じであるが、それは暗黙の前提であって、明言はされない。その対話の分量はごく短く、ちょうど東京駅から品川駅くらいのものである。品川を出ると、イエス（キリスト）が神話を語り始める。それは当然ながら直接話法であり、新横浜での停車も気にせず、一気に名古屋駅（§61）まで続く。[18] その分量（§6—61）は全体の六四パーセントを占める。名古屋に着くと、それまで聞き役一方だったヨハネが、さすがに口を開いて質問する。そこから新大阪（§81）まで、キリスト（イエス）とヨハネの対話が続く。その対話に導入部の対話を合わせた分量は、全体の行程の三六パーセントであるが、名古屋から新大阪の間でも実は圧倒的な比率でキリストが話し続けるから、全体の八割方がキリストの直接話法となっている。

この全体の行程の中で、まず最初に注目に値するのは§20である。そこで至高神に関して実にさまざまな否定詞を畳み掛けて延々と続けられてきたキリストの話（否定神学）がやっと一段落し、その他のもろもろの神的存在（アイオーン）が流出してくる場面に変わる。そこにこういう文章がある。

「見えざる霊〔＝至高神のこと〕は彼のプロノイアなるバルベーローによって最初に現れてきたその光を喜んだ。そしてそれを彼の至善によって塗油した。そこでそれは完全かつ欠乏なき者となり、キリスト（塗油された者）となった」（§20）。

よくよくご注意いただきたいのだが、こう語っているのは、新幹線の列車が東京駅を発車する前に弟子のヨハネに現れて神話を語って聞かせようかというキリスト（イエス）なのである。つまり、この文章では、その語り手キリストが自分の語っている神話の中に登場して、自己自身に言及しているのである！　たしかに、その自己言及は三人称単数で、あたかも第三者への言及であるかのように行われている。これを聞いたはずのヨハネには、「エッ？　イエスよ、今のはあなたご自身の身の上話なのですか」と問い返すくらい鋭敏な聞き手であってもらいたいところである。ところが、ヨハネは一向にそうとは気づかず、聞き過ごす。それも無理はない。なぜなら、ヨハネに限らず、ほとんどの聴衆（読者）がもうすでにこの辺り（§20）で、それまでの延々たる否定神学に辟易として、自分が今聞いて（読んで）いるのがキリストの直接話法であることを忘れてしまい、すべてが地の文だと思い込んでいるからである。

キリストの語る神話はさらに続く。キリスト以外のもろもろの神的存在（アイオーン）の流出、ソフィアの過失、異形の造物神ヤルダバオートとその配下の支配者（星辰）たちの成立、心魂的アダムとエヴァの創造、楽園（物質界）と肉体の中への二人の監禁が、この順番で語られる。それはほぼ教科書通りである。そうして、新幹線へのたとえをさらに続ければ、列車がまもなく名古屋駅に到着するころ（§61）、キリストはアダムとエヴァに禁断の木の実を食べさせたのは、実は自分であることを告白する。

「『善悪を知る木』と呼ばれたもの、これはすなわち光のエピノイアのことである。彼ら〔＝肉体の牢獄に囚われているアダムとエヴァ〕はその前にとどまっていた。それは彼らがプレーローマを見上げて、自分たちの醜悪な形の裸を知ることがないためであった。しかし、**私**は彼らを立て直し、食べるようにさせたのである。」

その少し後の場面（§66）でも、ほぼ同じ発言が繰り返される。

「高きところからのプロノイアによって、彼ら〔＝アダムとエヴァ〕は完全なる認識を味わった。**私**は鷲の姿で知識の木――とはすなわち、純粋なる光のプロノイアに由来するエピノイアのことである――の上に現れた。それは**私**が彼らを教え、彼らを眠りの深みから呼び覚ますためであった。」

この二つのキリストの発言こそ、全体の行程の中でも最も注目に値するものである。どちらにおいても、傍点を付した一人称単数の「**私**」は、ここまで延々と直接話法で神話を語ってきたキリストの自己言及であることに注意が必要である。

特に、第一の引用（§61）の末尾の閉めの引用符は、品川（§6）から名古屋まで続いてきたキリストの直接話法全体を締めくくるものでもあることにご注意いただきたい。同じキリストの自己言及は、前述のように、§20でも行われていたが、そこでは三人称単数であった。語り手がキリストであることをほとんど忘れているヨハネ（読者）は、それを完全に聞き過ごしていた。その自己言及が、今度は「**私**」による自己言及に変わっている。さすがにヨハネも、ここではそのことに気がついて、「**キリストよ**、アダムに教えて食べさせたのは蛇ではなかったのですか」（§62）と聞き返している。前掲二番目の引用（§66）は、それにキリストが答えて行う発言なのである。[19]

ここでは一体何が起きているのか。答えは明らかである。神話をここまで語ってきたキリスト（イエス）が直接その神話の内側に、神的領域（プレーローマ）から派遣された啓示者として登場し、楽園に監禁されたアダムとエヴァに真の自己についての啓示（光のエピノイア）をもたらしているのである。「語る者」が「語られるもの」の中に「私」で登場しているわけである。

すでに述べたように、物語論的に言えば、語り手キリストと弟子ヨハネの対話は、本文の外側で当の本文を媒体としてコミュニケーションしている実際の著者と実際の読者の関係に並行している。その対話はもちろん虚構である。しかし、それは実際の著者が実際の読者に、自分の作品をどう読んでもらいたいかを指示する重要なシグナルなのである。今引照したばかりの§61、§62、§66は、かたや神話の内側の展開と、かたやその外側で読者が神話を読んでいること、この二つのことが重なり合う場所である。

導入部（§1―5）では、語り手はイエスとされても、キリストと明言はされていなかった。それが今や§61では、ヨハネは「**キリストよ**」と明瞭に呼びかけて対話を再開している。彼は§20では気づいていなかった事態に、今や気づいているのである。神話の語り手が神話そのもの中に出現するという事態は、読者には、その神話が終るときに、その全体を振り返る視線の中ではじめて明瞭に見えてくる。神話の語り手がその神話そのものの中に出現して、啓示をもたらすのであるから、読者にとっては、その神話を読むことそのことがその啓示と等値なのである。

ヨナスが「この啓示〔自己認識のこと〕は神話の〔内容である〕物語そのものの中の一場面として出現する。その限りにおいて、グノーシス神話は自分を自分に出現させるのである」[20]と書いているのは、以上のような事態のことである。

ところが、ヨナスがそう書いたのは『グノーシスと古代末期の精神』第一部の初版年（一九三四年）のことである。他方で、われわれが以上で参照してきた『ヨハネのアポクリュフォン』の校訂本文が、ナグ・ハマディ文書（一九四五年発見）とは別の写本（ベルリン写本BG）に基づいて、初めて刊行されたのは一九五五年であった。たしかに、ヨナスは一九六四年に『グノーシスと古代末期の精神』第一部が改訂第三版に達した時には、第四章を増補して、ナグ・ハマディ文書にも含まれる写本も含めて、『ヨハネのアポクリュフォン』に言及している。しかし、『グノーシスと古代末期の精神』第一部の初版刊行時には、それを参照する可能性はまったくなかったのである。それではヨナスは具体的にどのグノーシス神話を足がかりにして、前記のような命題に到達したのだろうか。

もちろんその当時も、エイレナイオス、ヒッポリュトス、エピファニオスなどによる浩瀚（こうかん）な反駁書はすでに参照可能であったわけで、その中に足がかりとなる事例も多数あったのではないかと思われる方がおられるかも知れない。たしかに、これらの異端反駁論者たちは、夥しい数のグノーシス教派ごとにそれぞれの神話を抜き書きして報告している。ところが、興味深いことに、『ヨハネのアポクリュフォン』の場合のように、神話の前後の対話の枠組みを一緒に報告している場合は一つもないのである。とりわけ典型的なのは、エイレナイオス『異端反駁』第一巻の二九章である。そこで「バルベーロー・グノーシス派」の名の下に抜き書きされているのは、間違いなく『ヨハネのアポクリュフォン』なのであるが、対話部分は削除されて、神話部分だけが要約されている。明らかに、反異端論者たちは、対話部分にはまったく興味を引かれなかったのである。その部分があってこそ見えてくる物語論的および解釈学的な問題はなおさらのことであった。

彼らの関心はひたすら教義面に限られていたと言ってよいであろう。

するとヨナスはいったいどのような具体的・文献学的な事例を手がかりに、前述の命題に到達したのか。これは今なお私にとって未決の謎である。

② ヨナスはグノーシス＝流出説としたが、他方で多様なグノーシスを統一する視点としてハイデガーの実存論を導入した。この実存論と流出説はどのように結びついているか。

流出論は実存論的解釈（とりわけ、知の存在論的不安）と適合的だと思う。本書二九六―二九七頁の引用の段落Cは、私が見るところでは、流出論にのみ妥当する。逆に、流出論ではない神話、たとえばマニ教の神話に対しては、実存論的解釈はそれほどの適合性を有しない。マニ教には実存論的な深みがない。その理由は、ヨナスの言葉で言えば、「二元論がその実体的な原理においてと同様、力動的な原理においても、実は一元論的な体系構成の試み」ではないからである。その結果、「悪」の原理（物質・闇）は「善」の原理にとって、終始外部原理にとどまるからである。もちろん、流出論か否かの区別を超えてグノーシスを統一的に捉える視点として、たとえば「脱世界化」（Entweltlichung）を挙げることができるかも知れない。この場合、人間の「自己性」（知の存在論的不安）よりは「世界性」に焦点が移動することになる。山本氏のコメント②については、正直なところ、今の私にはこれ以上の解答はできない。

③　知識による人間の救済を説くグノーシスで、その知識はどのような言語の働きで達成できるのか。言葉は実在を何らかの仕方で写す記号系（一が他・多を表現する）で、弱いという点で、ギリシアとユダヤには固有の「言葉への態度」があった（ソクラテスの問答・律法）。これとの対比は有効か。バシリデースは「光あれ」に見られる、言即事を実現する強い言語にコミットしているように思える。それが流出説を採らない理由の一つだろうか。

発表の本論で引いたヒッポリュトス『全異端反駁』Ⅶ二二2─3は、さらに次のように続く（**ゴチック体**は大貫）。

3 むしろバシリデースが言うのは、こうである。「〔主が〕言われた。するとそのようになった」とある。そして、この男たち〔バシリデース派〕が言うには、これこそがモーセによって「光あれ。すると光があった」と言われている意味なのだそうである。彼〔バシリデース〕曰く、その光は何処から生じたのか。何もない無からである。なぜなら、――と彼曰く――何処からかは、書かれておらず、そう語る者の声によって〈そうなった〉ことだけ書かれているからである。ところが、そう語っている者は存在していなかったし、生成したもの〔の一つ〕でもなかった。
4彼曰く、**世界種子は存在しないものから生じたのであり、その〈存在しない〉世界種子こそが「光あれ」と言われていた言葉に他ならない。**彼曰く、これこそが、福音書の中で、「すべての人間を照らす真の光があって、世界の中へやって来ようとしていた」と言われている意味なのだそうである。
5（省略）
6彼ら〔バシリデース派〕が言うには、そのように世界種子が根底にあるわけだから、たとえわたしが ― と言うのは彼〔バシリデース〕であるが ― その後で何かが生じてきたと言うことがあっても、それが何処から生じてきたのか探求してはならない。なぜなら、それ〔世界種子〕はあらゆる種子を自分の中に貯えて持っていたのであるから。あらゆる種子は、たしかに未だ存在していないが、やがて生じるべきものとして、存在しない神によって、**前もって意図されていた**、そう言っても同じことである。

この最後の文章に明言されているように、バシリデースの思考は意志の土俵で動いている。流出論は、それとは対照的に、存在論的必然性の土俵で動く。山本氏の言う「強い言語」も意志の言語ということならば、ご指摘の通りだと私は思う。

④　**グノーシス・プロティノス管見：ポリスが崩壊し市民が漠然とした世界に放り出されて個人（孤人）になった古代末期に、グノーシスは知識による自己の救済を、プロティノスは知識による自己の完成を目指した。しかしそれは宗教・哲学の目的になるだろうか。**

宗教と哲学が満たすべき要件に「向社会性」・「公共性」を挙げるとすれば、答えはNO（ノー）だろう。プロティノスが伝統的な徳性概念にグノーシス主義者が無関心であることを批判するのも同じ主旨であろう。そのことについて、ヨナスは第二部第一章「グノーシスの領域における古代の『徳性』概念の解体」で論じている。しかしヨナスは同時に、そのプロティノスの「静寂主義の理念」（「独在論」）も批判し（第二部三五三頁以下）、プロティノス自身の徳性概念が「プラクシス」ではなく、「ポイエーシス」になっていることを、次のように論じている（第二部三四二～三四三頁、太字と**ゴチック体**は大貫）。

制作（ポイエーシス）の遂行は一定の外的な事物を造り出す。従って、制作は自分自身の外部にある対象を目標としている。それに対して、行為（プラクシス）の遂行は、その行為の主体そのものを実現するのである。なぜなら、主体の存在はそのような遂行の中にあり、主体の善性はその遂行の完全さに他ならないからである。**制作行為においては、何か（Was）が実現される。**それに対して、行為においては、**〔行為主体の〕「如何に」（Wie）が現実化する。**したがって、後者の持つ「善さ」（ἀγαθόν）は、〔副詞の〕「善く」（εὖ）、具体的には「善く（εὖ）行う」、「善い（εὖ）状態にある」のことである。もちろんこのことは、一定の所有状態に実体化して、こう表現することができる。例えば、正義に即して行為することは、その行為者の内側に、正義という「善」を現実化させる。そしてその行為者はこの完成（τελείωσις）を自分の内側に「持っている」のであると。しかし、アリストテレスにおいては、**この完成は継続的な遂行の過程そのものに存するのであり、その遂行の結末に横たわるものではない。**

ところが、プロティノスが指し示すのは、他でもない、そのような見方なのである。すなわち、**われわれは善なるものを行為の結果として所有するのだとされる。**そしてプロティノスはそれを**「〔心魂の中に〕ある観想の対象」**と呼ぶ。これによって、彼が「所有」という表現で何を指しているかが明らかになる。すなわち、行為は心魂の中に、ちょうど形相が質料〔物質〕に対してそうするのと同じ仕方で、「善」を実現するのである。実現され終わったものは行為に対して自立する。行為はその実現された結果に手段として先行したわけである。そしてその行為も、自分の目標を達成したところで、自分自身を止揚するのである。「したがって、行為は再び観想に回帰した」のである。すなわち、行為は目標に到達すると、行為としても終わりに達して、観想に転じるというのである。

ここに見られるのは、「行為」の意味が「制作」の意味に転じていく様である。一方の構造が他方の構造へ逸脱していく様である。その結果、脱世界化の点でも、その基体である内的存在が奇妙な形

> で世界化（事物化）されることへと転じていくのが認められる。内面の善は、一旦造り出されて、状態的に存在するようになるや、今度は観想の対象となる。それは仲介的な役割しか持たない形に弱体化された行為にはもはや捉われてはいない。内面の善は、むしろ掛け値なしに観ることの対象である。行為はそこに至るための回り道にすぎなかったのである。

「はじめに」に記した教父研究会編『パトリスティカ――教父研究』第二一号（二〇一八年）に掲載された私の文章は以上である。しかし、山本氏のコメント④への応答の終わり方には、私自身にとって不満足感が残った。そのため、その後もあるべき補足のための思索を続けてきた。目下のところまでの気づきをここに追記しておきたい。

ヨナスは最後に引いた文章では、プロティノスにおいて「行為」が「制作」の意味に転じていくことを批判している。これは『グノーシスと古代末期の精神』の第二部（拙訳三四二―三四三頁）からの断章であったが、第一部一〇八下段―一〇九頁下段（注40）にも内容的に関連する重要な論述がある。その中で私が注目したいのは「**自由の契機**」というキーワードである。ヨナスはこう述べる。

> この**自由の契機**は超越論的に投企する因子であって、あらゆる必然性を補足するものである。〔中略〕主体はそのようにして、〔中略〕自らにとって客観的なものに回帰して、それに責任を負う。巻き込まれたものが巻き込むものに回帰して責任主体となる。〔中略〕偶然と他律的な必然とがもたらす謎がどれほど解きがたく深いものであろうとも、歴史はその本質に従って、自由の歴史なのである。

ここでヨナスは「制作」に対する「行為」の優位性には直接触れてはいない。しかし、「投企」、「責任主体」という表現に「行為」が含意されていることは言うまでもない。同時にM・ハイデガー『存在と時間』からの影響も明らかである。私の理解が間違っていなければ、ハイデガーは人間が自己の「世界―内―存在」の偶然性と死の必然性に気づき、それを引き受け、本来的な在り方を「投企」(Entwurf)し、それに向かって「出で発(立)つ」(ἐξίσταμαι)べき存在、すなわち「現存在」(Existenz)と呼ぶ。その際、「本来的な自己」は決して特定の時点で一度限り完成されるということはない。現存在は最後(死)まで「存在可能」のための気遣いとそれにつきものの不安から解放されることがない。ヨナスが「自由の契機は超越論的に投企する因子であって」と言うのはこのような事態を指しているはずである。

ところが、このような「自由」の理解はグノーシス主義には不可能である。確かにグノーシス主義にも、敵対的な世界の中に放り出されていることによる不安が間違いなく存在する。しかし、その不安は究極的には自己の超世界的本質という実体を根拠として乗り越えが可能である。不安は不自由のことであり、あくまで脱出の対象である。そこからは、ハイデガーとヨナスが言うような「自由」の概念は生まれようがない。

もちろん、グノーシス主義も「自由」について語ることがある。たとえば、アレクサンドリアのクレメンス『テオドトスからの抜粋』（七八1―2）が伝える有名な「ヴァレンティノス派の定式」には、「われわれは一体何なのか、何になってしまったのか、何処にいたのか、そして何処へ行こうとしているのか、どこへ向かって急いでいるのか、何から解き放たれるのか、認識とは何か、再び生まれるとは何なのか。このことの認識もまた**自由にするもの**（τὸ ἐλευθεροῦν）なのである」とある通りである。ただし、ここでは「自由になる」とは本来の人間が今現にいる世界からその外へ「解放」されることに他ならない。

それに対して、ハイデガーの言う「現存在」はどこまでも現実の世界の内部にあり、それを超越するものは括弧に括られて一切語られることがない。したがって、「投企」が目指す本来的自己には、グノーシス主義の言うそれと違い、世界を超越する実体的な根拠からの保証がないわけである。現存在の「存在可能性」はどこまでいっても「未了」にとどまる。現存在はそのことの「不安」に耐えてゆかねばならない。

ハイデガーとヨナスによる以上のような「自由」の概念は実に革新的であり、現実世界に閉塞感と息苦しさを感じずには済まない現代人に重要な指針を与えるものである。グノーシス主義が説いた「知識による自己の救済」およびプロティノスが説いた「知識による自己の完成」のどちらも、そのまま現代における宗教と哲学の目的たり得ないことは今さら言うまでもない。しかし、グノーシス主義とプロティノスが用いる個々の概念あるいは観念（たとえば「自由」）と思考法全体を、現代への適合性の観点から批判的に吟味し解釈すること、これは現代における宗教と哲学の責任であるはずである。ヨナスの研究はその格好の範例だと私は思う。

　ヨナスはナチスを逃れてアメリカに渡った。その直後にグノーシス研究から有機体（生命体）の哲学へと一転し、さらに七十歳台の半ばを過ぎてからは、『責任という原理　科学技術文明のための倫理学の試み』[21]を公刊した。伝統的な倫理学の個人主義を超えて、いわゆる「世代間倫理」を新たに提唱したものとして注目されている。私は未だ精読には至っていない。しかし、仄聞（そくぶん）の限りでも、また、その表題から推しても、すでに『グノーシスと古代末期の精神』第一部で表明されていた「制作」よりも「行為」という立場との連続性は――その間に行われたハイデガーへの決別宣言にもかかわらず――明白だと思われる。

「制作」よりも「行為」という立場は、ヨナスと同窓の哲学者ハンナ・アーレントによってさらに大かがりに展開された。それはすでに彼女のデビュー作『全体主義の起源』[22]の第三部において、全体主義のイデオロギーへの批判の核として明瞭に姿を現している。そこでは、「行為」は単独でも可能な物品の「制作」と異なって、「つねに他の人々との関連において、他の人々と協同でなされる」と言われ、続けて「人間の共同生活の継続性は、われわれが通例人間の自由と呼んでいるものによって絶えず揺り動かされる。そしてそのことは、政治的に言えば、この共同生活の中に生み出されるすべての新しい人間の誕生ということなのだ。なぜなら新しい誕生ごとに一つの新しい始まりが、一つの新しい自由が、一つの新しい世界が生起するからだ」と言われる。[23]

しかし、なぜ一人一人の人間の新たな誕生という始まりが全体主義への抵抗となり得るのか。その理由は、一人一人の人間に新たな行為と思考を**始めさせない**こと、これこそが全体主義のイデオロギーだからである。全体主義のイデオロギーによれば、世界に起きることはすべて歴史の発展法則によって決定済みだからである。

アーレントのこの発言は、その後「始まりの哲学」あるいは「誕生（Natalität）の哲学」と呼ばれて、彼女の政治哲学の代名詞となって行った。何の根拠もなしに世界の中へ生み込まれた幼児が成長し、やがてその偶然の誕生（始まり）を引き受けることを決意し、「公共の空間」へ「立ち現れ」、そこでの「言論」と「行為」を実行するとき、当然ながら自分と異なるものとの葛藤に巻き込まれる。「自由」とはその葛藤に耐え続けて世界の更新に参加する強さのことである。

こう考えれば、アーレントが政治哲学にかかわる一連の著作で繰り返し古代ギリシアのポリス政治と哲学を引き合いに出す理由も了解される。また、畏友山本巍が前出のコメントで語っている「言即事を実現する強い言語」の問題圏へのつながりも見えてくるように思われる。

追記の最後に一つお断りしておかねばならないことがある。それは、ここに記したことの大半が、長年にわたって森一郎氏から受けた啓発に端を発していることである。森氏と私は相前後して東京女子大学文理学部哲学科に在職したことを機縁に、お互いに研究上の意見を交わすこととなった。本書の第V論考の注1に記した第四回ハイデガー・フォーラムでの発表もその一環であった。

森氏はH・ヨナスについては、これまであまり発言していない。しかし、ハイデガーとアーレントについては、『死と誕生　ハイデガー・九鬼周造・アーレント』（東京大学出版会、二〇〇八年）を初めとして、次々と本格的な著作[24]を公にすると同時に、アーレントの『活動的生』（みすず書房、二〇一五年）と『革命論』（同、二〇二二年）もそれぞれドイツ語版からの新訳で上梓し、さらには現代の日本と世界が直面する時局の問いにも果敢に発言してこられた。[25]

私がこの追記でハイデガーとアーレントについて記したことの大半は、いちいち注記は省略させていただいたが、森氏の一連の著作を通して学んだことである。また、繰り返しいただいた直接のご教示にも、心からの感謝を表したい。もちろん、すべての文章についての責任はあくまで私が負うべきものである。大過なきこと念じるばかりである。（二〇二三年四月四日）

注

（1）ハンス・ヨナス『グノーシスと古代末期の精神　第二部・神話論から神秘主義的哲学へ』、大貫隆訳、ぷねうま舎、二〇一五年による。ただし、ここではより読みやすくするために、新たな改行と補充を施している。なお、第二部一八五頁下段、二〇〇頁上段にも同じ事態の指摘がある。

（2）後出の山本氏のコメント①はこの点に係る。

（3）前掲書第二部一九四頁下段―一九五頁上段。

（4）前掲書第二部一九五頁下段―一九六頁下段。本書の第一論考「私のグノーシス研究」、注43、81も参照のこと。

（5）ただし、後出注12参照。

（6）後出の山本氏のコメント②はこの点に係る。

（7）前掲書第一部三八八頁上段。

（8）前掲書第二部二八五頁下段（ただし、K・ルドルフの言）。ヨナス自身は自分の論述の地の文では、「流出」（*emanatio, evolutio*）の代わりに「発出」（*progressus, egressus*）の語を使っている（第II部二九四、三一二頁参照）。

（9）前掲書第二部二一六頁下段、二九四頁上段。

（10）H. -J. Krämer, Der Ursprung der Geistmetaphysik. Untersuchungen zur Geschichte des Platonismus zwischen Platon und Plotin, Amsterdam 1967.

（11）大貫隆『グノーシスの神話』、講談社学術文庫、二〇一四年、二一一―二一二頁。ただし、**ゴチッ**

ク体はこの引用のための変更。

（12）エイレナイオスの報告では、バシリデースも流出論であるが、きわめて小規模で地味である。なお、エイレナイオスとヒッポリュトスの著作は、ともにその後私による邦訳が刊行されている。前者は『エイレナイオス1　異端反駁Ⅰ』（『キリスト教教父著作集2/Ⅰ』、教文館、二〇一七年）、後者は『ヒッポリュトス　全異端反駁』（『キリスト教教父著作集19』、教文館、二〇一八年）。

（13）後出の山本氏のコメント③はこの点に係る。

（14）ヒッポリュトス『全異端反駁』、前掲拙訳、二九二―二九七頁。なお、この点に関連して、私からコメンテーターの山本巍氏に一つ質問がある。潜勢的可能性とエンテレケイア論を「種子」に喩えることは、アリストテレスにもあるものなのか。ちなみに、Diels-Kranz II 18, 2 ; 76,4; 78,19 には、レウキッポスとデモクリトスにそれがあるとするアリストテレスの証言がある。エイレナイオス『異端反駁』Ⅱ一四2によれば、アナクシマンドロスとアナクサゴラスに種子論があるという。私自身が長年毎朝の日課としている原典読解の中で見つけた興味深い事例は、プルタルコス『倫理論集』の中の「祝宴談論Ⅱ」で「雌鶏が先か、卵が先か」と題された問題3（635E-638A）である。そこでは、宇宙万物の生成において「卵」と「種子（精子）」、「子宮」と「女」のどちらが先かの諸説が論じられている。その途中で「宇宙卵」は地上に落下してくる前は天上にあったとも言われる（637B）。プルタルコスはバシリデースと同時代人であるから、両者の並行関係にはまことに興味深いものがある。

（15）この点についてさらに詳しくは、前掲書第二部巻末の「訳者解説」の四五六頁を参照。

（16）最も典型的な箇所は『ヨハネのアポクリュフォン』§12。前掲拙著『グノーシスの神話』、講談社学術文庫、六七―六八頁参照。

(17) 以下では、太字部分が山本巍氏からのコメントである。ただし、形式上、事前に配布された資料に多少の変更を加えている。

(18) ただし、厳密には§42でヨハネが一度口を挟んで、ソフィアの過失に関する質問でキリストの直接話法を中断している。「のぞみ」も新横浜で停車するのと呼応する。

(19) 名古屋から新大阪までの間で交わされる対話は、人間の生殖欲と相異なる人間種族の誕生、それぞれの種族がたどる終末論的運命という問題をめぐっている。

(20) 本稿第I節の引用の段落A参照。

(21)原著 Das Prinzip Verantwortung Versuch einer Ethik für die technologische Zivilisation, Frankfurt a. M. 1979. 邦訳がある。加藤尚武監訳、東信堂、二〇一〇年（新装版）。

(22) 邦訳がある。大久保和郎・大島かおり訳、みすず書房、二〇一七年（ドイツ語初版一九六二年）。

(23) H・アーレント、前掲書、二九六―二九七頁。なお、「制作」と「行為」については、『活動的生』、森一郎訳、みすず書房、二〇一五年の第四章（制作）と第五章（行為）に、より大掛かりな論考がある。

(24) 森一郎『死と誕生　ハイデガー・九鬼周造・アーレント』（東京大学出版会、二〇〇八年）、『死を超えるもの　3・11以後の哲学の可能性』、東京大学出版会、二〇一三年、『ポリスへの愛　アーレントと政治哲学の可能性』、風行社、二〇二〇年。

(25) 森一郎『世代問題の再燃　ハイデガー、アーレントとともに哲学する』、明石書房、二〇一七年、同『核時代のテクノロジー　ハイデガー「技術とは何だろうか」を読み直す』、現代書館、二〇二〇年。

あとがき

本書に収録した論考Ⅱ–Ⅵは、私が二〇〇六年から二〇一八年にかけて国内外の学会で行った講演と専門誌に発表した論文を改稿したものである。初出箇所はそれぞれの本文あるいは注の冒頭に記したが、念のために書き出すと次のとおりである。

Ⅱ　"*I sowed Fruits into Hearts*" (Odes Sal. 17:13): Festschrift for Professor Michael Lattke, ed. P. Allen, M. Franzmann and R. Strelan, Strathfield/Australia 2007 (Early Christian Studies 12), pp. 157-176. 日本語版＝『聖書的宗教とその周辺』、佐藤研教授・月本昭男教授・守屋彰夫教授献呈論文集、日本聖書学研究所編（リトン、二〇一四年）六七七–六九六頁．

Ⅲ　J. Frey, E. E. Popkes und J. Schröter (Hgg.), *Das Thomasevangelium. Entstehung – Rezeption – Theologie*, Berlin (BZNW 157), 2008, 294-317. 日本語版＝『聖書学論集』日本聖書学研究所編、第四〇号（二〇〇八年）、六一–九〇頁．

Ⅳ　『聖書学論集』、日本聖書学研究所編、第四二号（二〇一〇年）、一六五―一九二頁．英語版＝Critical Reception of the Stoic Theory of Passions in the *Apocryphon of John*, in: Tuomas Rasimus, Troels Engberg-Pedersen, and Ismo Dunderberg (ed.), *Stoicism in Early Christianity*, Baker Academic, Grand Rapids, Michigan 2010, 239-256.

Ⅴ　第四回ハイデガー・フォーラム（二〇〇九年九月二〇―二一日、京都工芸繊維大学）での発表講演「認識から体験へ――グノーシス主義の変容？」＝Heidegger Forum vol 4「いま、神はどこに」、二〇一〇年九月一日（http://www.shujitsu.ac.jp/shigaku/hf/index.htm）一一六―一三〇頁。および「グノーシスと異言（グロッソラリア）」、『宗教研究』、日本宗教学会編、第三六五号（第八四巻の2、二〇一〇年）、一―二二頁。

Ⅵ　『パトリスティカ――教父研究』、教父研究会編、第二一号（教友社、二〇一八年）七―二七頁。

いずれの論考もグノーシス主義の専門的研究にかかわる内容となっている。かつて二〇〇〇年に公にした『グノーシス考』（岩波書店）が私にとってはグノーシス主義についての最初の専門論文集であったから、本書はそれ以降のものを集めた第二論文集となる。表題を「グノーシス研究拾遺」とした所以である。

ただし、巻頭の「Ⅰ　私のグノーシス研究」は、本書を編むに当たって新たに書き下ろし、自分の半世紀にわたる研究を振り返ったものである。その中でも触れたとおり、私は本書に先立って二〇二一年に教文館から『イエスの「神の国」のイメージ　ユダヤ主義キリスト教への影響史』を公にした。その巻頭に収めた「私のイエス研究」では自分のイエス研究を振り返っている。また昨二〇二二年には、本書と同じ出版社ヨベルから『ヨハネ福音書解釈の根本問題』を刊行して、やはり巻頭の「私のヨハネ研究」で自分のヨハネ福音書研究を同じように振り返っている。それに続く本書の巻頭の「私のグノーシス研究」をもって、私のこれまでの研究のほぼ全体を振り返ったことになる。この意味で、本書は私自身にとっては大きな区切りとなるものである。

しかし一般的には、グノーシス研究と聞けば決して多くの読者に恵まれるとは思われないどころか、「下手物」という批評もあるかもしれないテーマである。それを掲げる本書の刊行を早くから勧めてくださり、実現させてくださった安田正人氏の見識と熱心に、この場を借りて心から敬意と謝意を表したい。

二〇二三年四月二六日

大貫　隆

『救い主の対話』（NHC III, 5）

『聖なるエウグノストス』（NHC V, 1）

『アダムの黙示録』（NHC V, 5）

『第八のものと第九のものに関する講話』（NHC VI, 6）

『ゾーストリアノス』（NHC VIII, 1）

『マルサネース』（NHC X）

『三体のプローテンノイア』（NHC XIII, 1）

『エジプト人の福音書』（NHC III, 2; IV, 2）

『聖なるエウグノストス』（NHC III, 3）

『イエスの知恵』（NHC III, 4; BG）

『トマスによる福音書』（NHC II, 2）

『アルコーンの本質』（NHC II, 4）

『この世の起源について』（NHC II, 5）

『ヨハネのポクリュフォン』
（NHC II,1; III,1; IV,1; BG）

ストバイオス

『詞華集』

キケロ

『トゥスクルム談論』

セネカ

『怒りについて』

VIII　グノーシス文書

ナグ・ハマディ写本（NHC）

『真理の福音』（NHC I,3）

『三部の教え』（NHC I,5）

VII　ギリシア・ローマ古典文書

II　旧約外典偽典

ルベンの遺訓

預言者イザヤの殉教と昇天

III　ユダヤ教文書

ピルケ・アボス

IV　新約聖書

マタイによる福音書

ヨハネによる福音書

ローマの信徒への手紙

コリントの信徒への第一の手紙

エフェソの信徒への手紙

コロサイの信徒への手紙

V　新約外典

オクシリンコス・パピルス（OP）

引照箇所索引

（例：引照箇所表示 36,9 は本文中では、三六 9 や三六章 9 節、三六編 9 節を示す。）

I 旧約聖書

創世記

出エジプト記

ヨブ記

コヘレトの言葉

イザヤ書

ま行

や行

ら行

わ行

II　欧米語表記

A

研究者名索引

・以下の索引の対象は現代の研究者に限られる。

I　日本語表記

あ行

か行

大貫　隆（おおぬき・たかし）

1945年静岡県浜松市生まれ。1968年一橋大学卒業、1972年東京大学大学院人文科学研究科西洋古典学専攻修士課程修了、1979年ミュンヘン大学神学部修了・神学博士、1980年東京大学大学院博士課程（前記）単位取得退学、東京女子大学専任講師、1991年東京大学教養学部助教授、2009年同名誉教授、自由学園最高学部長（–2014年）。

主な著作：『世の光イエス —— ヨハネ福音書のイエス・キリスト』、講談社、1984年（改訂増補版：日本基督教団出版局、1996年）、『グノーシスの神話』岩波書店、1999年（講談社学術文庫2014年）、『グノーシス考』岩波書店、2000年、『ロゴスとソフィア —— ヨハネ福音書からグノーシスと初期教父への道』教文館、2001年、『グノーシス「妬み」の政治学』岩波書店、2008年、『終末論の系譜 —— 初期ユダヤ教からグノーシスまで』筑摩書房、2019年、『イエスの「神の国」のイメージ —— ユダヤ主義キリスト教への影響史』、教文館、2021年、『ヨハネ福音書解釈の根本問題 —— ブルトマン学派とガダマーを読む』ヨベル、2022年、他多数

外国語著作：Gemeinde und Welt im Johannesevangelium. Ein Beitrag zur Frage nach der theologischen und pragamatischen Funktion des johanneischen “Dualismus”, Neukirchen-Vluyn 1984; Gnosis und Stoa, Eine Unterrsuchung zum Apokryphon des Johannes(NTOA9), Göttingen/Freiburg(Schweiz),1989; Heil und Erlösung. Studien zum Neuen Testament und zur Gnosis, Tübingen 2004; Jesus. Geschichte und Gegenwart, Neukirchen-Vluyn, 2006; Neid und Politik. Eine neue Lektüre des gnostischen Mythos, Göttingen 2011.

編訳書：ハンス・ヨナス『グノーシスと古代末期の精神 I、II』、ぷねうま舎、2015年（2016年度日本翻訳文化賞）、『新約聖書外典　ナグ・ハマディ文書抄』、岩波文庫、2022年、ゲルト・タイセン『新約聖書のポリフォニー　新しい非神話論化のために』、教文館、2022年、他多数

グノーシス研究拾遺
―― ナグ・ハマディ文書からヨナスまで ――

2023 年 6 月 25 日 初版発行

著　者 ――大貫 隆
発行者 ―― 安田正人
発行所 ―― 株式会社ヨベル　YOBEL, Inc.
〒 113-0033 東京都文京区本郷 4-1-1-5F
TEL03-3818-4851　FAX03-3818-4858
e-mail：info@yobel. co. jp

印　刷 ―― 中央精版印刷株式会社
装　幀 ―― ロゴスデザイン：長尾 優
配給元―日本キリスト教書販売株式会社（日キ販）
〒 162 - 0814　東京都新宿区新小川町 9 -1
振替 00130-3-60976　Tel 03-3260-5670

　ISBN978-4-909871-88-6 C0016

［書評再録　週刊読書人2022年9月23日、3457号］

大貫　隆著

『ヨハネ福音書解釈の根本問題　ブルトマン学派とガダマーを読む』

（四六判上製・二四〇頁・一九八〇円）

国際的業績を誇る聖書学者入魂の一冊

評者：森　一郎氏

正面切って「根本問題」と銘打ったタイトルが、著者の意気込みを感じさせる。わが国の新約聖書学を長らく牽引してきた泰斗が、若き日より一貫して追究してきたヨハネ福音書解釈に再度挑む。ライフワークとも言うべき入魂の一冊でありながら、本文二百頁ほどの分量、噛んで含めるような講話調の文体で、一気に読ませる。

ドイツ語著作四冊を含む二〇冊もの著書と、それに匹敵する質と量の訳業、とりわけグノーシス研究とイエス研究で国際的業績を誇る聖書学者の到達点を、読者は本書の最後で目撃できる。爽快な読後感である。

「序に代えて」では、著者大貫の半世紀余のヨハネ福音書研究の道程が、個人的エピソードも交えて伝授される。これが実に面白い。一橋大の学部時代にウェーバーの宗教社会学に出会い、藤井義夫、荒井献、戸塚七郎から学問の手ほどきを受けて卒業。一般企業に勤めるが、恩師の激励もあり、二年後に東大大学院に入学。秀村欣二、前田護郎、久保正彰、井上忠ら錚々たるスタッフが当時の駒場には揃っていた。荒井の指導の下、ヨハネ福音書研究に取り組み、修士論文を提出。博士課程進学後はドイツに留学、当時の「言語論的転回」に触れる。ミュンヘン大学に提出した博士論文もヨハネ福音書解釈だった。

大貫がその留学時代に薫陶を受けたのが、ブルトマン学派である。これが本書序盤の対話相手となる。二〇世紀聖書学の巨星ルドルフ・ブルトマンと、その弟子エルンスト・ケーゼマン、ギュンター・ボルンカムが、ヨハネ福音書の解釈をめぐって戦わせた三つ巴の論争を、その内的論理に通じた大貫が、丁寧に引用しつつ批判的に紹介していく。

ブルトマンの「非神話化」のプログラムは、紀元一世紀末のヨハネ福音書の文言を、作者と読者共同体の時代状況から切り離し、イエスの栄光がその肉にしか見られないという逆説ゆえに直接現代の読者に信仰への決断を促す「宣教のことば」と解釈する。

信じる主体中心のブルトマンの解釈に、パウロ神学の見地から異を唱えたのが、ケーゼマンである。イエスの栄光は受肉や十字架上の死によっても減じられはせず、先在のロゴスが勝利に満ちて回帰するということであり、そこに逆説はないとする。

同じくブルトマンの弟子であったボルンカムが、師とケーゼマンとの論争に割って入る。ケーゼマンによるヨハネ福音書の位置づけを、時代錯誤だと批判する一方、ブルトマンが顧みなかった、「聖霊（パラクレートス）」の伝承を新たに読み直すヨハネ共同体の「想起」の経験を重んじる。ボルンカムが探り当てたこの解釈学的経験を、いかに捉えるべきか。この問いに大貫は、ハンス＝ゲオルク・ガダマーの哲学的解釈学に基づいて答える。本書中盤では、ガダマーの主著『真理と方法』の第二部「哲学的解釈学の要綱」が丹念に読解される。

大貫はドイツ留学時代、ミュンヘン大学でユルゲン・ハーバーマスが行なった特別講義に接した。ハーバーマスが批判を挑んだガダマーの解釈学に、初めて向き合う機縁であった。ガダマーは、過去の歴史的地平と現在の解釈地平の「融合」という考え方を、ブルトマンの非神話化的解釈を乗り越えるものとして打ち出した。その「地平の融合」の考え方が、ヨハネ福音書に適用できることを、大貫はつとに見抜いていた。博士論文で芽生えたその着想を発展させたのが本書である。

本書のガダマー読解は、抽象的と見られがちなガダマー解釈学が、聖書解釈の現場でいかに有効であるかを証ししている。大貫は、マルティン・ハイデガーを超えるガダマー解釈学の独自性を、伝承と解釈者との「時間の隔たり」に注目した点に見てとっている。

ヨハネ福音書の背後にひそむ、作者と教会共同体の「聖霊」体験とは、イエス伝承を彼らが歴史的状況の中で新たに解釈した「地平の融合」の実例だった——この見立ては、いまだに手薄なわが国のガダマー研究に一石を投ずることだろう。

ガダマーに親しんだのち、本書終盤では、ヨハネ福音書におけるイエスの「告別説教」に見られる地平の融合が立ち入って検討される。最終第八講では、ヨハネ福音書全体においてイエスは過去・現在・未来すべてを含む全時的「人の子」と見なされていることが、壮大なスケールの地平融合の出来事として際立たせられる。ヨハネに吹いた「真理の霊」の働きとは、そのような解釈学的経験のことであった、と結論づけられるのである。

あえて言おう。ここに聖霊論は現代に受肉されつつ非神話化されたのだ、と。

（もり・いちろう＝東北大学教授／哲学）

［書評再録　本のひろば２０２２年10月号］

ヨハネ福音書研究の集大成として貴重な作品

評者：**東よしみ氏**

七月にヨベルから出版された本書は、大貫隆氏が二〇二一年度の「聖書学習講座」（無教会研修所主催）で行った講義を元にしている。本書は、ヨハネ福音書解釈におけるガダマーの解釈学の重要性を一般読者向けに平易に説明し、ブルトマン、ケーゼマン、ボルンカムという「ブルトマン学派の三角形」の中にガダマーを位置付ける。第一—五講は、ブルトマン学派とガダマーのテクストの抜粋に著者が解説を施す「講読」形式をとる。第六—七講は、ヨハネ福音書のテクストから「地平の融合」(ガダマー)を確かめる。

「わたしのヨハネ研究:序にかえて」は、半世紀あまりにおよぶ著者のヨハネ福音書研究の道のりを、個人的な話も交えて振り返る。著者は、ミュンヘン大学留学中、パネンベルクのセミナーでガダマーの解釈学に出会い、博士論文では、福音書テクストが読者に及ぼす効用に着目した。帰国後、『世の光イエス』(一九八四年)で「文学社会学」の構想を実行する。本書では初めて一般読者向けに、ガダマーの解釈学をヨハネ福音書へと適用していく。

第一—三講では、ブルトマン学派との批判的な対話が展開される。ブルトマンとケーゼマンは、歴史上のヨハネ共同体の聖霊体験への関心を示さない。ケーゼマンを批判するボルンカムは、告別説教で約束されている聖霊がもたらす「想起」(14:26)こそ、ヨハネ福音書の著者が読者に求める「解釈学的視座」であると正当にも指摘する。

第四—五講では、ガダマー『真理と方法II』の十一の断章の解説とガダマーの概念のヨハネ福音書への適用がなされる。ガダマーは、「技法としての解釈学」(シュライアーマッハーとディルタイ)から「理解の存在論」としての解釈学への転回を宣言する。ハイデッガーに即してガダマーは「循環的理解は伝承の動きと解釈者の動きが互いに他に働きかける関係」であるとする。大貫によれば、ここでの「循環」は「理解のための技法ではなく、解釈されるべきもの（テクスト）と解釈する者の中間で生じる出来事（事件）」であり、この出来事は「対話」と同義である（116頁）。大貫は、ガダマーによる「伝承」の積極的理解は、聖書学の伝承史的・様式史的研究の見解と一致するとして評価する。さらに、ガダマーがハイデッガーを越えたのは、「伝承」（伝統、テクスト）と解釈者の間を隔てる「時間の隔たり」に着目した点にあると指摘する（122頁）。ヨハネ福音書こそは、「時代の隔たり」を乗り越える解釈学的出来事のプロセスそのものを示す稀有な事例である。ヨハネ福音書の背後に潜む著者と教会共同体の独特な聖霊体験は、イエス伝承を歴史的状況の中で新しく解釈し直すという解釈学的体験に他ならず、そこでは「地平の融合」が起きている。

第六―七講では、ヨハネ福音書全体、特に告別説教が、解釈学的地平融合の最終産物のみならず融合のプロセスそのものを示すことを福音書テクストから論証する。告別説教とヨハネ福音書全体の語り口は、歴史性と象徴性の間の境界を動く「境界上の叙述」（189頁）である。テクストで進行中の解釈学出来事に引きずり込まれる読者は、時の境界上に立たされ、「境界上の主体」となる。啓示者として歩む道のり全体を内包する「全時的」な人の子イエス・キリストこそは、境界が境界であることを止める「第三の地平」である（190頁）。

第八講では、ヨハネが「地平の融合」を独特なキリスト論として物語の形式で論述するという大貫の主張は、ケーゼマンに対するボルンカムの批判を、ガダマーの概念を使って補完するものであると総括される。しかしボルンカムはヨハネの「全時的」な「人の子」キリスト論を充分に評価していない。これこそは「ヨハネの上に『吹いた』聖霊の働きの最たるもの」（199頁）である。最後に、ブルトマンとケーゼマンの解釈は、共同体の「経験」としての聖霊論に欠ける、すなわち、聖霊の「跡」をたどりながら福音書全体を読むという解釈学的視点に欠けると喝破される。

本書は、著者のヨハネ福音書研究の集大成として貴重な書である。ガダマーを初めて読む者にも、その解釈学がわかりやすく解説され、ヨハネ福音書への適用が明晰に議論される。著者が述べるように、ブルトマン学派の論点は、今や古典の粋に達している。ヨハネ福音書に関心をもつすべての者にとって必読の書である。

（あずま・よしみ＝関西学院大学准教授）

ヨベルの本（税込表示）

〔古代キリスト教思想史〕
大貫 隆

ヨハネ福音書解釈の根本問題
ブルトマン学派とガダマーを読む

四六判上製・二四〇頁・一九八〇円

〔最初期キリスト教史〕
青野太潮

どう読むか、聖書の「難解な箇所」
「聖書の真実」を探究する

再版出来！ 新書判・二八八頁・一三二〇円

どう読むか、新約聖書
福音の中心を求めて

4版出来！ 一三二〇円

〔教父思想史・牧師〕
関川泰寛

キリスト教古代の思想家たち
教父思想入門

新書判・三〇四頁・一六五〇円

〔ヨーロッパ思想史〕

金子晴勇 キリスト教思想史の諸時代 ［全7巻 別巻2］

本巻7巻完結 新書判・一三二〇円

Ⅰ ヨーロッパ精神の源流［重版］／Ⅱ アウグスティヌスの思想世界／Ⅲ ヨーロッパ中世の思想家たち／Ⅳ エラスムスと教養世界／Ⅴ ルターの思索／Ⅵ 宗教改革と近代思想／Ⅶ現代思想との対決／別巻１アウグスティヌスの霊性思想［第８回配本・編集中］／別巻２アウグスティヌス『三位一体論』の研究［第９回配本・編集中］

info@yobel.co.jp　Fax 03-3818-4858　http://www.yobel.co.jp/